U0532089

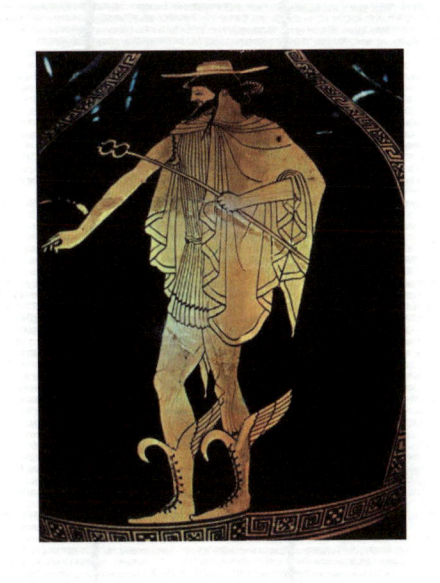

HERMES

在古希腊神话中，赫耳墨斯是宙斯和迈亚的儿子，奥林波斯神们的信使，道路与边界之神，睡眠与梦想之神，亡灵的引导者，演说者、商人、小偷、旅者和牧人的保护神……

经典与解释·世界历史地理丛编
HERMES
中央民族大学世界史地研究中心 编
主编 刘小枫

布克哈特书信选
The Letters of Jacob Burckhardt

［瑞士］雅各布·布克哈特 Jacob Burckhardt ｜ 著
艾俊树 ｜ 译

华夏出版社

S. Pietro   13 Oct 45

目　录

中译本前言 ………………………………………… 1

英译本导言 ………………………………………… 11

布克哈特书信选 ………………………………… 55
 1830 年代 …………………………………… 56
 1840 年代 …………………………………… 76
 1850 年代 …………………………………… 155
 1860 年代 …………………………………… 177
 1870 年代 …………………………………… 188
 1880 年代 …………………………………… 274
 最后的时光 …………………………………… 304

选编说明 …………………………………………… 323
布克哈特主要通信人简介 ………………………… 325
布克哈特书信的主要版本 ………………………… 329

中译本前言

在 21 世纪，经典阅读似乎越来越成为公众生活中不可或缺的要事，但同时也面临着与当代人文教育相似的困境：一方面，尽管回归经典的呼声层出不穷，但"青灯黄卷、皓首穷经"的阅读方式已然与"技术时代"的生活模式相去甚远。身处信息爆炸和时间碎片中的我们，不能不带着实用性目的对海量的文本资源进行取舍。另一方面，为顺应"技术时代"的生活模式，经典阅读也不得不借助电子媒介和网络平台来推广，但又难以摆脱在"短平快"的阅读机制下被解构和异化的风险。

事实上，任何经典及其价值，都是在人类精神的连续性中得以不断重塑和新生的。这固然与每个时代的社会文化背景息息相关，但更重要的是我们阅读理解时的前见和方法，它们决定着经典能否在一个多元开放的解释结构中实现传承与创新。因此，当下我们不必把"经典"与"时尚"之间的不相容性过于放大，而应致力于回答经典在任何时代都必须回答的"为何读"与"怎么读"两大问题。

本书亦不例外。乍看之下，一位 19 世纪历史学家的书信，除能为思想史学者追溯某些影响至今的观念渊源提供线索或为传记作家描绘人物形象与时代图景增添色彩外，并无他用。但是，如果我们跳出史学界对"原始材料"的分类视角和价值预设，以更广阔的视野来看待这本丰富的思想宝藏，其中所蕴含的微言大义就能得到更好的发掘。这一方面是由于布克哈特出色的精神品质和极具前瞻性的洞见，使其思想能够跨越时间樊篱，在当下产生深远回响。另一方面，当下我们所面临的时代弊病与潜在危机，以及个体身处时代洪流中的迷茫无力，也促使我们拥抱过去的经典并重思其当代价值。

雅各布·布克哈特一生几乎跨越了整个19世纪（1818—1897），这意味着他站在一个"世俗"与"超世俗"之间的中立立场，对其所处时代进行客观慎思所形成的观念主题有着充分的现实依据。本书精选了布克哈特从二十岁到去世前数月的重要信件，全景展现了布克哈特一生的生活与思考。这些精选书信不仅能让读者知其人、论其世，还能从生活史的角度来把握布克哈特思想的演变历程，从而对布克哈特的观念内涵以及支撑其观念的重要主题有所深入理解。

布克哈特在青年时期就展现出强烈的忧郁和保守气质。这一方面源于因幼年丧母而萌生的世间万物的脆弱与短暂性之感，另一方面源于从父辈那里继承的基督教人文主义。先天个性与后天文化注定了青年布克哈特宗教信仰危机的出现，这是改变他人生及事业走向的一个重大转折点。当布克哈特深知自己关于神义论的信念已彻底瓦解时，他听从了内心召唤，放弃了自幼接受的新教正统主义及事业。在他看来，无论是守旧的循道派还是激进的自由派，其间无休止的论战都无法扭转"基督教的统治时代已成为过去"的事实。在教会地位岌岌可危的年代，不仅个人献身于神学是罪恶的，集体的民族寄希望于教会来调节社会危机亦不可能。直到晚年，他都为自己能成为"一名诚实的异教徒"而自豪，并对教会在历次政治斗争中处于下风不屑一顾。实际上，布克哈特一生与教会的最主要分歧在于，后者与绝大多数人一样屈从于19世纪的乐观主义幻想，从而无法在危机风暴席卷后，肩负起文明重建的重任。

尽管布克哈特很早就与教会决裂，但基督教人文主义关于"原罪"的道德训诫和关于"现世"的生活伦理，始终是影响其人生观与世界观的潜流。此后很长一段时间，因信仰破灭而导致的虚无感，与直面现世而产生的纷乱与困惑交织在一起，形成了一种"现世痛苦论"（Weltschmerz），给布克哈特日后对生命与历史的看法蒙上了悲观主义的基调。在他看来，人生在世总是苦难多于幸福、纷乱多于安宁，这主要是我们无节制、无目的的利己私欲在作祟。个人与世界的和谐需要自我放弃不切实际的野心，并时刻对现实境遇与未知命运保持"顺从"心态。但是，这种克己亦非无节制、无目的，它不能以漠视个体生命价值为代价，而是旨在通过将自身从世俗中适度抽离，以防止个性精神被时代洪流所裹挟或异化，从而能够保持"真正的怀疑主义"态度，立足于实存与超然之间的"阿基米德点"，对世界历史进行静观式的沉思。这种沉思生活是回归本真人格、实现自由的必要途径。

因此，布克哈特既不赞同基督教的生活伦理，也不盲从其哲学导师叔本华的方案，而是在出世与入世之间选择了一条"中道"，将古典时代的禁欲主义与文艺复兴时代的个人主义结合起来。这种"廊下派—伊壁鸠鲁式"（Stoisch-epikureisch）的特殊世界观，与启蒙现代性的乐观主义形成了鲜明对立，二者分歧集中在对人性本相的看法上：在布克哈特看来，现代人的乐观主义源自18世纪启蒙思想家(以卢梭为代表)的性善论，它给世人营造了只需借助理性力量就能实现人性至善的信条，使人们普遍沉浸在"正处在一个朝着未来而进步的时代"的迷梦中难以自拔。布克哈特赞同叔本华的观点，即罪恶根植于人的生命意志与个体化生存状态，无论理性、道德或科技发展到何种程度，人性之恶都不可能消除。或者说，只要生存活动仍将继续，人类自身就不可能达到彻底自我否定。所谓人世间存在某种可臻完善的道路，只不过是建立在"对人性片面化和简单化理解"之上。

带着对人性本相的深刻洞察，布克哈特开启了一种以人为本的历史视角。他强调："无论在过去、现在和未来，人都是在不断受苦、挣扎和奋斗中前行的，这构成了世界历史恒定不变的中心。"在现实的历史中，只存在不完善的个体及其实践活动，不存在关于人性善恶的先天证明。在布克哈特看来，哲学家总是采用形而上学的假设来谈论抽象的人道理想，结果反而忽略了对人类因苦难而奋进所创造的文明历史的考察。因此，他拒绝任何以思辨方法建构的宏大叙事，尤其是以黑格尔历史哲学为代表的历史进步论。其主要原因在于：首先，黑格尔以逻各斯第一原理来给世界历史赋予起源与目标，并以辩证的逻辑演绎来论证"普遍计划"的必然性，其实质上不过是神义论的世俗化翻版。其次，黑格尔所提出的终极归宿——绝对精神的自由，与布克哈特所追寻的个体自由完全对立。然后，黑格尔主张的民族主义、伟人政治为现代权力国家和极权主义埋下了伏笔，也与布克哈特在政治上的古典主义理想背道而驰。

因此，布克哈特不仅对黑格尔本人表示极度蔑视，甚至一生都与以"黑格尔派"为主流的学界保持距离。除对少数学生外，他从不承认自己有任何哲学思想，也不认为自己能够提供任何体系化的历史哲学或史学方法论。布克哈特所主张的"直观"(Anschauung),是一种将艺术的直觉(主要通过图像语言)与精神沉思相结合的方法,除它自身外,无需借助外在的概念或规则。他相信,通过这种方式,每个人都能带着诗意的眼光进入过去文化精神的殿堂中,从中找到感兴趣的、有价值的东西,这样兴许能给苦难的现世生活提供慰藉,并给个人的未来命运提供些许指导。最终,对活生生的个体的关切胜过一切抽象范畴,成了布克哈特历史观念的价值基点。

尽管与同时代的其他作品相比,布克哈特的著作和书信可能显得过于"散乱"和"隐晦",但读者仍不难从中辨识出一个主题,即文明(文化)的历史连续性。在布克哈特这里,它意味着世界历史在进步论的话语外,仍具有某种可供认识的内在线索或标识。连续性是靠文明的传承与创新来展现的,因为文明本质上是人的生命意志的体现,是我们对自身生存与发展状况不断反思与创造的结果。在世界历史上,文明的发展总是呈现"危机"与"平衡"的交替,而导致危机的根源是人的欲望,它总是不满足当下而渴望周期性变革,从而造成文明内部三因素(国家、宗教和文化)的平衡态势被打破,社会出现急剧的加速运动。在布克哈特看来,虽然危机可能会促进伟大事物在风暴后得以茁壮成长,但也有可能致使过去的传统被连根拔起,从而使历史连续性出现中断甚至终止的危险。但是,相较于危机这种加速运动,平衡同样也是一把双刃剑。因此,考察历史连续性的关键不在于看一个时代的表面运动是加速还是放缓,而是从危机与平衡之间的"过渡"阶段中,分析对文化形态产生直接作用的外部因素,以及文化主体在此环境下又如何自处自为。

带此偏好，布克哈特先考察了晚期古代向基督教世界的过渡（君士坦丁大帝时代），以及中世纪到近代的过渡（意大利文艺复兴时代），最终落脚于他身处的"革命时代"到尚未来临的新时代的过渡。在他看来，革命是 18 世纪末以来欧洲社会最显著的特征，它力图摧毁一切现存权威和秩序，并把未来寄托在一张由简单化的理想主义所描绘的蓝图之上。它不仅使"所有欧洲民族脚下的历史根基"被抽空，社会秩序陷入周期性的动荡反复，更使国家的不断更正与重构成为文明发展的首要因素，形成对文化十分不利的政治机制与社会土壤。

布克哈特认为，19 世纪政治最显著的两大特征——"大众民主"和"极权主义"之间是相辅相成的关系。大众民主的底层思维是平等主义。这种把每个人的意见都视为具有同等价值，并力图实现每个人在政治生活中权利均等的观点，将摧毁传统精英秩序的一切残余，整个社会结构变成一个阶级的霸权，同质化和平庸化成为主要潮流。政治上，它导致了无休止的党派争吵和短视低效的行政管理。文化上，它助长了物质主义和工业化模式下的廉价文艺生产。这种普遍的平庸一旦占据了公共生活的各个角落，就会排斥少数伟大的个性，使真正的文化精英难以为继。而那些善于伪装和欺骗的野心家，却能够顶着人民（或民族）的名义，在宪法和民主决议的机制下独揽大权，并以个人意志为中心来建立极权体制。这种体制对内要调动起一切资源和力量来服务于"国家意志"，对外奉行军国主义，通过战争和扩张手段无节制地攫取兴趣，最终导致国际冲突不断加剧、世界大战阴云笼罩。

在布克哈特看来，极权统治最危险之处是导致"可怕的简单化"。它力图将资本的"营利欲"（Erwerbstrieb）与注重效率的工具价值统合在一起,使整个国家变成一座超级工厂,其中权力意志以"工厂主"的姿态自居,将全体人民视为工厂的奴隶,以军事化的纪律管理来使整个工厂高速运转,以期发挥最大化的产出。在这座工厂中,任何自发的、不同寻常的举动都不可能,有创造力的天才都将在萌芽之中被扼杀。因为在这里,一切都要符合"通用性"(Brauchbarkeit)的标准,任何与"整齐划一"方向相违背的路线都必须被清除。随即而来的,是极其单一狭隘的生活结构和极其贫乏空洞的精神生活,整个社会对文化艺术的需求与关注度降至冰点,文化创造所必需的生命力极度衰退。

这是布克哈特诊断出的欧洲现代文明危机,也就是在现代化的各种乐观表象下,潜藏着使历史连续性中断的内外两层因素——文明内生动力衰退和外部冲突加剧。在他看来,要解决这一危机,其根本是塑造一种"真正伟大、新颖和自由的东西"。它一方面要能够对抗权力、物质和商业,另一方面也必须从潜在的本质转为坚固的形态,使自身能够在未来的灾难中幸存下来成为欧洲文明自我修复的主力。在布克哈特这里,塑造新时代精神的关键是培养具有创造力的文化主体,而这需要从古典文化中挖掘出有价值的种子,将其播撒在现代化潮流的边缘地带,并通过维护城邦体制和践行人文教育来培育可供种子生长的有机土壤。这个种子,就是欧洲文明自古希腊以来的人文主义传统,其核心是个体对"美"的价值追求。美是生命最本质的兴趣,是超越历史时间和事件的恒常不变之物。无论身处何种时代,人们都可以从过去的文化精神中找到符合自己审美旨趣的有价值之物。而只有那些能够真正振奋人心并使灵魂得以安宁的东西,才能促使人们致力于保存美的价值并更新文化的外部形式,从而自觉赓续过去的文化传统。

因此，布克哈特后半生所追求的事业，就是在巴塞尔的讲坛上为全体公民开展文化史和艺术史的教育。在他看来，伟大的艺术能够表达普遍有效的真理，艺术和美是一体的。艺术家的目标不只是表达内心对自我及世界的感受，而是"将所有的痛苦和激情转化为纯粹的美"，通过形象化的构建使人性潜在的柏拉图式图景得以在现实世界中表现出来。因此，艺术是"第二次理想化的创世"（eine zweite ideale Schöpfung），是人在生活世界中"表现一个更高级的生活"的主旨，其内容"虽然属于尘世，但却是永恒的，而且已成为一门适用于所有民族的语言"。而文化作为艺术的表征，是艺术家群体意志的结构性表达。尽管每个时代的文明形态丰富多样，但都存在一种统一的风格，它一方面反映了该时代文化主体（艺术家）将美的理念表现于现实的自主性，另一方面体现了文化主体与社会因素的互动所形成的创造秩序，从而使艺术与文化作为文明时代最显著的特征，在历史连续性中展现"恒常"与"流变"的张力。

尽管布克哈特被认为是现代艺术史学科的开创者，也被20世纪后半期的"新文化史"学者视作经典文化史的代表，但其著作在学界并未像我们想象的那么受欢迎。他关于意大利文艺复兴时期的专论，尽管在今天的艺术史学界看来仍是该主题最具代表性的作品，但其中过于"古典"的观念和系统方法论的不足，导致它往往被注重形式分析的学者概而化之并束之高阁。同样，在专业历史学界，布克哈特的文化史作品也长期被认为在史料和方法上缺乏科学性而被打入冷宫。实际上，布克哈特对史学专业的贡献，远不如其思想的文化价值那么重要，这是由他本人的学术旨趣所决定的。

布克哈特从未以专业学者自居,也从不认为自己的教学是为了培养狭义上的学者或门徒。他一生都拒绝以"科学的"方法来对待他的研究,而是尽可能全面地考察各个时代的文化现象,并致力于凸显时代的精神内核,即便这要冒着被指责为"业余"的风险。在他看来,专业化史学只是现代资本、工业和技术潮流下的产物,只能日复一日地重复机械乏味的生产工作,使学者陷入大量而繁琐的事实考据中,不仅扼杀了学者的独创性灵感并损害其生命健康,也使历史作品的可读性与通识性降到了最低。就像他在著作和书信中多次告诫学生的那样:"(一个人)应在尽可能多的方面成为业余爱好者……否则他将在自己专业外的任何领域保持无知,这作为一个人来说就是野蛮人。"他认为,"闲暇"和"乐趣"是沉思之母,是保持创造力的源泉,也是在一个日益紧迫和动荡的年代,保持自由生活姿态的最低要求。只有当社会中涌现更多对文化和艺术感兴趣并献身其中的人,真正的文明才能得以传承和创新。所有这些超前认识,注定布克哈特成为他那个时代的"不合时宜"者,也注定他当之无愧地成为"我们时代的伟大导师"。

那么,今天我们又该如何看待布克哈特以及他的著作和书信呢?早在19世纪70年代就预测到极权主义兴起、世界大战爆发和理性工具化的布克哈特,虽无法在一个"三国间的角落"(Dreiländereck)为避免这些重大灾难起到力挽狂澜的作用,但至少以个人的影响力延缓了祖国被裹挟到现代化潮流的进程,使巴塞尔成功作为"小文化中心",从而躲避了战火与其他灾难,将古典的学术和教育传统延续至今。布克哈特逝世半个世纪后,欧洲大国和美国思想界开始反思20世纪上半叶发生在"高度文明"的社会中的重大反人类事件时，布克哈特作为欧洲古典传统的卫道者和现代性的批判者，总是会出现在各大学者的讨论榜单上，并时常与其在巴塞尔的另一位同事尼采一起被视为后现代思潮的先驱。

自20世纪末至今，全球化文明时代在新一轮周期性的乐观表象后再度步入危机。生态和气候变化、基因技术突破、人工智能普及导致后人类主义和超人类主义出现，历史虚无主义和当下主义思维及其伴生的文明价值观冲突和逆全球化趋势，又再度引发了人类对当下生活的迷茫和对未来命运的担忧。我们在面向未来的开放探讨时，也需充分考虑布克哈特所提出的两个问题：首先，人类能在世界历史中实现永久幸福与安宁的价值归宿吗？其次，在危机与平衡交替的历史连续性中，人类生存的两个最基本品质——"美"和"自由"，将如何得以保存？无论我们如何努力回答这两个问题，布克哈特的书信都有助于让其不断浮现在我们眼前，以免我们忘记它们的至关重要性。

艾俊树
2023年夏于青山湖畔

英译本导言

一

[1]布克哈特的《意大利文艺复兴时期的文化》(*Civilization of the Renaissance in Italy*)于1860年出版,1878年被翻译为英文。该书首版三十年后,阿克顿勋爵用一句善意的话形容它是"所有关于文艺复兴的书中最具启发意义的"。从那以后,布克哈特一直处于一种假死状态,被囚禁在这本成功的、但绝不具有代表性的书里。

1943年,《世界历史沉思录》的优秀英译本得以出现,①随后几年又出版了《君士坦丁大帝时代》(*The Age of Constantine the Great*)和《回忆鲁本斯》(*Recollections of Rubens*)等译本。这些译本来自对布克哈特的作品及其个性产生新兴趣的先驱者,但很难说它们实质性地改变了人们对布克哈特重要性的公认看法。的确,布克哈特在英语世界的声誉,也应该经历他去世后在瑞士和德国所发生的那种转变——这并非没有可能。

---

① [译注]英译本书名为 *Reflections on History*,按字面译为"对历史的反思"。为与国内学界熟悉的、由德文原本直译过来的中译本保持一致,以下英文中所出现的 *Reflections on History* 这一书名统一译为"世界历史沉思录"。

但是，乍看之下，如此彻底转变的可能性微乎其微。布克哈特似乎属于阿克顿总结的那种"以狭隘方式和暗淡政治背景平静地生活着"的历史学家。他的事业波澜不惊、循规蹈矩，甚至故意回避"成功"；他的《向导》(*Cicerone*)和《意大利文艺复兴时期的文化》都起步很晚、进展不快，后来才出了几个版本；他作为艺术史学家的声誉为他赢得了不止一次在德国大学任教的机会，但他从未在巴塞尔以外的任何地方做过演讲。1874年兰克退休后，他被邀请继任兰克在柏林大学的历史系主任一职，这代表了德国学术界的最高地位。但布克哈特毫不犹豫地拒绝了："在巴塞尔，我可以讲喜欢的东西。"[2]最后，在薪资缩水的前提下，该职位由特赖奇克(Heinrich Gotthard on Treischk)接替。

虽然布克哈特在大学的课程及其公共讲座被视为杰出成就（这也使他总是被来访学者所困扰），但他始终不允许将这些讲稿发表，因为它们就像"反面朝上铺着的地毯"。但最后，他还是同意让表兄雅各布·奥利(Jacob Oeri)在他死后处理这些讲稿。奥利编辑了布克哈特最厚的一部作品——从1902年起陆续出版的三卷本《希腊文化史》(*Griechische Kulturgeschichte*)，并于1906年出版了《世界历史沉思录》。

布克哈特的书信在接下来的十年间开始陆续被整编，其中最有趣的部分（尤其是给冯·普雷恩的信）直到1924年才出版。由沃尔夫林、杜尔(Emil Dürr)等人编辑的《布克哈特全集》(*Gesamtausgabe*)从1929年至1934年间陆续出版。随后是布克哈特主要作品的选集，以及由卡普汉博士编辑的布克哈特书信选集。

布克哈特的作品成熟得慢，出现得慢，被理解也很慢。他被纳入德国经典思想和文学的最后阶段是由环境造就的。在纳粹革命背景下,当他的书首次变得容易获取时,其作品中那些以往被忽视的元素突然具有了深远意义。阿克顿只知道布克哈特关于文艺复兴的书,他认为该书中"实践的即政治的元素"在同时代所有作品中最为匮乏,这成为当时关于布克哈特最受瞩目的评价。因此,布克哈特作品的早期编辑们认为,搁置或掩盖他的预言是明智的,但这些预言却因事件和灾难而得以应验。布克哈特被视为欧洲传统的伟大代表和守护者之一,不仅因为他揭示了危及其连续性的威胁本质,也与他预言的措辞非常相关——他的措辞并非对未来毫无希望。

随着布克哈特讲稿和书信的突然流行,人们对他的人格与思想产生了持续兴趣。其中最关键的是他对人性和传统的信念。在他看来,任何形式的乐观主义都从未被证伪或证实,这只是18世纪的思想家们制造出的、最具分裂性的"思想与情感复合体"。在这一点上,他与阿克顿勋爵有很多共同点,后者的声誉靠同样的原因和类似的支持而得以提升和巩固。[3]尽管在其他方面(如性情、观点和天赋)有很大不同,但二者都属于阿克顿意义上的自由主义者。随着"自由主义"(liberalism)的崩溃,他们的观点似乎提供了一个新的出发点。

布克哈特的书信绝不是(阿克顿的书信则通常是)其讲座的延伸,它们引导我们回到源头,并揭示了布克哈特的另一个维度。在这样做的过程中,甚至连尼采都抱怨布克哈特隐瞒了一些思想,这不无道理。因为,这些信件只是通过其形式、风格和结尾处间接地表达了一些思想——在某种意义上它们还算布克哈特完成度最高的作品。在后来的生活中,布克哈特似乎有意采取这种形式,给一位朋友写关于欧洲局势的信,给另一位朋友写关于艺术和建筑的信,就跟沃波尔(Horace Walpole)①选择通信人的方式一模一样。不幸的是,布克哈特销毁了别人寄给他的所有书信,当然也没想过他的名字会与塞维涅夫人(Madame de Sévigné)②并立——这是他生前最后一次公开演讲的主题。即使在"放弃了所有文学名望的念头"并出版了最后一本短篇诗集后,他也承认自己无法放下笔,于是继续用最适合的形式表达自己的思想。由于布克哈特的注意力总是集中在外部世界、人与物、艺术、政治和道德等方面,他的性情不喜欢哲学思辨和内省,而是把最快乐和美好的事物表现在信中。这种书信形式介于日记和妨碍其创作的专业历史书写之间。

书信大致分为两类:一类是布克哈特在青年时期以及回归巴塞尔之前的不确定时期写的,另一类则是完全属于他自己的。他在《世界历史沉思录》中说:"独创性必须由自身掌握,而非从别处获得。"但正如他所言,尽管他不是凤凰,但有尼采所说的"表面"(Oberfläche):"他的内容和深度有层天然的皮肤。"那些在表面上移动得如此轻松自如的信件,就像最清晰、最透彻的演讲一样,再次揭示了他和他的思想。

---

① [译注]原名霍雷肖·沃波尔(Horatio Walpole,1717—1797),英国作家、鉴赏家和收藏家,以其哥特式风格小说《奥特朗托城堡》(*The Castle of Otranto*,1764)而闻名。生前留下了大量书信,成为研究其思想的重要材料。
② [译注]原名玛丽·德·拉布廷-尚塔尔(Marie de Rabutin-Chantal,1626—1696),法国书信作家,写作尺度生动风趣、具有较强的历史和文学意义。其《书简集》(*Lettres*)是法国古典主义散文的代表作。

二

雅各布·布克哈特出生于1818年5月25日,去世于1897年。在去世前不久,他按照习俗准备了一份人生简历,准备在葬礼上宣读。[4]其中说到,他成长的家庭环境非常幸福,但在很小的时候经历了人生中的首次伤痛(其母于1830年3月17日去世)。因此他在少年时期尽管性格开朗(可能遗传自母亲),但对世间万物的脆弱和不确定性有着不可磨灭的印象。这对他后来的人生观有着决定性的影响。

布克哈特的家族和他母亲的肖恩多夫(Schorndorff)家族都在15世纪末定居巴塞尔。其中布克哈特家族证明了自身能力和地位,一直占据着巴塞尔的领导地位,这使得巴塞尔与伯尔尼或威尼斯一样给人一种贵族城市的印象。一个半世纪以来,布克哈特家族成员勤奋有才干,富裕而成功,长期占据着巴塞尔两个常设市长(Burgomaster)职位中的一席,这无不凸显出该家族的显赫地位。布克哈特家族中还涌现了许多商人、医生、神学家和公务员,他们为巴塞尔的繁荣和标志其发展的延续性上作出了很大贡献。

布克哈特出生时,巴塞尔在许多方面仍保留着天主教公会议召开时的模样。① 它保留了自己的城墙、行会、民主结构,甚至军事

---

① [译注]1431—1449年间罗马教廷主持召开的一次大型"公会议"(即具有众多教派参加的大型仲裁会),以期解决天主教世界的分裂问题,但最终无果,还一度出现教皇尤金四世和菲利克斯五世分庭抗礼的局面。

上还保留着此前主教统治时代的武装。在布克哈特少年时期,巴塞尔城周边的乡村州脱离了城市州赢得了独立,但并不妨碍城市州的规模和财政因修建铁路等措施翻了两番。因此,把巴塞尔视为布克哈特审视现代世界的一个穷乡僻壤几乎没有事实依据,当布克哈特进入巴塞尔大学的时候,该校的成员比他晚年时来听讲座的人还要少。

布克哈特的父亲出身于该家族一个较小较穷的分支。该家庭分支的一些人过着自由城市的简朴生活,另一些人则从事圣职。布克哈特的父亲曾在海德堡大学学习神学,当施莱尔马赫的影响方兴未艾时,他也从未偏离"第二改革者"(Second Reformer)①宽容和人道的教导。他的儿子出生时,他早已投身于教会工作并受到教众喜爱,被选为"Antistes"(巴塞尔教区的首席大牧师)。他似乎是一位令人愉快的传统人物,写过一两本关于历史和神学的书,他在素描方面的天赋可能激发了儿子的绘画兴趣。不幸的是,布克哈特销毁了他与父亲之间的所有通信,[5]这些信的缺失给布克哈特深耕于巴塞尔的生活带来了一种孤寂的假象。

当然,布克哈特有时也觉得这种孤寂生活令人窒息。但他最终从被人称为"夹着公文包的老先生"的评价中获得了真正的满足。他总是要带着厚重的照片集去上艺术史课,直到年龄迫使他雇了一位仆人帮他拿。他从来都不是"无根之萍"(déraciné):他自然而然地成为与生俱来的那个紧密相连的社会中的一员,自然而

---

① [译注]此处可能指巴塞尔新教神学家塞缪尔·韦伦费尔斯(Samuel Werenfels,1657—1740)。韦伦费尔斯是伊拉斯谟基督教人文主义的继承者,开创了"温和正统主义"传统,在巴塞尔教会史上的地位仅次于伊拉斯谟。布克哈特的祖父和父亲都是韦伦费尔斯的信徒和拥趸。

然地参与到过去遗产的保存、当下责任的履行和对未来的期许中。他满怀疑虑地审视他一生中发生的许多变化，清楚地看到他眼中价值不可估量的东西会在一个功利的世界中被牺牲多少。他写道：

> 一个人对人性根本是不完善的感觉越强烈、越成熟，就越不会受到党派立场的煽动和诱惑……一旦有人明白，任何奇幻意义上的黄金时代从未在历史上存在过、将来也绝不会出现，那他就摆脱了对过去一味高估、对现在无比绝望和对未来荒谬希望的这种愚蠢倾向。

当然，他也补充道："我们可以保留自己的偏好，因为这是品味的问题。"布克哈特充分利用了这一保留条款，否则他的超然倾向就会要求一种脱离实体的精神特权，这种精神固然与"世界精神"截然不同。

如布克哈特所述，他观察外部事件的"阿基米德点"由他成长过程中所形成的传统人生观，由他对"世俗事物的脆弱"看法所维持的内心和谐与安全感，以及对"人性在所有事情上都不成熟"的看法所决定。巴塞尔是布克哈特传统观念成长和发展的土壤。

三

这本选集的开头是对布克哈特将兴趣和热情融入他的生活的一种总结，这些兴趣和热情既未消耗他的精力，也没缩小他的同情心。

据简历显示，布克哈特在学校中获得了关于古典名著的知识，这"使他在任何时候都能以古代的方式生活"，尽管他并没有被要求过于努力，以至于"反对学习"。从离开中学到上大学期间，他在法语小镇纳沙泰尔(Neuchatel)生活了九个月，在法国文学中发现了"第二个精神家园"[亚历山大·维内(Alexandre Vinet)曾在巴塞尔教过他]。[6]回国后，他带回了一篇基本完成的、关于瑞士哥特式教堂的文章，一本素描册，其中记录了他感兴趣的建筑、装饰特征及喜爱的风景，首批诗作如《雅各布·布卡多的作曲》以及意大利之行的回忆。

在1838年8月的一封信中，布克哈特不无感慨地承认，他在神学教授德维特(Dewette)的领导下，已到了只能将基督的故事视为神话的地步。这封信是写给约翰内斯·里根巴赫的，他和阿洛伊斯·比德尔曼以及后来的冯·楚迪是这一时期布克哈特最亲密的朋友。这三人都在为神职工作而学习，布克哈特在他们中间继续进行着由德维特的观点引发的争论。他没有和家人讨论这个问题，只有一次(正如他承认的)在与大姐交谈时失去了控制，第二天大姐写给他的信使其深受感动。不过，除这件事外，布克哈特与家人的关系并未受到过多影响。

布克哈特被卷入的神学争论与他和家人们共同的更深层信仰有所区别。就像卡埃基教授指出的，当布克哈特放弃神学时，他并未放弃更深层意义上的基督教，他也没有觉得自己打破或反抗了过去的传统。待他对自己在神学和教会方面的立场有了明确理解并开始考虑自己的宗教立场和性格之后，他就向二姐露易丝吐露了他对上帝的信仰，以及"基督教导的总和……即爱和为他人牺牲的法则"。尼采和欧维贝克所说的"无名怨愤"(ressentiment)对布克哈特而言完全陌生。

布克哈特的大多数朋友起初都属于"正统派",但很快就被盛行的理性主义所席卷,尽管他们中一些人后来又回到更保守的立场。虽然布克哈特承认理性主义对"正统"立场的批评力量,但他不支持任何一方,也从不接受后来对基督教的重新解释。布克哈特这一时期所参与的讨论,其持久后果之一便是,使他终生厌恶自由派神学家、蔑视他们信奉的黑格尔哲学。① 正是在这一意义上,他说自己仍是个"诚实的异教徒"。[7]布克哈特在思想上的诚实为未来解放了自己,这让人想起克尔凯郭尔②对"正统"和理性主义的双重拒绝。这是他日记中许多早期条目的主题。

随后一年多时间里,当布克哈特在巴塞尔完成神学学业时,苏黎世发生的事件最终证实了他的态度是正确的。《耶稣传》的作者大卫·施特劳斯③在苏黎世获得了一个教职,但由于他的激进观点早已冒犯到公共舆论,以至于他作为一名教师出现似乎都是对基督教的无比侮辱。在舆论压力下,保守派暂时撤销了任命,这又加剧了自由派知识分子与教会之间的冲突,直到死伤者出现。彼时,比德尔曼(Alois Emanuel Biedermann)是施特劳斯的忠实支持者,里根巴赫皈依了黑格尔,自此布克哈特与瑞士朋友的友谊变得愈发难以维系。对布克哈特来说,"苏黎世骚乱"(Züriputsch)开启了

---

① 见 1878 年 7 月 7 日给冯·普雷恩的信。
② [译注]索伦·克尔凯郭尔(Soren Kierkegaard,1813—1855),丹麦宗教哲学家、心理学家和诗人,被公认为实存主义哲学创始人,后现代主义和现代人本心理学的先驱之一。
③ [译注]大卫·施特劳斯(David Friedrich Strauss,1808—1874),德国自由主义新教神学家,青年黑格尔派代表人物,其代表作《耶稣传》从事实考据的角度否认了耶稣的神性,在宗教界引起了极大震动。

知识界与教会之间的长期而激烈的纷争,并将神学争论延伸至政治领域。而在政治领域,神学问题通常不过是政党口号。他不愿卷入这场在他看来是破坏传统的冲突,也不想站在理性主义或正统主义任何一边。

布克哈特认为,基督教至少在神学和制度形式上已度过了它的鼎盛时期。在他眼里,施特劳斯事件所象征的争议和冲突已被严重误导,这与宗教本身的利益背道而驰,尽管只有未来才能知道宗教将以何种形式再度出现。比德尔曼不久后写道:

> 布克哈特经常依附我俩(一会是我、一会是里根巴赫),经常用他做作的嫉妒来扰乱我俩关系,这似乎很快就变得再自然不过了……但他并不是真正属于我们的人,而是渐渐地离开了。

随后几年间,布克哈特的友谊随着他的情绪和对通信人的要求,以及他与旁人交往的愿望而波动。也许他意识到了批评,并谈到了"放弃一切情感"的决心——当后来他与别人的关系被疏导并赋予某种模式时,这一决心再次出现在他的生活中。他与人打交道一直比较客套,他对自己的评价也很少,[8]以至于有人认为他不结婚的原因一定与他处理友情时的性格局限有关。1841年,露易丝写信告诉布克哈特,他曾爱过的玛丽亚·奥瑟(Maria Oser)在他去柏林后不久与别人订婚了,布克哈特回答说,在玛丽亚要嫁给别人这件事上他只能退让,并有义务让玛丽亚认识到他是个太过"热情"(passionate)的人,无法给她幸福。这不仅仅是个惯常用语——布克哈特许多早期信件的情感基调都很高,很可能是因为这一时期他的浪漫主义过度成熟。后来这种情绪化思维逐渐得到了控制,才使他原初的自发性和独创性得以表达。

前天在苏黎世发生的事情再次提醒我,当教会的地位如此不稳定的时候,如果没有最明确的内心召唤就把一生奉献给神学,那将是多么危险和罪恶。

这是布克哈特写给施莱伯的话。最终还是施莱伯(Heinrich Schreiber)这位"前神学阵营的逃兵"向布克哈特伸出了援助之手,并给他指明了走出森林之路。施莱伯是位受人尊敬的历史学家,布克哈特曾为他在巴塞尔档案馆做过一些工作。他于1792年出生在布赖斯高(Breisgau)的弗莱堡,在康斯坦茨湖畔的米尔斯堡(Meersburg)学习神职,并回到弗莱堡担任道德神学教授。在米尔斯堡,他遇到了大主教达尔伯格(Dalberg),并在一所受启蒙教义影响最深的天主教学校研习神学,这主要也是受达尔伯格和韦森伯格(Wessenberg)的影响。他作为道德神学教授所传播的宗教,是一本薄薄的、伦理版的福音书,其中没有奇迹和神秘元素,而是旨在摆脱罗马教廷强加于神职人员的禁欲誓约。施莱伯的观点在弗莱堡遭到了相当大的反对,但这位学院派的"萨瓦本堂神父"①在被排挤到大学哲学系讲授历史之前,仍保持了十年的牧师职位。当施莱伯1844年正式加入荣格(Ronge)的"日耳曼天主教会"时,他失去了此前的牧师职位。但很快,他又对荣格的教会感到失望,隐退到私人生活,结了婚并平静地生活到1872年,期间一直在从事

---

① [译注]卢梭在1765年发表的《萨瓦本堂神父的信仰》(*foi du vicaire Savoyard*)一书中,借用虚构人物萨瓦本堂神父之口来表达自己的宗教观点。此处喻指施莱伯的宗教观点与卢梭相似。

历史写作。施莱伯是一个丰富、开朗和勤奋的人物,是一位 18 世纪意义上的哲学家,他将启蒙的观点与对中世纪的浪漫热情结合在一起。除了改革教会外,他似乎没什么野心。[9]正是施莱伯的榜样帮助布克哈特找到了解决困难的切实可行方法,并在历史研究中找到了"毕生致力于神学"的替代方案。

布克哈特没有中断他的神学学业,并在第二年获得了学位。当父亲同意他攻读历史时,他自然应该去柏林,在兰克手下工作。

1839 年夏末,布克哈特与雅各布·奥利一起从巴塞尔启程去意大利,后者三年前曾陪同他去过一次,后来娶了布克哈特的二姐露易丝。他们花了五周的时间,在慕尼黑、雷根斯堡、纽伦堡和班贝格游览,只留下几个小时去德累斯顿的画廊,而忽略了两年后给他留下深刻印象的奥古斯都小镇——"是时候去柏林了"。他到达柏林后却发现,那里的贫瘠和乏味程度并不比沙漠好到哪去,顶多周围的山丘能让人怀念起阿尔卑斯山的美景。但柏林的博物馆和卓越的歌剧弥补了一些不足。五十年后,他又回忆起在柏林首次听《阿米德》(Armide)复调音乐的时刻。然而,给布克哈特留下最深印象和持久收获的是柏林的"历史学派"。他惊奇地睁大眼睛,听完了兰克(Leopold von Ranke)的第一堂课,以及其他老师向他揭示的历史概念、方法和表达方式。

在柏林最出名的那批学者(兰克、雅各布·格林、奥古斯特·伯克等)中,兰克是布克哈特最钦佩却最不喜欢的一位。布克哈特从不放过向别人讲述兰克丑闻的任何机会。德罗伊森(Johann Gustav Drosyen)被布克哈特奉为伟人,但很快被调去了基尔大学。这些学者(尤其是兰克)对布克哈特的影响,在布克哈特看来完全是通过智识媒介来传递的。渐渐地,他开始感到身边缺少施莱伯这样的"慈父般的朋友",也发现这些"专业学者"嫉妒心强,为升职不择手段。

就在布克哈特向施莱伯抱怨,为他与弗莱堡之间的距离而感到遗憾之时,他遇到了库格勒(Franz Kugler),后者对布克哈特的影响远远超过了施莱伯。作为艺术史这门新兴学科的教授,库格勒摆脱了其同事们激烈竞争的领域,完全走出了一条自己的路。[10]他年轻时过着放荡不羁的生活,直到婚姻迫使他必须有稳定收入时,他才安定下来,上了大学并取得学位。当布克哈特拜访库格勒时,库格勒似乎找到了自己最想要的人——一位拥有新颖观点和业余爱好、并与之保持共同兴趣点的"导游"。布克哈特很快就跟着这位胖先生散步和弹钢琴,并向他学习如何"自立更生"。正是库格勒给了布克哈特勇气,让他在对历史的热爱中拥抱对艺术的热爱,认识到"对沉思的巨大渴望"是他精神构成的基本特征,并引导他把历史书写视为"诗歌的最高形式"。

1840年冬天后,布克哈特逐渐远离了他的瑞士朋友,他发现自己置身于一群不会质疑他的爱国主义或神学色彩的年轻人中。他所在的这个"美妙小团体"受到了浪漫主义最后一缕光芒的照耀,其基调虽仍是文学和美学的,但政治兴趣正在持续上升,最终在他们之间投下了阴影。他们景仰过去,陶醉于中世纪的教堂、传奇故事和诗歌,但他们对当下"德意志"的热爱几乎没有支点,而是在遥远的过去和辉煌的未来之间摇摆不定。"德意志将实现其文化使命,并在宪政自由的坚实基础上复兴民族运势、实现民族统一",这一观点本质上是1813年政治文学和文学政治情绪的最后回响。民族主义和社会主义很容易并驾齐驱。

所有这些"热情"以及把他们连在一起的情感纽带给了布克哈

特一种新自由、一种步入伟大世界之感。他的新朋友中只有两人是学神学的。爱德华·绍恩堡(Eduard Schauenburg)和纳格尔(Siegfried Nagel)都是古典学者,赫尔曼·绍恩堡(Hermann Schauenburg)在莱比锡攻读医学,大家的态度都倾向于自由主义。毫无疑问,有段时间兰克的演讲使布克哈特觉得"应有勇气保持保守"。因此尽管布克哈特开始谈论他的自由原则,但并非建立在严格的政治意义上。此外,人们一致认为,布克哈特是位拥有歌德式天性的艺术家,他的歌德式优越感使他有权保持与诗人和哲人相一致的保守观点。

四

[11]布克哈特新世界的中心是金克尔(Gottfried Kinkel),后者的作态、冲劲、流利言辞和随波逐流的肤浅智慧,把众人都吸引住了。当布克哈特于1841年初夏离开柏林时,他自己都没想到会感到如此遗憾。他带着一封给爱德华·绍恩堡在莱比锡的兄长赫尔曼的信和另一封给金克尔的信前往波恩。布克哈特之所以要去波恩,一方面是为了方便前往科隆为兰克的研讨课写一篇论文,另一方面是为了听沃尔特(Wolter)关于教会法律的讲座。路上,他参观了希尔德斯海姆(Hildesheim)、莱比锡和法兰克福,并在沿着莱茵河旅行时研究并绘制了"拜占庭式"教堂的草图。在科隆度过了欣喜若狂的一天后,他带着对德国全部事物的热情回到波恩。这种心情使他把一切学术职责抛在脑后,并为他与金克尔的会面做好了准备。

金克尔是第一个加入普鲁士官方大学的莱茵兰人。当时普鲁士政府为保持对大学教育的控制,防止它落入科隆大主教的手中,把大学设在了波恩。金克尔在成长过程中受到路德宗很大影响,是一名训练有素的神学家。他十分同情天主教的普通信众,与他们有着一致的反普鲁士情绪。他在自传中承认,他"在不知不觉中已成为一个社会主义者"。他的愤慨由其所在省份的僵化统治所引发,并与群众日益增长的反叛情绪相呼应。

两年前,金克尔在科隆认识了约翰娜·马蒂厄(Johanna Matthieux),并对其一见钟情。这段浪漫恋情是二人共同参与的"悲-喜剧"的开端。约翰娜曾与科隆的一名天主教出版商有过一段短暂婚姻,她以家暴为由与之离婚。由于贝蒂娜·冯·阿尼姆(Bettina von Arnim,也是布克哈特在柏林的资助人)的慷慨解囊,约翰娜离婚后的处境变得更轻松。贝蒂娜的名声和社交圈足以使她在婚姻法方面对与普鲁士争执不休的天主教习俗漠不关心,而约翰娜则做不到这一点。贝蒂娜在少女时代曾向歌德求爱并得到回信,她把这些信编成了一个故事,其中的某些场景令她的哥哥克莱门斯(那个后来皈依并改过自新的诗人)感到震惊,甚至连圣勃夫都感到惊讶。① 当她用同样的方式处理她的朋友京德罗德(Karoline Günderode)的信件时,[12]她的书再次获得了成功。京德罗德因与历史教授克鲁泽的无望恋情而投河自尽。不久之后,贝蒂娜搬到了柏林和她的姐姐住在一起,后者是萨维尼(Friedrich von Sav-

---

① 圣勃夫(Charles Augustin Sante-Beave,1804—1869),19世纪法国最具影响力的文学批评家之一,首创肖像与传记批评方法,被誉为"现代文艺评论之父"。

igny)的遗孀,是历史学派最耀眼的明星(兰克)的邻居。

贝蒂娜回柏林后,约翰娜跟着金克尔去了波恩,在那里她和母亲住在一起,靠教授音乐课程、组织和指挥音乐会(她在布克哈特的信中被称为"迪特里克斯")①谋生,有时甚至还会表演亨德尔(Handel)的歌剧。在波恩的社交圈里,约翰娜是个很受欢迎的角色,却不明智地在金克尔还不能合法结婚之时宣传他俩的爱情,结果给他俩带来了麻烦。当时金克尔还在波恩大学讲神学,同时在科隆一个教堂讲道并兼任一所女子中学的教师。虽然他觉得还不能为了结婚失去神职工作,但他和约翰娜都认为有必要让朋友和同事接受他们的恋爱关系。他们成立了一个名叫"金龟子"(Maikäferbund)的诗歌俱乐部,一起举办音乐晚会,组织到周围乡村去探险,在那里野餐、唱歌、朗诵诗歌和剧本。有次他们乘坐小艇横渡莱茵河,在夜晚返程时被一腹轮船撞沉了。金克尔设法把约翰娜扶到岸边,其余人也都获救。经历了这次死里逃生后,他们决定公布订婚消息。约翰娜既离过婚,又是天主教徒,这一情况让金克尔的上司很为难。然后,金克尔被教众免去了神职和女子学校的工作,还经过了长时间的谈判才勉强保住了大学教职。最后,这件事又出现了转机——金克尔被调到了哲学系主讲艺术史课程,约翰娜通过皈依新教缓解了处境的不利,但他俩仍然能感受到来自"市侩"(philistines)的迫害,希望在不被排斥的情况下获得解放。

正是在金克尔职业生涯的这个阶段,布克哈特来到了波恩。就当时情况来看,二人似乎在很多地方都有共同点。布克哈特可在金克尔广泛的朋友圈中找到关于研究道德和智识冲突的戏剧化

---

① Directrix,即"导演"。

样本,[13]并产生了他们正朝一个方向前进的错觉。他因与金克尔相互钦佩而结下了不解之缘。金克尔在成为革命代言人之前就已经开始把自己视为民族复兴的诗人,他在布克哈特身上发现了他所渴求的天赋和才能。几年后,布克哈特如此描述道:

> (金克尔)是享受生活的艺术大师,一位精通所有美学问题的鉴赏家,他掠夺了世界上所有文化来丰富自身。他知道科莫湖畔哪里生长着最甜的葡萄,也可以立即告诉你关于诺查丹玛斯①生平的最佳资料……然后他会躺在沙发上,抽半打上好的马尼拉雪茄,给你写一篇关于科隆亲王主教爱上一位炼金术士之女的奇幻故事。

但是,当金克尔为布克哈特创作出这幅有些异想天开的画面时,他却因革命活动被关进了斯潘道(Spandau)监狱。他寄给布克哈特的信的结尾处,对二人离别作出了一个慷慨激昂的解释——"谁能心甘情愿看着,如此丰富快乐的生活被抛到现代历史的刺刀上呢?"

布克哈特在波恩度过了一个暑假,并于 1844 年春再次来到波恩担任金克尔婚礼的伴郎。当他们在 1847 年秋再次见面时,金克尔已开了政治冒险。1848 年,金克尔站在共和党一边,在参加了几次起义后又领导了普法尔茨(Palatinate)的革命,并在那里受伤被俘。在赫尔曼·绍恩堡的辩护下,他的死刑被减为无期徒刑。

金克尔总有一种引发别人关注的技巧,他对革命路线的朴素个人主义式理解激怒了马克思(Karl Marx)。他被约翰娜和卡尔·

---

① [译注]诺查丹玛斯,原名米歇尔·德·诺特拉丹(Michel de Notredame, 1503—1566),法国圣徒、占星家和医生,是文艺复兴时期最受欢迎的预言家。

舒茨（Carl Schütz）从监狱中解救出来，带着约翰娜和三个孩子流亡英国。正如赫尔岑①所言，金克尔在英国成了"四十乘四十教派之一"的领袖。他的举止总是牧师式的，高高在上又无比自负。这让赫尔岑想起了一所豪宅里的管家，就像是"朱庇特的头搭在了德国教授的肩上"。金克尔的虚荣心显然是使约翰娜嫉妒心越来越强的唯一理由。尽管赫尔岑也注意到金克尔那荒谬的溺爱妻子的举止，但最终还是没能预料到，约翰娜会因漂泊和贫困的压力从伦敦住所的窗户跳了下去。

［14］八九年后，当金克尔在苏黎世理工学院讲授艺术史时，他去巴塞尔拜访了布克哈特。尽管这一说法从未得到承认，但金克尔在后来的自传中以最高的措辞谈到了布克哈特，称布克哈特是他见过的最有天赋之人，并称他们友谊破裂是流亡给他带来的最大损失，这表现出了赫尔岑所未察觉到的大方。金克尔同样也受到了布克哈特不加批判的赞誉，直到后来被证明他是布克哈特最不喜欢的人———一名对实际问题没有基本了解或对革命所涉更深层问题缺乏真正把握就涉足政治的左翼教师。

五

布克哈特于 1844 年 5 月参加了金克尔的婚礼，并在巴黎度过

---

① ［译注］亚历山大·伊万诺维奇·赫尔岑（Aleksandr Ivanovich Herzen, 1812—1870），俄国政治思想家、革命家和作家，开创了俄国独特的社会主义道路理论——"农民民粹主义"。他的自传《我的过去和思想》（1861—1867）被认为是俄国最伟大的散文作品之一。

六个月后返回巴塞尔。在经过一段自由生活后,他感到自己的社会职责令人厌烦,身边人势利、庸俗,流言蜚语成风。约翰娜写信鼓励他张扬个性、冷对庸众,就像她和金克尔一样。但布克哈特回答说,他只想得过且过地生活下去,因为他不是那种能把观念强加给他人的凤凰。他决定在大学里教书(但还没得到任命),并通过修改库格勒交给他的《布罗克豪斯百科全书》中的章节和为《科隆报》撰稿来补贴生计。在剩余时间里,布克哈特尽可能保持沉默。尽管约翰娜很关心他感情方面的事,但他只是回答说不打算"把自己拴在一个富商的钱袋上",因为这种婚姻不适合他。他补充道:命运已在其他地方给了他天赋和好运,因此必然也会在某些方面付出代价。

事实上,布克哈特的天赋并没有被忽视。第二年初,保守派最重要的阵地《巴塞尔报》的社长兼主编赫斯勒(Andreas Heusler)请布克哈特担任编辑指导。赫斯勒是名律师,也是个颇有造诣的富豪,不仅插手巴塞尔的很多事务,在整个瑞士也有相当大的影响力。他觉得应该鼓励一名有前途的年轻人,让他逐渐从事与自身地位和才能相匹配的职业。布克哈特毋庸置疑的学术成就需要辅以政治和管理方面的实践经验,[15]这样才能及时顺应社会机制、在政府和大学中发挥作用。布克哈特对此并不十分感冒,但为了薪资接受了这份工作,尽管这点薪资在他日后看来完全微不足道。当时他正在为意大利旅行存钱,但既不想被政府牵制,也不想受教会约束。

布克哈特为《巴塞尔报》工作了十八个月,时间比他预想的长得多。期间,他被直接推入了他在1839年就预见到的冲突中。他不得不近距离跟踪舆论、煽动者和导致三年后内战的重大事件,这充分纠正了他四年来从金克尔的俱乐部或贝蒂娜的沙龙里听到的那些不切实际的观点。激进派与保守派和天主教会的争端,其表面原因是耶稣会士返回学校任教。激进派抓住了耶稣会一些问题,这也让耶稣会的新教对手感到自危。而《巴塞尔报》不得不在支持耶稣会的前提下与激进派进行斗争,从而保持坚定的保守主义立场,并避免被教士群体的笔刷所抹黑。布克哈特所尝试的中间路线并不成功,也没能实现对激进派和保守派双方进行规劝的初衷。

尽管布克哈特在某些情况下无法处理困难局面,但这段经历对他而言仍是非常宝贵的,并以其他任何方法都无法做到的方式明确了他的态度。从那时起,他对过去的了解就建立在对蛊惑、煽动、利用理想口号和虚假承诺等技巧的熟悉之上。布克哈特关于教士群体和反教士群体的经历,以及在"分离主义联盟战争"(Sonderbundkrieg)①期间终结的关于宗教和政治的困惑,可与佩盖在德雷福斯事件中的经历相提并论②——他学会了从领袖思想和言辞的背后看问题,并明白了权力的含义。

[16]1845 年,布克哈特推出了一系列关于绘画史的讲座并获得初步成功。受其鼓舞,他决定推出第二个系列。但是,当他试图重新进入殿堂时,却发现他对基督教画派即"拿撒勒派"的批评冒

---

① [译注]1847 年 11 月瑞士 7 个天主教州(卢塞恩、弗里堡、瓦莱、乌里、施维茨、下瓦尔登和楚格)组建了一个独立联盟,武装反抗以新教州为主的瑞士联邦政府,但以失败告终。

② [译注]查尔斯·佩盖(Charles Péguy,1873—1914)法国诗人和哲学家,他将基督教、社会主义和爱国主义融入一种深厚的个人信仰中并付诸实践,在德雷福斯事件中号召社会主义人士站在为德雷福斯辩护的一方。

犯到了一些听众。那些有趣的"虔敬派"（布克哈特如是称）阻止他继续走同样的"世俗"路线，甚至连赫斯勒都很可能私下加入了反布克哈特的阵营。尽管困难重重，但布克哈特还是坚持让他的第二幕戏"更加世俗"，并带着足够的积蓄辞去了报社职务，准备前往罗马。他迫不及待地想把所有政治和意识形态的"主义者"和"主义"抛在身后，一头扎进古代世界中。布克哈特深知他的德国朋友会指责他逃跑，并希望他能回去参加革命。在1846年5月5日从巴塞尔动身前写给绍恩堡的最后一封信中，他给出了早已在脑海中成型的答案，并以对未来工作的实际看法收尾。他希望回到巴塞尔后，继续"在革命进程不可避免的间歇期间讲授欧洲的古老文化"。

六

布克哈特在抵达罗马后不久写信给金克尔说：离开罗马，他将永远不会幸福。因为在那里他感受到了在波恩一样的快乐，尽管这种快乐令人费解——他既没有恋爱，也没有朋友的陪伴。他只知道自己"感受到了每种体系间的和谐"，这是以前从未体验过的。他发现，自己已被这种不具明显外在原因的幸福感所淹没，例如站在法尔内塞宫楼梯间的平台上或特莱维喷泉附近时的那种感觉。但他的狂喜还没开始，就收到了库格勒的来信，后者给他提供了一份柏林艺术学界的高薪工作。布克哈特接受这份工作并离开罗马，一方面是为了帮助库格勒，另一方面也是因为必须考虑接下来的事业之路。他在那不勒斯、佛罗伦萨和威尼斯继续待了一两周后沿原路返回,翻越阿尔卑斯山回到巴塞尔,又途经波恩拜访金克尔夫妇,然后直接去了柏林。

没有迹象表明,布克哈特试图重新开启学生时代的柏林生活。他没有提到"恩人"贝蒂娜,并向金克尔保证,除诗人保罗·海瑟(Paul Heyse)和盖格尔(Geiger)外,他没有结交任何人。[17]这两位诗人都是库格勒的朋友,他们的诗歌比布克哈特出色很多,这使布克哈特非常沮丧。但工作并没有妨碍布克哈特会见旧友,只是他可能故意避开金克尔的圈子。众所周知,金克尔和绍恩堡兄弟都持有危险的观点,而布克哈特此时的观点也十分明确,无法再作出以前同意的所有让步。布克哈特完成手上工作后立即动身南下,途中避开瑞士取道维也纳和的里雅斯特(Trieste),因为瑞士的内战会使行程变得困难。直到1848年初夏,他才回到巴塞尔。

在接下来的十年间,布克哈特的生活一直在巴塞尔和意大利之间摇摆不定,他长期居住在巴塞尔,直到再也无法忍受为止。但即使在巴塞尔期间,他也没有完全牺牲自己的事业。他拒绝了担任博物馆馆长的邀请,以便腾出时间从事自己的工作——当时他已经在构思《君士坦丁大帝时代》(*The Age of Constantine the Great*)了。

布克哈特在1849年居住巴塞尔期间得知金克尔被监禁的消息。这消息一点也不令人意外,但意味着他们友谊最终破裂——自此之后他再也没有谈起过金克尔。当时布克哈特一听闻这消息,立刻给绍恩堡寄了些钱让他转交约翰娜和三个孩子。布克哈特认为金克尔一家此时一定十分窘迫,因为金克尔从来没挣过多少钱。除爱德华·绍恩堡外,布克哈特从此与德国朋友渐行渐远。他没有试图扭转这一局面,但向绍恩堡承认他永远无法再获得年轻时的友情,也从未想到三十岁的生活会如此孤独。爱德华·绍恩堡刚刚订婚,布克哈特此时也正在谈恋爱,但女方父母不认为这是一门合适的亲事。年底,他用巴塞尔方言出版了一本匿名诗集《汉普菲利之歌》(E Hämpfeli Lieder),①其中真实反映了对爱情失意的感受。这是他最后一次或许也是唯一一次试图忘记他命中注定不会结婚。尽管布克哈特极力掩饰自己的心情,但他的信中还是流露出了一丝忧郁。过了很长一段时间,他与生俱来的快乐心态才重新浮现出来。

布克哈特一直留在巴塞尔教书讲学,直到1852年因一时愤怒辞去了学校教职,并不顾施莱伯的建议逃到了意大利。巴塞尔大学课程体系的调整给布克哈特带来了一些额外工作,[18]他看到在大学任职的前景并不明朗,觉得有必要做出改变。这趟旅程为《向导》这部"意大利艺术鉴赏指南"准备了材料,并在接下来一年多的时间里编纂完成。晚年他假装对自己做这项工作时的漫不经心感到震惊,但实际上这本书涵盖内容十分广泛——包括意大利绘画、雕塑和建筑的整个历史。他为这本《向导》感到骄傲,并让其他人去努力纠正它的错误或遗漏来保持其魅力,直到出版商发现布克哈特的书以原始形式更好地传达了他的好恶。尼采曾建议将其作为罗马旅行的最好替代品。

在很大程度上,由于《向导》的名气,布克哈特得以在1855年受邀去新建的苏黎世理工学院艺术系当老师。该学院有两大优势:一是其图书馆能为布克哈特希望撰写的文艺复兴时期的作品提供特别丰富的材料,以保持他从意大利带回的"不满足"。二是

————————
① [译注]Hämpfeli在阿勒曼尼语中意指"瘦小或卑微的男人"。

布克哈特认为新学院的教职员们一定会重视社会知名度,因此他在这里不会像在巴塞尔那样被人轻视。一切都如布克哈特所愿,在苏黎世他找到了一群志趣相投的伙伴,而且走五分钟就能到周边美丽的乡村游览。更重要的是,除日常的艺术史课程外,他有足够的时间来准备文艺复兴研究。

布克哈特的生活在苏黎世开始成形,当时他写给学生布伦纳(Albert Brenner)的信是最接近于谈论自己内心的信。这并不意味着他俩有什么短暂的幕后关系,或一起探索"平静的冰面上即将出现的破口和裂隙"。相反,布克哈特警告布伦纳不要去探索这些,也不让自己被必然性或偶然性的世界所困,从而置身于"美味的日常面包及善恶"之外。信中简短的布道采用了他1842年写给二姐露易丝的那些主题,以最简洁的方式表达了布克哈特的传统人生哲学。这些书信也清楚地揭示了布克哈特为何与那么多"年轻时的朋友"分道扬镳。

布克哈特的选择并不总是幸运的。天性开朗、善于交际的性格使他把与人相处看得很简单,但这种人际关系往往不会长久。金克尔并非唯一的例子。[19]布克哈特曾于1848年在罗马结识了来自巴塞尔的画家博克林(Böcklin),并在经济上对其给予了帮助和鼓励。然而不久后博克林却公然指责布克哈特暗中阻止他在巴塞尔获得任命,这一度导致布克哈特与保罗·海瑟的关系中断,直到后来在更正式的基础上得以恢复。事实上,布克哈特想要结婚的尝试无果而终,且他也默认了这一事实,这表明当时他对自身和未来都非常不确定——尽管他人生中的这段插曲几乎没被公开发表过。布克哈特的指示是,在他死后不允许文人们在他文章中大肆挖掘,这一意愿得到了充分尊重。因此,在获得更多事实证据之前,对这一问题过度解释毫无价值。

正如尼采注意到的那样,布克哈特不倾向于伪造事实,但擅长隐瞒真相。延伸至他与别人的关系来看,似乎他的苏格拉底式笔风惹恼了一些批评者(如狄尔泰和欧维贝克),这使他的人际关系有了某种不确定性。他对自己要求太多了,同时又太少了。晚年布克哈特总是责备自己没有对学生尽其所能。他对自己的时间、金钱或书籍毫不吝啬,但也许对自己却十分吝啬。在某种程度上,"别为他人操心"变成了"别让他人操心"。当他与金克尔的友谊假象被揭穿时,他吓了一跳,从此与人保持一定距离。羞怯、矜持、谦逊、克制夹杂着对亲密关系的厌恶,以及对过往感情糟糕收场的戏谑。

第一阶段的布克哈特与他后来在巴塞尔的形象之间有一个非常真实的转变,那就是在1850年前后,他有意与过去的自己决裂,这一点充分反映在了他当时的外表上。在1844年拍摄于巴黎宫殿的那张照片中,布克哈特身穿1830年代的时尚服装,留着高蒂耶(Gauthier)的时髦发型,系着一条宽松领带,食指上还戴着一枚戒指。这与后来那个低调、不起眼的形象形成了鲜明对比——中晚年的他总是梳着一头棕色长发,穿戴着简约的黑色西服和黑色帽子。年轻时,他认为自己是个诗人。在中期的一封信中,他把自己及其密友称为快乐的庸人(这是他希望给人留下的印象)。但最后,身处一群"专业学者"之中时,他把自己看作一个以教学为职业的"业余爱好者"。[20]在《世界历史沉思录》引言中,他说:

"业余"这个词,其恶名要归因于艺术。艺术家必须成为大师,否则就什么都不是……另一方面,在学习上,一个人只能成为某一特定领域的主人,也就是所谓的"专家"。但是,如果他不想丧失统揽全局的能力或不想失去对一般性观点的尊重,他就应该尽可能在更多方面成为业余爱好者……否则,他将在自己专业外的所有领域保持无知状态。或许,作为一个人而言,他是个野蛮人。

七

1858 年,巴塞尔大学历史系教授职位出现空缺,布克哈特欣然接受了任命。他很高兴能在父亲仍在世之时回到自己的归属地。他在简历中写道:在这个办公室度过的几十年是一生中最美好的时光。强健的体质使他能够全身心投入工作,不会延误任何一堂课,直到 1881 年 5 月一次突发疾病迫使他这样做。在其他方面,布克哈特的生活也几乎没有受到干扰。在他回归巴塞尔后的头几年里,他把早已准备好的作品做了最后润色。① 随后的生活完全是为了履行教师职责。在这项工作中,持续的努力与真正的幸福感相得益彰。按照一所小型大学的需求,他认为历史教授的任务不是传授专业知识,而是提倡一种普遍的历史观。布克哈特的第二份职业是在中学教书(起初带两个高级班,后来减为一个班),这同样成为他持续快乐的源泉。随着年龄增长,他不得不逐渐放弃了中学的教职,目的是确保在大学讲授世界史课的同时,再尽可能完整地讲授一门艺术史课程。因此,在 1882 至 1886 年间,他的课时量

---

① 关于文艺复兴的两本书都起笔于苏黎世。

达到了每周十小时。最后,布克哈特还经常面向公众演讲,首先是他自己制定的公共讲座,后来他还参加了大学组织的此类活动。

但愿布克哈特的大学和中学学生们以及冬季讲座的听众们对他的友好回忆,能使他在墓中感到安心![21]他总是在各方面都很重视自己的职责,全心全意放弃了一切文学名望的念头。适度的写作能力使他在晚年免于为赚钱而写作,也不必为出版著作而过着苦役生活。由于年事已高,布克哈特不得不在1885年请求大学委员会解除他的历史教授职务,并按他的意愿保留了艺术史系主任职位。哮喘病的困扰最终迫使布克哈特在1893年4月完全退休。

在这段时间里,布克哈特几乎一直住在老城区离大教堂不远的一家面包店楼上的两个房间里。他的学生和继任者海因里希·沃尔夫林(Heinrich Wölfflin)第一次拜访他时,对房间的简陋程度感到震惊。其他大多数访客都受到了类似的触动,并总是谈起房间里那张光秃秃的桌子、墙上那幅皮拉内西(Piranesi)的版画和老旧的直立钢琴。威廉·博德(Wilhelm Bode)从德国专程前来向布克哈特表达感激之情时,被住所周围的环境吓了一跳,并在第一眼见到布克哈特时把他误认作面包师。他告诉别人:"如果你一定要找雅各布·布克哈特面谈,你得先向我打听一下(好有个心理准备)。"布克哈特成功做到了给世人一种与那些缺乏亲和力的教授迥然不同的形象。有一次,布克哈特被说服去参观一位摄影师的工作室(他本来对接受拍照有种莫名的厌恶感),结果对方见到他时礼貌地把他赶走了,并向他解释说要衰变的是一位知名教授。

布克哈特在相对年轻的时候就安定下来。到了身体虚弱的晚年,他带着一种温和的"临床兴趣"注意到"机器"的缓慢接替,并顺从地适应自身状况以便继续工作。他喜欢把自己的健康归功于周末在巴塞尔周围乡村散步,以及常穿的低领服装。此外,他认为教学是最有利于健康的职业之一,而学术研究是最不利于健康的职业。他不认为"专业学者"能保持良好的健康,并指出每修改一次《向导》都要耗费一次编辑的生命。

大约从 1864 年起,布克哈特被安排夏季学期不上课,从此他的生活受到课程节奏的调整,时不时能腾出时间来一次出国旅行。他在意大利、德国或法国的画廊、城镇以及两次伦敦之旅中重新开始构思自己的作品。[22] 布克哈特给盖穆勒(Heinrich von Geymüller)写信始于 1867 年,给冯·普雷恩(Friedrich von Preen)和阿里奥斯(Max Alioth)写信始于 1870 年。在布克哈特的新通信圈中,有的是他以前的学生,比如萨利斯(Arnold von Salis)。盖穆勒是一位在英国和法国接受教育的奥地利建筑师,他在圣彼得大教堂的工作使其与布克哈特走到了一起。冯·普雷恩是布克哈特 1864 年在黑森林附近的罗拉赫镇散步时结识的。当时冯·普雷恩是该地的行政官,保持着传统官员的形象,外表正派而刻板,掌握着对未来有着巨大影响的新德国行政管理模式。布克哈特显然对俾斯麦的行政管理模式很感兴趣,因此二人对于同一主题的互补性贡献是他俩许多往来信件的核心主旨。在假期里,布克哈特经常在咖啡馆里写作,描述自己一天的见闻。在这方面他经常求助于阿里奥斯,一位脸比较圆的、戴着一副歪斜夹鼻眼镜的老巴塞尔人。与冯·普雷恩不同,阿里奥斯具有天真的快乐,但责任感和能力较差,对什么都不能长期坚持。他喜欢美食和葡萄酒,经常开冯·普雷恩不会开的那种玩笑。

布克哈特有几位住在巴塞尔的通信人。他们是布克哈特除家人外,经常晚上在咖啡馆或小酒馆见面的核心朋友。布克哈特总是在晚上八点放下笔,不过随着年龄增长,他与其他老人一样越来越喜欢独处和弹钢琴。来访的朋友们受到了热烈欢迎,并被要求分享他最喜欢的夏托努夫(Chateauneuf)葡萄酒。如果他心情好,就会有一场生动的歌剧或轻歌剧表演,或海顿和莫扎特的弥撒曲。他能够轮流出演所有角色,并对音乐和场景有着深厚的把握,以至于盖穆勒完全忽略了其技术上的缺陷。在布克哈特表演的所有歌剧中,瓦格纳(Richard Wagner)的作品从未出现过。后来,布克哈特又开始像在国外一样去听巴塞尔当地的音乐会和歌剧演出,尽管有位来访的演奏大师受到了他对待"专业学者"的那种冷待。

八

在这些几乎不受干扰的岁月里,唯一的插曲是古典语文学的新教授、年轻的尼采(Friedrich Nietzsche)的到来。虽然二人的友谊经常被后人夸大,但这一意外的相识使布克哈特的道德和智识特征得到了很好的体现,这是他在巴塞尔那种平静生活氛围所做不到的。[23]此外,由于尼采完全代表了那个时代的虚无主义趋势,以至于他在布克哈特生活中的出场衬托出了后者思想的传统特征。或者说,在某种意义上,尼采提供了一种衡量布克哈特思想重要性的尺度。

我相信,晚年布克哈特希望人们允许他忘掉尼采,他倾向于掩盖将他们联系在一起的纽带。坊间曾流传说,布克哈特在《意大利文艺复兴时期的文化》中提出了与尼采的《扎拉图斯特拉如是说》相同的僭主和权力观。帕斯托尔(Ludwig von Pastor)反驳这种说法,布克哈特在回应此人时说,他一直把历史上这些人物视为"上帝之鞭",也从未和尼采谈论过这个问题。在他看来,无论如何,尼采的名字已成为"一个宣传噱头"——意思是一切都掌握在尼采的妹妹手中。事实上,福斯特-尼采(Elisabeth Förster-Nietzsche)女士拜访布克哈特的目的是想让他接手其兄长搞得一团糟的尼采手稿编辑工作。布克哈特猜到了她的意图,并很好地扮演了一位年迈无力的老绅士。福斯特-尼采女士只能两手空空地离开了。①

布克哈特与尼采很早就失去了他们的共同之处。但是,当二十四岁的尼采首次来到巴塞尔时,布克哈特立刻发现了其独创性天赋。同时尼采也在这位老者身上发现了一种和谐的品质,这引起了他持久的钦佩。尼采在1870年给格尔斯多夫(Geersdorff)的一封信中写道:

> 昨晚我很高兴听到了雅各布·布克哈特的讲座,我希望你们也能分享它。他讲了一个关于历史伟人的主题,没有带任何稿子,内容完全贴合我们思想和情感的轨道。这位极不寻常的中年人确实不倾向于伪造事实,而是隐藏事实。在我俩私下一起散步时,他称叔本华为"我们的哲学家"。我每周都要参加他在大学里开设的关于历史的学习系列课程,②我相信自己是六十位听众中唯一能理解他深刻思路的人。当

---

① 关于她对这次采访的描述,详见尼采书信集第三卷。
② 即《世界历史沉思录》(Weltgeschichtliche Betrachtungen)。

讲到一些困难问题时,他的思路总是用奇怪的迂回措辞突然中断。这是我生平第一次真正喜欢上的课,也是我希望以后自己也能做到的那种讲课方式。

[24]布克哈特与他人保持距离的技巧,防止了尼采对其钦佩之情出现变质,至少不会像尼采对待瓦格纳那样从仰慕转向对立。直到最后,尼采都一直把他的书寄给布克哈特,希望能得到一句鼓励的话。在尼采超越了"日常面包及善恶"后,布克哈特对他的回复变得愈发正式。有人认为,《扎拉图斯特拉如是说》中有"我们伟大的导师"布克哈特的痕迹,但布克哈特更近似于尼采"最完美的反对者"。尼采徒劳地在同代人中渴求布克哈特,却在帕斯卡尔(Pascal)和费奈隆(Fénelon)那里找到了关于"神圣的一月"的许多发人深省的箴言。布克哈特很快就认出,这是尼采最具个人色彩的作品之一。

但是,关于二人结识之初经常见面,后因距离而导致疏远的说法,只是尼采一厢情愿的抱怨。叔本华、古希腊和欧洲局势给二人提供了足够的共同关注点。他俩都被对战争的恐惧所困扰,或更确切地说都被战争年代所困扰。他俩预见到,战争年代将毁灭过去的遗迹和艺术品,其破坏程度将与目前已感知的、在周边蔓延开来的精神瓦解相匹配,甚至进一步加剧。巴黎公社运动期间,坊间传言卢浮宫及其所有艺术品都被大火焚毁,尼采听到这消息后第一时间去找布克哈特。二人最终在街上碰头,他俩相视无言地回到城镇另一端的尼采居所。

事实上,他俩都互相赞同对方关于战争威胁及其危险后果的看法,并在很大程度上同意对方关于欧洲疾病成因的分析。但当尼采开始阐述他的治疗方案时,①布克哈特退回到他一贯的礼貌中:"你考虑到戏剧了吗?"——这让尼采只得苦笑。因为,无论尼采在逃离绝望的万花筒般的过程中如何调整和转向,其绝望本身是不变的:他只相信现世或"此岸"(Diesseit),以及在此前提下可能得到的各种治疗方案。当然,这只是二人表面上的矛盾。也许尼采抱怨布克哈特的拐弯抹角,是因为每当他思想围绕着永生这一"有问题的问题"时,布克哈特都会展现出苏格拉底式的克制。因为,尽管布克哈特的工作和生活总体上都指向了永生的信仰,[25]并且也需要实现这一信仰的学说,但他非常谨慎、从不"夸大其辞"。

在布克哈特那里,机智的处世和坚定的信念总是齐头并进。例如,在生命的最后时光,他给盖穆勒的一封信中向这位天主教朋友解释道:由于年轻时没得到关于启示的证据,他放弃了神学。但尽管如此,他面对死亡并没有害怕或恐惧,并不"希望得到不应得的东西"。在《希腊文化史》(*Griechische Kulturgeschichte*)中,他对苏格拉底带有批判和讽刺意味的评价以这样一种反思结束——无论苏格拉底有多少谬误,他都代表着灵魂不朽,这是"真正道德的唯一基础"。而在《君士坦丁大帝》中,基督教在那个时期的意志力和创造力被他视为源自基督教的核心信念,即关于永生的启示。在《世界历史沉思录》中,他谈道:

> 真正的怀疑主义,在一个起源和终点都未知的世界里有着无可争辩的地位。因为,宗教提供的关于向善的启示超出

---

① 尼采希望强大而具威胁性的俄国能将欧洲统合在一起。

了我们自身的范围。① 有时,世界上充斥着虚假的怀疑主义,然后又突然间再度过时,但这并非我们的错。而真正的怀疑主义永远都不够。

最后,尼采认为布克哈特在巴塞尔宁静的学术生活是一个面具。他无法调和布克哈特对日常现实的顺从与他本人的悲观主义之间的矛盾,他也无法理解布克哈特所描述的、由幼年幸福家庭生活和对世俗事物脆弱和不确定性的不可磨灭印象所决定的传统基督教观点。上述因素共同构成了布克哈特"真正的怀疑主义"的基础。

尼采并不是唯一发现布克哈特的表达形式难以捉摸的人。狄尔泰(Wilhelm Dilthey)也曾抱怨布克哈特拒绝"用抽象术语来追踪因果关系",在他看来这是一种"反复无常",只会激起反对和争议。② 布克哈特自始至终都否认自己有思辨能力,[26]并在给费森尤斯(Karl Fresenius)的信中问:以符合自己天性的方式来阐明生活和学习中最重要的问题,到底是否合理? 他总结说,他的替代品是"直观"(Anschauung)。对于该词,我们更应注重理解而非对其下定义。歌德曾在同样的意义上使用过该词,其意思包括观看、

---

① 在"关于历史的学习"讲座的引言中,布克哈特说:"从宗教的角度来看,历史有其特殊权利。它的伟大典范是圣奥古斯丁的《上帝之城》。"他在若干意义上使用了宗教这个词,但很明显,在这种情况下,除神义论意义外,历史的开端和结束都是未知的。在我看来,布克哈特的观点与维柯很接近。维柯把历史学称为"新科学",正是在历史是人对人的认识这一前提之下说的,这与布克哈特所言一致。而由于自然是上帝创造的,因此人对自然的认识总不完美,也不可能完整。

② 参见狄尔泰对《意大利文艺复兴时期的文化》的书评。

注视、视觉、洞察、直觉、沉思等，它既不属于理性主义，也不属于非理性主义。

因此，布克哈特否认他可以提供任何形式的历史哲学，因为阿尔法和欧米茄是神秘的，我们永远不可能知道任何事物（包括国家、宗教和文化）的起源或开端。他要谈论的是关于人类的"过去、现在与未来"，因为作为一个人，人类对他来说从来都不是陌生的。随着这种人文主义的敞开，布克哈特比他的同时代人都更接近维柯（Vico），并开始了他的历史反思。

九

1868年夏，布克哈特去康斯坦茨湖度了三周的假，以躲避巴塞尔的高温，并为冬季学期的课程做准备。从早上到下午晚些时候，他都在桌子旁工作，一边看书一边做笔记。中途他会停下来睡会午觉、喝杯咖啡并抽支雪茄。晚上，他走到一家离酒店大约一小时路程的酒馆，在那里喝上一杯葡萄酒，欣赏周围的美景。布克哈特后来告诉沃尔夫林，正是在这些散步中，他所有的想法都得以落实到位，从那时起他就认为最好的灵感是在完成一天工作任务后产生的。事实上，在《世界历史沉思录》开头几页中，有一段与他亲身经历相呼应的话：

> 除我们在材料中耗费精力外，成果往往出现在一些伟大的和决定性的时刻。当我们游荡在长期想象的熟悉事物中、突然间直觉乍现时，伟大成果就在前方召唤着我们。

《世界历史沉思录》("关于历史的学习"讲稿)既不是一种历史哲学,也不是一种史学方法,但也不像布克哈特所说的那样,仅仅是"将一些历史观察和探究与一系列半随机思路联系起来"的方式。这个说辞的谦虚之处只体现在其语气和情绪上。因为,这些讲稿被公认是布克哈特为历史研究所揭示的最具洞察力的远见,这可能与他最早的道德和智识思想有关。在放弃神学后,他开始在历史中看到诗歌(人生哲学)的表达形式。

[27]直到正式放弃神学一两年后,布克哈特才开始思考自己与"上帝和世界"的关系问题,因为在"新科学"中的发现以及新朋友和熟人分散了他的注意力。当他开始思考后,他找到了介于"完全以世俗的方式看待每件事"与"基督教关于爱与奉献的法则"之间的选择。他表达自身选择的传统术语——"世俗性"(worldliness)和"精神性"(unworldliness)之间的平衡,在他的信中消失了一段时间后,又重新在其著作和讲稿中以清晰的形式出现。渐渐地,或许布克哈特自己都没意识到,这种替代方案成为他的思想结构,成为生活和工作两极间的共同基础。为理解这些信件及其著述,我们有必要看看他所说的世俗性和精神性是什么意思,以及他的观点如何照亮过去和现在。他在《意大利文艺复兴时期的文化》中写道:

> 让我们开始吧。先说几句关于道德力量的话,这是当时对抗邪恶的最坚固堡垒,那些极具天赋的人认为能在荣誉感中找到它。这种荣誉感是良知和利己主义的神秘混合物,在现代人失去了信仰、希望和爱后(无论是否由于自身过错),它往往仍然存在。这种荣誉感与许多自私和巨大恶习共存共

生，并可能成为一些骇人听闻的幻想的牺牲品。然而，一个伟大典范所遗留的所有高贵元素都可能聚集在它周围，并从这个源头汲取力量。

他接着说，这种"世俗的"道德随着时间推移形成了一种对人性本善的信仰，成为鼓舞18世纪下半叶人们的乐观主义教义，从而为法国大革命铺平了道路。

大约十年后，在《世界历史沉思录》一书中，布克哈特对一个完全放弃"世俗事务"的欧洲的恐惧感贯穿始终，他回到了自己所处时代荣誉感的功用问题上。他在1871年的讲稿中写道："我们不妨问，'最后一座大坝'能抵挡住大洪水多久？"在这里，"对抗邪恶的最坚固堡垒"变成了"最后一座大坝"，荣誉感不能再给人带来太多希望。[28]另一个问题表明了刚兴起的"当下危机"的真正性质："我们正处于一场宗教危机的开端吗？谁能告诉我？尽管我们很快就会看到表面的涟漪，但还需过很多年才知道是否发生了根本性变化。"

在《世界历史沉思录》中，这种"根本性变化"曾一度与公元3、4世纪所发生的变化相比较。如果我们转向对1852年《君士坦丁大帝时代》中所反映的变化的分析，就能揭示出布克哈特思想的潜流。实际上，文艺复兴研究是君士坦丁研究的一个附属品，布克哈特起初打算将两者与一系列中世纪研究关联起来。更确切地说，在《君士坦丁大帝时代》中，对在后文艺复兴时期发挥主导作用的道德力量的描述，与对随后产生积极影响的精神力量的描述相互平衡。这种精神力量对布克哈特整部作品的意义如此之大，以至于可以详细引用：

隐修者的生活方式并非以完全健康的社会和个人状态为前提,而是属于危机时期的特征。在这个时期,许多破碎的灵魂寻求平静,同时也有许多坚强的心灵对整个生活结构感到困惑,必须与远离世界的上帝作斗争。但是,如果现代人基于对实践的过分重视以及对生活的过分主观的看法,希望把隐士们送进某种强制劳动机构,那就不要认为自己的思想特别健康。他们与公元 4 世纪的许多人一样过于软弱和肤浅,无法理解驱使那些高尚人物进入沙漠的精神力量……正是这些隐修者,向后来几个世纪的教士阶层传达了对生活更高的禁欲主义态度,或至少主张这种态度。没有他们的模式,作为精神兴趣唯一支柱的教会将完全世俗化,并必然屈服于粗俗的物质权力。①

这段话的重要性在于它清晰地提出了布克哈特的观点,[29]即精神志趣和粗俗的物质力量之间的抉择,这是《世界历史沉思录》和给冯·普雷恩的书信中反复出现的主题。正是在这一点上,布克哈特的态度与许多类型的人文主义截然不同,尤其是那些通常被认为是来自文艺复兴的人文主义。但是,由于对禁欲主义和精神志趣的强调,布克哈特的"精神性"惯常容易受到批评,即一个纯粹的宗教应该对现实和政治事务感到绝望,或者应该对它们漠不关心。因此,从同一章节中再引用一段话会更加合适:"为了满足古代世界的需要,罗马的武力统治使其在政治上陷入绝望。而基督教则提供了一个新的国家、民主制度甚至公民社会,如果它本

---

① 此处引用的是《君士坦丁大帝的时代》的英译本第 323 页,由伦敦 Routledge & Kegan Paul 出版社和纽约 Pantheon Books 出版社出版。

身能够保持纯洁的话。"①——这就是世俗的纯洁性。

禁欲主义与创造性精神之间的关系在这段引文中也得到了体现,它贯穿了布克哈特的整个著作,并在关于毕达哥拉斯的讲座中得到了简单清晰的解释,后成为《希腊文化史》的一部分内容。在该讲座中,布克哈特讨论了世界大同主义在圣徒追随者中自发性爆发的意义。他指出,在《使徒行传》第四章中有个明显相似之处——在那里,第一批基督徒变卖了他们所有财产,将其放在使徒脚下:"众信徒同心合意;没人把自己的财物视为私有,而是众人所共有。"但布克哈特没有举这个例子,而是选择了中世纪瑞士的另一事例,得出了一些结论,并阐明了他的整个态度。他总结道,人们共同分享财产通常表现在下列情况:

> ……不是为了达成某种目的,也不是因为希腊人的国家观念对个人权利的厌恶。这种欲望也并非从理论性的政治思想中产生的。最重要的是,它不是为了更高级或更高尚的"心境"(Stimmung)而产生的一种对平等生活享受的嫉妒性表达。

我认为,布克哈特在此使用的表达方式——"为了更高尚的心境"有两层含义。它意味着,当社群中存在一颗高尚的内心或灵魂时,分享财物既是一种情绪的表达,同时也是通过施舍世俗财产来鼓励和保持这种情绪。[30]"心境"本身释放了自发性,这是布克哈特所处时代似乎极为匮乏的东西。有一次,布克哈特在伦敦写作时,将"闲暇"(leisure)称为"沉思之母,以及由此而生的灵感之源"。因为他同意尼采的观点——作为一种教义的"勤奋工作"是

---

① 同上,第 127 页。

对宗教本能的破坏。但他补充道,在现代社会,闲暇已成为"少数幸福之人"的特权。它被奢侈所侵占,等同于无所事事,因此不再是那种需通过禁欲从世俗社会的压迫和纠缠中解脱出来的崇高心境的场域。布克哈特所写的一切反对安全、支持战争的内容,以及对"历史危机"的强调,都应该根据其对创造性精神的信念来理解。最终,正是这种信念将他和尼采一道与同时代人的决定论观点区分开来。他对不久将来的悲观看法也因他的希望而变得明朗起来。他在1872年给冯·普雷恩的信中说:

> 关于德国自发性的失败,只有由那些禁欲主义者、那些独立于极其昂贵的大城市生活的人、那些远离商业广告氛围和奢侈堕落的官方文艺的人、那些能够帮助民族精神和大众灵魂表达自身的人来改变。

在1871年的另一封信中,他告诉冯·普雷恩,这只能通过"一种新的艺术、社会和宗教"来实现。他说之所以提到宗教,是因为如果没有一种超自然的意志,这件事根本做不成。

"超自然的意志"(Übernatürliches Wollen)这个词表达的意思只不过是某种程度的"来世向往"。如果没有这种超凡脱俗的意志,人的创造力就会屈服于功利主义而变得干涸,无法产生新的艺术、社会和宗教。也正是在此意义上,布克哈特谈到了所有高级文明的特征,即"自我复兴"的能力。迄今为止,这种能力唯一得到充分发展的地方只有西方,因此西方是历史的中心主题。

布克哈特说,西方是个活生生的统一体。① 当罗马帝国拥抱中

---

① 见《历史讲稿》(*Historische Fragmente*)的开篇部分。

东地区时,西方曾或多或少与罗马帝国共同扩张。① [31]他继续说道:"只有在那里,精神的假设才得以实现;且只有在那里,发展和转型才成为常态,而非走向绝对的衰落。"对这种统一性缺乏贡献(或根本没有贡献)的文化不在他的历史考察范围内,因为尽管它们本身很有价值,但并不属于历史的中心主题。布克哈特认为,那种"被动的文化"被更有活力的精神文化渗透和改造只是时间问题。因为只有在西方,所有高等文化的本质特征才得以充分发展,"自我复兴"才成为常态。

布克哈特不把物质增长等同于"活力",这自不必说。相反,物质和技术甚至可能成为西方堕落的具体形式和精神僵化的根源。一种粗俗的物质主义扼杀了自发性的源泉,而只有"禁欲者"——那些没有屈服于这个时代的物质奢侈的人,才会把它带回"沉思"中。

+

1893年,布克哈特终于被迫放弃了艺术史课程,他的学生海因

---

① 《世界历史沉思录》中关于罗马的段落是布克哈特态度的典型体现,也是他强调制度性精神的一个例子:"然后,罗马拯救了古代世界的所有文化,只要这些文化依然存在且处于可被拯救的状态。罗马首先是个国家,对它的研究不需要受到赞誉,因为在这里终于形成了一个'城邦'($πόλις$),它不仅像公元前五世纪的雅典那样统治着1500万至1800万名灵魂客户,而且随着时间推移还能统治世界。而这,并非由于国家的形式(在恺撒之前的一个世纪内,这种形式已经够可怜了),而是由于国家精神、以及每个人对世界大国公民身份的压倒性偏爱。这里的问题不在于世界君主制是否可取,而是罗马帝国是否真正实现了它自己的目的——包容古代文化并传播基督教。这是唯一能使文化元素免受日耳曼人破坏的制度。"

里希·沃尔夫林很快就来接替了这门课。

沃尔夫林对布克哈特的第一印象并不太好。布克哈特居所的简朴程度曾让他大吃一惊,其讲课语言过于简洁以及缺乏系统性的哲学,也让他感到失望。"直观教学,"他在日记中抱怨道,"除了看东西外什么都不做,实在令人疲乏;这次讲座不过是一堂沉思的课。"[32]但一年后,沃尔夫林已变得愿意听布克哈特讲课,并承认布克哈特拒绝将历史学视为科学的做法或许是正确的。渐渐地,他习惯了这种陌生的视角,并带着越来越多的赞许来记录他与布克哈特的对话:

"倾听事物的秘密;沉思的心境",又或者"品味好的就是对的"。"铭文收藏家如何能抽出时间进行沉思?为什么,他们甚至连修昔底德都不知道!不要为别人担忧。"真正重要的是教学,而最好的办法是留在一所小型大学,而不是从一份工作跳到另一份工作,经常去参加学界集会——"在那里,他们像狗一样互相嗅来嗅去。"最重要的是,要提防那些花一生时间来纠正图片来源的专家,即"归因者"(Attributzler)。"一位老师不可能被期望给予太多。但首先,他可以保持对精神事物价值的信仰。其次,他能唤醒这样一种信念:在精神事物中可以找到真正的幸福。"

沃尔夫林被布克哈特迷住了。除有一点外,他俩几乎在所有问题上都达成了一致。"我几乎在不知不觉中开始吸收他的人生哲学,并像他那样思考工作以及与同事和朋友的关系。尽管他喜欢收集不幸婚姻的例子,但他从未对女性这个话题吐露过自己的心事。在这一点上,我打算保留自己的自由选择。"但在其他方面,沃尔夫林所记录的对话,为布克哈特平静幸福的晚年描绘了一幅迷人的画面。

即使在退休后,布克哈特也不能一开始就听任于漫无目的的阅读,而是为了修改他的讲稿而读书。尽管他已经三十年没有想过写一本书,但还是写了《回忆鲁本斯》。这是一本短文集,围绕着鲁本斯的个性及工作而展开,充满了鲁本斯的绘画给他的幸福回忆。布克哈特一向觉得鲁本斯是最能吸引他的画家,因此"唤起鲁本斯的生活和个性是一项令人振奋的任务"。他的惊奇感和欣赏感一直延续到最后一句,其中对"皮蒂宫最辉煌的图画之一"[《尤利西斯遇见瑙西卡娅时的风景》(*Landscape with Ulysses meeting Nausicaa*)]的描述,与他早年写第一本书时别无二致:"于是,一位爱奥尼亚人和一位佛莱芒人相遇了,也就是我们地球上有史以来最伟大的两位故事讲述者——荷马和鲁本斯。"

[33]读过布克哈特的《回忆鲁本斯》及其晚年书信的人都不会把他描述为一位悲观主义者。但如果一定要据此来给布克哈特的思想定性,那只能说是因为他对乐观主义感到不耐烦,并将其视为是对未来的最大威胁之一。他在《世界历史沉思录》中所写的——"幸福仅仅指没有痛苦,充其量伴随着一种微弱的成长感"是叔本华的回响,与他自己的生活和工作无关。布克哈特的悲观主义是另一种模式:

> 根据基督教义,这个世界的王子将是撒旦。就像早期教会作家对基督教皇帝所做的那样,没有什么比承诺美德能够持久统治并不断带来物质回报更不符合基督教的了。然而,作为统治者,邪恶是至高无上的;这是无私行善的一个条件。

如果世上真有善有善报、恶有恶报这种一贯的奖惩机制,那每个人都将怀着不可告人的秘密而表现良好。这将是个可怕的景象,因为人们内心的邪恶仍会继续滋长,坏人始终还是坏人。也许有一天,人们会祈求上天给作恶者一个小小的不受惩罚的机会,只是为了让他们再次展现自己的真实本性。这世上的虚伪已经够多了。

这段话摘自《世界历史沉思录》的最后一讲"历史上的幸运与不幸",构成了布克哈特作品的结论。他首先排除了对历史进行哲学解释的可能,因为开始和结束是未知的。然后他又拒绝了"幸运"和"不幸"的范畴,因为这意味着对目的的认识。在1840年从柏林寄来的一封信中,布克哈特谈到"他的新学科——历史"对他来说是种冲击,打破了他的宿命论和建立在宿命论基础上的世俗人生观。他的宿命论很快就让位于对"天意"(Providence)的重新信仰,他"发现自己又回到了那个古老的、被误解的说法,即上帝是至高的诗人"。

布克哈特残存下来的对天意的信仰,反映在了关于幸运和不幸的讲座中的那种超然和希望中。他相信历史是有意义的,即便我们不能完全掌握它,但在沉思的心境中可能最能够理解它。

一切都取决于我们这代人如何经受得住考验。一个可怕的、最为悲惨的时代很可能即将到来。我们想知道自己是踏在哪个浪头上前进——我们只是其中的一部分。但人类还没有注定要灭亡,[34]大自然一如既往地自由创造。如果幸福只有在我们的不幸中才能找到,那它只能是精神上的幸福;面对过去,我们可以拯救以前时代的文化。面对未来,我们可以在一个完全屈从于物质的时代中树立起精神榜样。

这种幸福贯穿着所有书信中的"悲观主义",使布克哈特成为尼采所说的——"我们最伟大的导师"。

布克哈特书信选

1830 年代

致约翰内斯·里根巴赫(Johannes Riggenbach)
巴塞尔,1838 年 8 月 28 日下午

  [35]在歌德逝世周年纪念日之际,①我随信附上一首《漫游者之夜》(*Wanderers Nachtlied*)。阿洛伊斯②昨天给我读了你的信,我一听到你提起那首诗,就想要把我写的背景曲寄给你。请让我说几句(主要是批评,不带奉承):听闻你感到如此孤独,我真的很难过。但你要知道,没有什么比依靠自身而活更能锻炼一个人的品性、赋予一个人独立能力了。我说不准还要多久才能和你在一起,因此你的来信让我感到羞愧。当我沉浸在意大利这个所有现实享乐中的最高境界时,你却在遭受与自己信念作斗争的痛苦。的确,世上没有比正统主义更能吸引懒人了,这就好像一个人只要闭上眼睛、耳朵和嘴巴就定能安然入睡似的。

  此外,最近神学界的反应倾向于正统主义,部分原因可能是很少有敏锐之人能鼓起勇气,跟上神学在上世纪迈出的巨大步伐,并

---

 ① 布克哈特实际上说的是歌德的诞辰。
 ② [译注]阿洛伊斯·伊曼纽尔·比德尔曼(Alois Emanuel Biedermannnz,1819—1885),布克哈特在巴塞尔大学神学系时期的同学,后与布克哈特一起到柏林大学深造,归来后成为巴塞尔改革派神学的领导人。

继续向前推进。无论如何,一旦有了像我目前这样的信念(如果可以这样称呼的话),一个人就无法安心无愧地度日。至少在目前关于启示的观点被推翻的时候,这种信念不太可能很快发生改变。因此我最终决定成为一名教师。无论是介于超自然主义和理性主义之间的 juste-milieu[中庸之道],还是所谓的"先知",①都不过是"神学家"企图同时站在启蒙和正统两种立场上的骇人例子。②[36](我不会嘲笑他,甚至都不愿去思考他的愚蠢行为。这些行为发生得如此频繁,粗俗得让人如此厌恶。他在坊间到处炫耀哥廷根大学给他提供的职位,解释他为何没有接受,以及如果接受了又将如何与教皇商议事务安排等。)

如果我必须承担责任,那么至少我想独自承担,而不是为了别人。在我看来,德·维特(de Wette)体系的威望每天都在增长,我别无选择,只能跟着他走。而我们的传统教义每天都在他的手里被融化掉一部分。今天我终于意识到,他只是把基督的诞生当作一个神话——我也这么认为。我感到不寒而栗,因为在为什么这几乎是必然的问题上,我想到了很多原因。当然,基督的神性在于他纯粹的人性,但要处理逻各斯(道)就不那么容易了。关于道成肉身的问题,约翰已经说得很清楚了。

这一切使我想起了撒丁岛的一位牧师。有一次,在诺维(Novi)

---

① 斯塔赫林(J. J. Stahelin),一位神学教授。
② [译注]此处的"神学家"可能指圣经考据家德·维特(Wilhelm Martin Leberecht de Wette,1780—1849)。当时德·维特任巴塞尔大学神学系主任,他的批判神学体系是动摇布克哈特从小的正统信仰的直接原因。

城堡遗址附近的一个神圣夜晚,他想说服我皈依天主教。① 我再三表示反对后,他终于用恶狠狠的目光盯着我说:"难道你不想死后灵魂得救?"在这种攻击下,我有时会求助于这样一种想法——纯粹的道德生活可以弥补一个人的怀疑态度,并将其转化为伯拉纠主义。②

一种行之有效的补救办法是,把自己的思想牢牢地寄托在上帝旨意上,就目前来看这对我还是有效的。不过我对哲学的重视程度远不如你。也许神学院能成立一个系,人们可以把教义和启示放一边,去研究古代和语言。由于我在这两方面都有天赋和兴趣,所以我正努力让这扇门为我敞开着。目前,我还无法正视自己信仰的瓦解。德·维特当然会小心翼翼地避免过于深入到他所主张的结论中,而我也只能以他为榜样,不仅是摧毁,还要进一步重建,尽管其结果还不如被摧毁的东西让人安心。

阿洛伊斯能更好地向你解释这一切,尽管这学期他还没有去听德·维特关于教义的讲座。无论如何,我不想把我的怀疑强加给别人。[37]因为众所周知,我不是个天生的思想家,而是个糊涂

---

① 诺维(Novi)位于利古里亚亚平宁山脉的北侧。这次对话的详情在《布克哈特全集》(*Gesamtausgabe*)第1卷第16页有所提及:"为了不耽误时间,我和牧师(之前是耶稣会士)一起爬上被毁的城堡,从那里可以看到皮埃蒙特的大部分地区。我们在傍晚凉爽的空气中走了一个半小时,这个晴朗的夜晚星光灿烂。每隔一刻钟,我们的谈话就会被教堂钟声打断一次。"

② [译注]伯拉纠主义(Pelagianism)是不列颠神学家伯拉纠(Pelagius,约360—430)创立的神学流派。该派反对奥古斯丁的原罪说和圣恩说,提倡保罗的因信称义说,认为人性虽本恶,但人可以依靠自由意志获得救赎,上帝恩典不是救赎所必须。这一观点使伯拉纠主义及其追随者长期被正统教会视为"异端"。

蛋,这只会让人厌烦。然而,我也观察到,头脑清晰的人也并不好过。我也不想把我对德·维特的看法告诉所有人,因为别人经常跟说我不具备思考能力,最后我自己也相信了他们,有时甚至用这种说法来麻痹自己。在很多时候,我不得不承认自己在很多方面(尤其是在这方面)缺乏天赋,这是我的虚荣心难以克服的一个障碍!你说出了我的心声,告诉了我,人们往往要么是循道派,①要么是傻瓜。当然,做傻瓜会更诚实。在讲经坛和教室里,绝望的循道派无处不在。人们往往是不宽容的,因为他们担心一个新的宗教观念可能在他们的良心上敲一声雷,把他们从睡梦中惊醒。

既如此,我们该怎么办,亲爱的约翰内斯?我仍会继续祷告,但我很清楚从中不会得到任何启示。我若发现了什么令人振奋的事,定会告诉你。从现在起,让我俩和阿洛伊斯更紧密地联系在一起!我必须把整件事跟他好好谈一谈,也许他会给我一些鼓励。正统派过的日子多么舒适啊!他们彼此喧嚣,又享有普遍的认可和内心的平静。当然,任何想让自己思想休眠的人都不会有什么困难,但我就是下不了决心这样做。让我们做诚实的异教徒吧!我比以往任何时候都需要你陪伴,命运却把我们分开了。我想知道,当我们在柏林相遇并拥抱时,情形会怎样?再见,亲爱的朋友,你在考验和磨难中,也偶尔想想一个在远方内心煎熬的人——那个爱你的人。

---

① [译注]即卫斯理宗(Wesleyans),18世纪英国神学家约翰·卫斯理创立的一个宗派,主张认真研读圣经,严守宗教生活,遵循道德规范。由于其教义过于循规蹈矩,故又被称为循道派(methodist)。该词也泛指那些墨守成规、不愿变通的人。

致约翰内斯·里根巴赫(Johannes Riggenbach)

巴塞尔,1838年11月9日,星期五

请看完比德尔曼的信后再读我这封信。

我无法告诉你的是,9月11日你的那封来信(我对那个日期感到恐惧!)对我的影响究竟有多大。毫无疑问,我的信念依然坚定。但还是非常感谢你的来信,因为它使我的心情好多了——我想你也会为此而高兴![38]你一定注意到,我上一封信是在非常沮丧的情绪下写的,而现在我必须奋力向前,一步步地抗争和奋斗。我终于对神学和哲学上的争论感到习以为常,当然也开始感到有所受益。但我的过渡期并没有结束——就目前而言,尽管宗教正在慢慢好转,但仍有许多其他问题在每况愈下,例如圣经。因此现在我还不能让你进入我的神学杂物间,我还想再多思考一下,下一封信将告诉你关于这些的新进展。如果你已读过阿洛伊斯的信,你应该已经知道了从那之后在我身上又发生了些什么,也就是放弃一切的打算(虽然很愚蠢,但谢天谢地没能干成)。现在我已经抛下这种想法,因为我从别处获得了新的快乐,就像再见到朋友时的心情。我这些话可能有点难以理解,但如果你能看透我的内心深处,你至少会在某种程度上原谅我的那个打算,因为那并不是一时心血来潮。

意大利对我来说(请注意听并表示惊叹)是一片充满痛苦回忆的土地,我甚至都不敢让自己去享受那里的自然和艺术的十分之一。直至此刻,我仍然充满着强烈的情感——因为我的心灵因神圣南方的触摸而打开了,从而把一切(烦恼)都转化为对已逝友谊的渴望,就像我在世上再也不想经历的那种感受一样。我相信你明白我的意思,我们都熟悉思念远方朋友的痛苦,但与我的那种感受相比,这种痛苦不过是小儿科。我在比萨度过的一个奇妙夜晚将永远留在我的记忆中:我倚着神学院的墙,站在美丽的绿色草地上写生,大主教堂、钟楼、洗礼堂和墓地就在我的面前。望着大主教堂的拜占庭式拱门,我不由自主地想起了你,并自然而然地联想到了你们所有人。

我没心思画画了,于是快步前行[当时坎普(Camuph)①正在旁边一家咖啡馆里休息],沿着古老的城墙穿过阿尔诺(Arno)河,在那里我可以欣赏到世界上每个艺术家都会惊羡的日落。当时整个天空是一片深蓝,远处的亚平宁山脉在傍晚灯光的映照下变成紫色,我脚下的阿尔诺河静静流淌着。此情此景,我真想像个孩子那样哭一场。那一刻,我褪下了所有的英雄主义外衣,如果阿洛伊斯在我身边,我会立即投入他的怀抱。三天后,当我们在佛罗伦萨大教堂的穹顶上看日落时,同样的感觉又袭来了。[39]有时我就像是浮士德,内心充满渴望,而坎普就像是我的瓦格纳(我这句话不是在贬低坎普)。② 我面前的自然和艺术财富如此之多,仿佛上帝曾播撒着种子穿梭过这片土地一样。但无论近在咫尺还是远在天边,它们都不足以填满这颗忧郁而渴望的心。

请原谅我的无礼!我多么羡慕坎普,他是如此不露声色(sub rosa),如此独立,不受任何情绪左右,以实用的理智和谨慎,平静地在生活中砥砺前行!但现在情况好转了——你读到的是一个懂得

---

① "坎普"是布克哈特的表兄约翰内斯·雅各布·奥利(Johannes Jakob Oeri)的昵称,后来娶了布克哈特的二姐露易丝。
② 瓦格纳后来曾在《浮士德的福尔摩斯》中饰演华生。布克哈特在1855年写给阿尔伯特·布伦纳(Albert Brenner)的信中提到过他早年的"浮士德时期",他对布伦纳说的很多话可能也适用于瓦格纳。

如何应对生活的幸福男人的文字。就像天主教徒把自己的所有善行都归入一本永恒的词典一样，我把我经常冒犯到的你视为爱的至宝。就像劳布(Laube)所说:"归根结底还是爱。"基于这种信念，我再次恳求你忘掉之前的事,因为我自己都忘了很多。

热那亚有个叫索利(Sauli)宫的废弃宫殿,在那里可以看到海面上由直径四到八英寸不等的闪亮斑点组成的光泽(看上去就像是大海的油脂)。这种斑点在蒸汽船的尾部附近可以看到更多(由于轮机转动的作用),你必须亲眼一见才能知道。你还从没见过弗里茨·戈代①吧?

此刻时刻,我最亲爱的朋友,我渴望清楚地看见你在我面前,我将比以往任何时候都更加热烈地拥抱你。

致约翰内斯·里根巴赫(Johannes Riggenbach)
巴塞尔,1838年12月12日

我和阿洛伊斯聊了一晚后给你写了这封信。当时我参加完佐芬格协会②的一个有趣的聚会回来,家里大门碰巧被闩上了。于是我立刻跑去阿洛伊斯位于巴夫塞广场的住所——这时已经半夜了。"阿洛伊斯!"我高喊着。他很快就开门让我进去,但我完全不想睡觉。

---

① 弗里茨·戈代(Fritz Godet)是布克哈特在洛夏岱尔(瑞士西部城市,属于普鲁士飞地)认识的一位老师的弟弟,当时他刚被任命为普鲁士王子弗里德里希的家庭教师。

② [译注]瑞士佐芬格协会(Schweizerische Zofingerverein)是阿尔高州的青年学生团体,1819年成立,政治上倾向保守主义。阿洛伊斯·比德尔曼曾长期是该协会成员。

[40]我再次跟他谈起我的自创小体系,他觉得很不满意,我想你也会如此认为。但请听我说:上帝给人类设定的目标就是战胜自私,即为了普遍而牺牲个体。因此人最必要的属性就是顺从,每时每刻都要告诫自己必须克制意志、无私奉献,但我们最大的那个愿望却始终得不到实现。为了所谓的整体,我们不得不放弃成千上万的事物,或仅因为外部环境的需要就不得不放弃千万件事物。这意味着,一个人的最高目标就是慈爱地弃绝自身愿望,并一刻都不向厌世情绪屈服。他绝不能抱怨人类,也绝不能从生活中退缩,必须至死不渝地坚持到底——他就这样在与欲望的抗争中老去了。我的生活并不像你看起来的那样无忧无虑,如果有可能的话,我愿意用自己的生命来换取永远不要出生,回归我的娘胎——尽管我没有犯过任何罪,而且还是在优渥条件中长大的。现在我明白了,生活的目的就是尽自己最大努力忍受在世间的生存,并尽可能为他人多做些事。我已经放弃了所有奋发向上的念头和各种各样的野心抱负(信不信由你)。

现在诗歌对我来说比以往任何时候都意义重大,我从未感到过它的仁善力量如此活跃在我的内心,但我已完全放弃了获得文学名望的想法了。无论恺撒还是虚无,我都不想因随波逐流而迷失自我。我不担心将来,我有足够的才能,但这并不意味着原地踏步。所谓"高尚做人、乐于助人、善良待人",[1]我会尽己所能帮助他人。

---

[1] 歌德诗篇《神性》(*Das Göttliche*)中的前两行:Edel sei der Mensch, Hülfreich und gut! Denn das allein Unterscheidet ihn Von alien Wesen, Die wir kennen。字面意思即"人必须是高尚的、乐于助人的和善良的,因为只有这一点才能使他区别于我们所知的其他生物"。

唉,我还是那么困,没办法集中思想。然而这几页是在真正愉快的心情下写的,尽管睡眠不足弄得我有些头脑迟钝。下次当我养好了精神,我会切实和你讨论我的体系所必需的哲学基础。虽然它并不是一个完整的体系,但我暂时找不到更好的词来形容它。我已接受它一段时间了,并决定不顾一切完成它。这是我顺从(resignation)命运的错误结果,一个魔鬼般的计划!

如果当时你能凝视我那如狂风骤雨般的心灵,那该多好!

12月13日

[41]从昨天起,初雪已降。这让我突然想起去年冬天我们曾试图安排一次去米兰的旅行。如果当时有人明确告诉我今年夏天要去米兰,我一定会非常高兴。事实上,我所看到的远超出了预期,然而我对许多地方的回忆都被一种以隐士姿态静观世界的阴郁想法所笼罩,这使我看到的东西越美丽,痛苦就越强烈!要是我能和你俩一起旅行,把热那亚、比萨和佛罗伦萨的忧郁回忆抹去,该有多好!

顺带说一下,我刚为瓦克纳格尔①的曲谱配了乐(按我的习惯,乐曲只对应最后一段),其中部分元素是我从一首乐谱中引用的。那是一首很易理解的钢琴协奏曲,即我们在合唱团唱过的贝多芬的《在橄榄山上的基督》(*Christ on the Mount of Olives*)。就像我听过的所有贝多芬作品一样,它美妙绝伦,拥有着十分强大的力量。上周五我去剧院听了《魔笛》(*The Magic Flute*),它演奏得实在很糟

---

① 威廉·瓦克纳格尔(Wilhelm Wackernagel),在巴塞尔大学任职的一位德国教授。

糕。但你知道,我已从观察建筑物中学到一种能力,那就是从表象中推想出事物原本应有的模样,这确实给了我极大的乐趣。如果你还没有看过这部剧,我建议你最好抽个空去看看。毫无疑问,别处的演奏肯定比今天这场要好得多,这肯定不会让你后悔。我已经完成了埃伦伯格(Ehrenberg)的《建筑杂志》(Architectural Journal)稿约,这家伙从不尊重我的匿名性,把我的名字与那些垃圾文章放在一起。顺便说一句,他已经结清稿费。总之,我用上了苏黎世大教堂的所有材料……

现在,我的旅途回忆终于开始在我面前浮现出来,只不过它的宏伟壮丽,已经由一种半理想化的加工而变形了。总的说来,不愉快的事已被忘掉了,留下的只有那些美妙而伟大的印象,它们将成为我自己的遗产。我有时会在夜里梦见我所见过的东西,它的规模大得惊人,比以往任何时候都更加奇妙。不久前,我在梦中看到米兰大教堂,它有现实中的六倍之大。当我醒来时,我意识到自己在想象一座奇妙的建筑,我若是绘图员,就能立即把它画到纸上。类似的事情在我之前的梦里也发生过,只是这次的图像特别清晰。也许你也会梦见汉堡的教堂?不过它们需要比米兰大教堂更加理想化的想象。

在意大利,随处可见的风景都会给游客留下超乎寻常的印象。[42]在这种情况下我往往会心跳加速——是因为胆怯,还是因为我被它们征服了?还是说,因为我对美的感觉比平时更加敏锐,从而怀疑自己能与外部世界的美建立起特殊的亲密联系?这样的时刻发生在我们从维齐亚村去卢加诺的路上、沿着海岸线驶进热那亚港的时候,站在比萨大教堂广场和佛罗伦萨领主广场上的时候,以及登上菲耶索莱山俯瞰世上最美景象的时候。总有一天你会感受到这一切的,因为我相信这是你天性中不可缺少的一部分,就像我一样。

还有一个地方,我需要和一位亲密的朋友一起去,那就是位于佛罗伦萨东南角的阿尔蒙特修道院。在我们抵达佛罗伦萨的第二天我就发现这个美丽的地方了,但一直到我们在此逗留的最后一个下午,我才爬上陡峭的岩石,勾勒出从那里可以清晰俯瞰到的城市一隅,以及周围的群山和村落。在那一刻,我感到无比孤独,意识到如果内心处于不和谐状态,那外在世界又将是多么渺小。这就是顺从命运最让人痛苦之处——没有爱我们的人相伴。那些没有获得爱的人至少要先学会爱,才有资格希望他们的爱在死前得到回报。

现在你明白我为什么总是那么热心地为普拉滕(Platen)辩护了吧?在他身上,我发现那些模糊的、未开发的情感都被清晰地表达出来了:

哪有一颗不会撕裂和疼痛的心?①

当然,在其余时候,他也会流露出对人类无限的仇恨。不幸的是,他的大多数诗歌都源自这种情绪。这个下次再聊,现在我们来谈谈神学。

我正在上贝克(Beck)关于《以弗所书》(*Ephesians*)的解经课。他思路非常清晰,把那些在德·维特手中仍漆黑如夜的东西呈

---

① 布克哈特引用的这句话的含义是:哪有没被痛苦折磨过的心?那些想飞到天涯海角的人,永远都是在跟随生命的幻象。剩下的唯一慰藉是,用我灵魂的全部力量和尊严来抵消我痛苦的负担。

现得清晰而深刻,这在柏林都少有老师能相媲美。贝克试图在每一个细节中找到一个全面的整体,因此通过他对第一章 1-10 节的讨论(我们只上到这里),[43]我们对保罗派的教义有了相当多的了解。但他也有个致命的缺陷——作为一个超自然主义者,他不承认新约全书内部有任何变化。在他那里,《哥林多前书》《彼得前书》《希伯来书》和《启示录》等都是被并列引用的,完全不同的东西经常被搅成了一锅教条主义的杂烩粥。他会强行解释一个特定词的意思,并把自己的意思插入其中(让人大为震惊),或者为了证明某事把毫无关联的段落连接在一起。然而,即便竭尽所能来阐明某些观点或方面时,他也没有达到他的方法所应有的效果。他偶尔会在争论中挖苦一些人,尤其是针对哈利斯。①

德·维特对《哥林多前书》的解释枯燥、令人费解和冗长,他的基督教义几乎总是如此,虽然我只是听了个开头,关于上帝、世界等等。所讲的都是些用晦涩难懂的术语所重复抛出的旧东西,因此它们有时看上去是新的。德·维特唯一的真正强项似乎只是考据。哈根巴赫②的《教义史》有时很有趣(阿洛伊斯每周至少会旷掉四节课中的一节,并表示这些课没什么特别)。斯塔赫林③对《诗篇》(*Psalms*)的评论极其乏味。顺便提一下,前几天我们为斯塔赫林即兴创作了一首小夜曲,但在任何有理智的人看来这只能

---

① 哈利斯(Harless,1806—1879),神学家。
② [译注]卡尔·鲁道夫·哈根巴赫(Karl Rudolf Hagenbach,1801—1874),巴塞尔大学的教会史学家,德·维特的同事兼助理。
③ [译注]约翰·雅各布·斯塔赫林(Johann Jakob Stähelin,1797—1875),新教神学家,巴塞尔改革派神学领导人之一。

被视为一首抒情曲。格塞尔(Gsell)拉着小提琴跳了一支舞,讲了一段笑话。我们也被邀请进去,一边喝葡萄酒一边吃巴塞尔苦姜饼(Basler Läckerli),听完了这个老男孩的讲话。我真替他感到难堪,尽管坎普认为这是一个绝妙的笑话。

再见,亲爱的汉斯,期待你立即回信。

致弗里德里希·冯·楚迪(Friedrich von Tschudi)
巴塞尔,1839 年 5 月 29 日

你对我的信任没有错,我知道你从不轻易向别人吐露你的想法。你对我的信任不会没有回报。我知道,在你这个年纪,矜持是最优秀的美德之一。

哦,当爱情和友谊向你招手,不要用冰冷的格言来排斥!你的品质注定了会有许多人渴望接近你——我不是代表自己而恳求,因为未来许多年,你很可能都见不到我,而且我知道你并非对我完全漠不关心。[44]我是代表那些向你寻求同情却一无所获的人而恳求,因为你总喜欢扮演大理石雕像。但为什么要在这个问题上浪费我的口舌?像你这样敏感的心灵不会长期承受孑然一身所带来的重负。让你的情感自由发挥吧,并把它给你带来的记忆储存起来,总有一天你会愉快地回首往昔!(上周六我满二十一岁了,但我仍然活在过去的强烈记忆中。)你要让内在自我享受到伊壁鸠鲁主义的纯真快乐,通过你的感情而获得幸福。你要明白,也许你自己觉得不需要别人,但别人或许就正好需要你!

让我带你进入我生命中最隐秘的房间。我的家人们知道或者至少怀疑过我的宗教信仰的本质。我曾跟你说过我那已婚的大姐,①以她的善良而言,她简直就是我母亲活生生的化身(我母亲至死都是位圣人)。不久前,我与她就信仰自由问题进行了激烈的辩论。其实我们不应该这样对待女性,因为她们不像我们一样能够运用学习的武器来斗争,我们这样做只会给她们徒增悲伤。就在当天晚上,我收到了我那亲爱的二姐的来信,这封信从几天前就开始写了,但刚刚才写完,信封里还装着亲爱的母亲向我们道别的遗言。原来在她去世的十年前,她就预感到自己可能会突然去世(事实上她死于 1830 年 3 月 17 日,而且是在午夜,没人能给她送行),因此她提前写好了遗言给我们。因此,亲爱的弗里茨,请保持耐心,再多听一点我的倾诉吧!除你之外已经没有第二个人能让我诉苦了,比德尔曼对我来说已成陌生人,魏德默(Widmer)和维尔茨(Wirz)一个是理性主义者,一个是小孩心性——尽管我很喜欢他们俩。现在请同情地听我讲,总有一天会有人报答你的。

先说我二姐那封信的内容吧!她是那种罕见的一直都把快乐写在脸上的人,但在她的内心深处也同情各种形式的苦难。她既温柔又坚强,开朗快乐同时又笃信宗教。啊,我该怎么总结呢?她仿佛跪在地上乞求我回想母亲的话(我母亲告诫我们要珍惜父亲的生命),并以我父亲的健康状况来召唤我改变关于人生道路的决定——[45]"哦,别让你那孩童般的信仰欺骗了你,它们不会给你任何东西,你绝对从中得不到任何回报。"她告诉我,当我们还幼小,母亲如何带着我们一起祈祷。我还不到一岁时,有次病得很重,母亲为了我跪在地上长祷不起,而现在她一定正在永恒的天父

---

① 玛格丽特·莎乐美(Margarethe Salome)嫁给了梅尔基奥·贝里(Melchior Berri),他在巴塞尔设计了几座古典风格的建筑。

面前为她的孩子们祈祷。我二姐还含蓄地提到她非常想念母亲,最后还请我不要误会她写信的来意!她说之所以会写信给我,是因为很难和我当面谈论这些事情。

母亲的遗言是我二姐用她漂亮的手精心抄写的(原件在我父亲手里)。这是一位坚守信仰却饱受苦难的人的道别,是一位已站在来世边界上的人的告别,也是简单却充满爱心的感人肺腑之言。在上面,母亲还写下了她希望在葬礼上布道的经文。

我告诉你这一切有何用?我相信你不会无动于衷。亲爱的弗里茨,你会发现你也将不得不经历类似的事,把它们当酒喝得烂醉如泥。

我已经决定在下个秋天去柏林。但我很感激地说——我现在非常清楚,以后不会从事神学,也不会从中找到我的毕生事业。如果你也打算去柏林,别忘了写信给我。

致海因里希·施莱伯(Heinrich Schreiber)
巴塞尔,1839 年 9 月 8 日,星期日

下周四,我将和那位和我一起去意大利的朋友①动身去柏林。在我离开前,我想送你几句话,以表达我的感激和长久的爱:如果我能在历史领域有所成就,这荣誉主要归功于你。如果没有你在听到我的决定时给我的激励,以及你以身作则的光辉榜样(即使你可能自己没有意识到),我可能不会想到要以研究历史为志业,尽管我很早就下定了终生不忘历史的决心。我非常希望有一天能亲自向你表达谢意。

---

① 雅各布·奥利(Jacob Oeri),即"坎普",布克哈特的表兄。

[46]如果你手头研究需要从柏林摘录或誊写资料，我真心希望你能找我帮忙（除非你在柏林有更好的代理人）。多亏有你，这些事我可以亲自去做了，而不再是客厅里的吹嘘。

我多想途中在你那天堂般的弗莱堡停留一下！但五个星期的时间实在太短，甚至连慕尼黑、纽伦堡和布拉格最重要的景点都来不及看完。不过，尽管我不能去拜访你，但你会经常浮现在我的脑海中，这会帮助我在沮丧的时候立刻振作起来。

前天在苏黎世发生的事情①再次提醒我，在这个教会地位如此不稳定的时代，如果一个人内心没有最清晰的召唤就献身于神学，将是多么危险和罪恶。我最近向盖尔泽（Gelzer）博士咨询了我的工作，他让我注意到，我的神学基础对判断大量历史事件的益处。如果我没弄错，相信他本人就是个神学叛逃者。前天，当枪林弹雨在苏黎世市政厅旁呼啸而过时，我们在听一场用拉丁语讲授的哲学博士论文答辩会。其中一位答辩人斯特劳伯（Streuber）是我的朋友（值得高兴的是，他也要为获得历史系教职去柏林深造）。格拉赫（Gerlach）演讲完毕后，我就其中关于泰尔射箭②的问题与他辩论了半个多小时，并推翻了他关于这一点的看法。其他一切都进行得相当顺利，至少没有语法或其他方面的错误。其他两位答辩人的演讲我不是太感兴趣，其中一位跟我一样就给定的主题发

---

① 1839年9月发生在苏黎世的骚乱，即Züriputsch。参见英译者导言第三节。

② ［译注］威廉·泰尔（William Tell）是传说中14世纪初瑞士反抗哈布斯堡王朝统治、争取民族独立的草莽英雄。据说有次他被捕后，法警逼迫他在120步开外用十字弓射中放在他儿子头上的苹果，结果他真做到了。这后来成为瑞士人民津津乐道的传奇轶事，有人认为这是神迹，也有人认为这纯属虚构。

表了演讲,另一位则就他的论文《贺拉斯写给皮索的〈诗艺〉》(*de Horatii Arte Poetica ad Pisones*)进行了答辩。我公开露面的主要目的,是想让父亲更好地接受我的叛教。他现在可以为我感到自豪了,虽然这实际上并不意味着什么。

我的形象被那些介绍信给固化了。不过其中也有一些非常有用,比如给宫廷牧师萨克(Sack)家族的特别推荐信。但与之相比,我更想得到兰克①的回复(虽说他很平易近人)!在路途上,我打算睁大双眼,尽可能多画点素描。[47]我会尽可能在所有画廊中留意你心念的汉斯·格里恩②的《加蒙迪亚努斯》(*Gamundianus*),然后把我搜集到的资料笔记传给你。如果需要进一步搜集的话,我可以向柏林的库格勒③教授征求意见。

祝你好运,尽快把任务给我吧!从许多方面来说,柏林都是我的帕特莫斯(Pátmos),其中不止一本书会让我肚子苦痛。④ 来自你的那页将永远是一种巨大安慰。

我对即将面临的新事业充满了强烈的渴望和急躁——我对它

---

① [译注]利奥波德·冯·兰克(Leopold von Ranke, 1795—1886),柏林大学历史系主任,著名史学家。

② [译注]汉斯·巴尔登·格里恩(Hans Baldung Grien, 约1484—1545),德意志版画家、雕刻师和绘图师,专精于玻璃彩绘,还有许多历史和宗教题材的肖像画流传于世。

③ [译注]弗朗茨·库格勒(Franz Theodor Kugler, 1808—1858),柏林大学艺术史教授,布克哈特后来的恩师。

④ [译注]帕特莫斯是位于爱琴海东部、萨摩斯岛西南的一个岛屿。在古罗马时期,该岛是放逐流亡者的地方,也是旅行者和游吟诗人的栖居地。据《新约·启示录》1:9 和 10:10 记载,约翰在该岛上得到了作为耶稣见证的上帝话语。当他吃下从天使手中接过的书卷时,口中甘甜如蜜,胃里却开始苦痛。

仍然知之甚少！当然，我不会轻率地投身其中。我必须先知道我在做什么，以及我为何要做，然后才会竭尽全力去行动。每当我想在勃兰登堡的荒漠里给自己一点"甘霖"时，我都会从我的记忆库中取出一些 laterna magica［幻灯片］，让它们从我身边掠过，其中就包括你那可爱、温和且阳光明媚的弗莱堡。但对我而言，最好的治疗和最大的激励将永远是我对你的回忆。

附：关于我对大教堂的手绘画，其进展非常缓慢。这位艺术商现在想请一位定居此地的、技艺高超的雕刻工把这些插图刻在铜板上。

致弗里德里希·冯·楚迪（Friedrich von Tschudi）

柏林，1839 年 12 月 1 日

在上封信中，一想到要和你谈谈佛兰德绘画，尤其是我对扬·凡·艾克和鲁本斯的看法，[1]并把它们交给你来评判，我就像个孩子一样兴奋。但我现在已经不能跟你谈这些了。你的上一封信就像一张摆满食材的桌子，从中你既可以点清淡的菜，也可以点浓厚的菜；你看，你把三四个不同的问题摆在我面前，让我从高到低地回答。你在以前的信中也这样做过，但我只是简短地回答了一页纸。这次情况不同了。

你现在肯定熟悉了我的奇思妙想，并对其产生了一定兴趣，否

---

[1]　［译注］扬·凡·艾克（Jan van Eyck, 1385—1441），早期尼德兰画派的代表人物，也是 15 世纪北欧后哥特式绘画的创始人，尼德兰文艺复兴艺术的奠基者，被誉为"油画之父"。彼得·保罗·鲁本斯（Peter Paul Rubens, 1577—1640），佛兰德画家，巴洛克画派早期代表人物，也是著名的艺术收藏家和艺术史家。

则你不会心甘情愿地倾听我的抱怨,还对我的处境进行诗意般的赞美。的确,我几乎没有暗示过这样一个事实:在关于人生的最高问题上,我正活在一种极度不和谐状态中。[48]请不要责怪我没有承认这一事实,因为我的内心一直不愿意承认它。每当心灵危机来临时,我就用猛烈的消遣来驱走它,有时是出于学习目的,有时则是在社交上。我储存了一大批图像来分散自己注意力,使我不再去想我的处境、我与上帝和世界的关系这一日益紧迫的问题。再读一遍我上一封信吧,那是我在这种情绪逐渐消退的时候写的。当时我决定再次抓住爱,并从中找到平静。

而现在,我却在以前人生观的废墟中摸索,试图在旧的基础上找出还有什么可用的东西(只不过是以另一种方式)。然而我孤身一人能否成功只有天知道,因此我几乎不敢独自开展这项工作。目前我身边还有一人,①他与我未来的关系已在我先前的信中有所暗示。目前,一个又一个深渊在我脚下展开,如果不是他的鼓励支撑着我,我会绝望的。这使我更加意识到你对我孤独处境的担忧,兹威基(Zwicki)此前已告诉过我了。啊,要是你已经到了柏林就好了!我唯一能给你的陪伴就是希望。我知道,如果把它留给自己,我就会再度失去它,又回到过去那种充满想象和幻象的生活中去,尽管这会让我愈发不满意。

写到这里,我顿感羞愧难当,觉得应该长时间保持沉默。我若能从怀疑主义中走出来(怀疑主义本身就是一个很大的进步),就能像你一样发自内心地说话了。与此同时,我还有其他魔鬼需要克服,简单地说就是以完全世俗化的方式观察和践行每一件事。

---

① 兹威基(Zwicki),后文还将提到。详见布克哈特通信人简介。

应此,我在我的主要科目——历史中找到了一种"救赎"(Heilmittel)。它是让我感到震惊的东西,使我的宿命论和基于宿命论的人生观第一次受到了动摇。但是,这并不能抵消我对一位挚爱的亏欠,我将重新认识到我所欠他的一切,并继续爱他,至死不渝。目前,我只是隐约地怀疑它,因为大部分仍处于萌芽阶段。

不要期待我立马就给出什么体系,因为建构是一项缓慢的工作。但在此深情告别之际,请相信,明年春天相遇时,我将不会辜负你的陪伴。

1840 年代

致海因里希·施莱伯(Heinrich Schreiber)

柏林,1840 年 1 月 15 日

[49]我感到非常羞愧,觉得自己一点都配不上你的钟爱。我竟然被第三者指出了疏忽。① 如果我欠身边所有人一份关于我生活的报告,那我首先应向你提供一份(而且是更准时的)报告。请原谅我这么晚才把它发给你。

当我第一次听到兰克、德罗伊森和博克的演讲时,②我惊讶地睁大了眼睛。我意识到,降临在我身上的事情与降临在《堂吉诃德》中那位骑士身上的事情是一样的——我此前只是道听途说地

---

① 1839 年 11 月底,西奥多·迈耶(Theodor Meyer)写给雅各布·奥利的信中曾这样描述布克哈特:"我觉得 Köbi(布克哈特的昵称)的描述令人很不满意,尽管事情似乎很有可能正如他所报告的那样。不过我认为,在这种情况下,最好的办法是小心谨慎并保持耐心,而不是用其他任何方法。看在你们以前友谊的份上,你欠他的也太多了,也许是因为他的家庭和你们来自同一个国家。"比德尔曼在一封信中也提到了 Köbi 的行为。信中说,他现在"摆脱了社会和家庭生活的束缚",投身于一种放荡的生活。布克哈特自己写给冯·楚迪的信似乎是对他短暂的"暴风骤雨"期更可信的描述。写给布伦纳的信是对他当时精神状态的最好评论。

② [译注]约翰·古斯塔夫·德罗伊森(Johann Gustav Droysen,1808—1884),著名史学家和史学理论家。奥古斯特·博克(August Böckh,1785—1867),古典语文学和古物学家。

热爱科学,而当它突然间以巨大的比例出现在我面前时,我不得不垂下目光、不敢直视。现在我已下定决心把我的一生奉献给它,即便要以牺牲幸福的家庭生活为代价。从现在起,任何犹豫都不能动摇我的决心。

我鼓足勇气选择了一个特殊的领域——小亚细亚研究。虽然在很长一段时间内,中世纪的德国和意大利一直诱惑着我,但由于历史研究的巨大发展,人们不得不把自己局限在某个特定主题上,全神贯注加以研究,否则就有分散精力的危险。我没有把注意力转向中世纪,也许你听到了会伤心。如果有人可以在这种事情上取悦别人,我一定会为了你这样做。

我正在学阿拉伯语,听李特尔的地理课、博克的古代希腊课、德罗伊森的世界史课、库格勒的建筑史课、帕诺夫卡的考古学入门课,霍梅耶的德意志地方史课(以便能对当今时代形成某种看法,每周只上一小时)。① [50]我本应该毫不犹豫地去上兰克的近代史课,只是这堂课和库格勒的课每周有三节同时开,我只能以旁听者的身份偶尔去听一下。不幸的是,兰克从来不讲古代史。尽管如此,我还是要去听他所有的讲座,因为即使一个人不能从他那里学到其他东西,也至少可以学到展示材料的艺术。同时,我还在学希伯来文,最近刚读完了小先知的书,开始对东方的经典做一些摘

---

① [译注]卡尔·李特尔(Carl Ritter,1779—1859),近代地理学的创始人之一,人文地理学之父。主张以人为中心将历史学和地理学结合起来,并坚持目的论的哲学观点,认为上帝是地球的主宰。西奥多·帕诺夫卡(Theodor Panofka,1800—1858),德国考古学家、古典文化史和艺术史家,图像学的早期创始人之一。卡尔·古斯塔夫·霍梅耶(Karl Gustav Homeyer,1795—1874),柏林大学历史系教授,以研究法律史和法制史见长。

录。事实上,希罗多德的书我只读到了第三卷,但我已读完贝罗索斯的书。① 此外,我还在阅读希腊诗人的作品——总之,我读的东西太多,以致什么事都做不好。至于小亚细亚,我特别感兴趣,因为它对于所有的意图或目的而言都是一块 tabula rasa[白板],这相较于希腊和罗马来说是无法想象的。接下来,我打算对希腊方言进行简短的学习,并重修一下希伯来语法。下学期我还想继续学希腊语,但现在阿拉伯语占用了我大量时间。主啊! 我这里几乎只是在汇报想做的事,什么时候才能汇报已做成的事?

此外,艺术史将永远像磁铁一样吸引着我,就像文学将始终占据我的语文学和史学工作的主要方面一样。我在穿越深爱的德意志的途中收集各种艺术资料,听取各种已发酵的问题。我发现,在许多方面,即使专家也在不断摸索自己的方法。比如,关于拜占庭建筑和罗马风格的批评,我同来自班贝格的建筑师谢弗(Schafer),以及来自雷根斯堡的一位考古学者讨论过这些问题,并意识到他们中没人能给出一个明确标准。然后,库格勒教授坚持认为,同大多数优雅的拜占庭建筑一样,班贝格大教堂建于1200 年前后,雷根斯堡著名的圣雅各布门也是如此。事实上,库格勒比他们中任何一位都要认真,他是在仔细比较模具、飞檐和壁柱,并确定文献抄本的可能日期后,才提出了他的结论。但他总是要慢人一步!

---

① [译注]希罗多德(Herodotus,约前 484—前 425),古希腊著名历史学家,被誉为"历史学之父"。贝罗索斯(Berosus,约前 350—前 270),巴比伦别卢斯神庙的一位祭司,著有名为《迦勒底》的三卷本巴比伦通史,时常被希腊罗马时代的作家所提及。如今后两卷已佚失。

我花了整整两天时间到梦幻般的雷根斯堡小镇写生。[51]不幸的是,关于班贝格的建筑我只画了一幅。而慕尼黑除了圣母教堂外,唯一有趣之处就在于它的现代建筑。

说到格明德,①我还有一些关于汉斯·格里恩的事要告诉你。我在德国的画廊里找不到任何可以与他在弗莱堡大教堂的画作相媲美的东西,但我在这边很少见到他的作品。慕尼黑美术馆里(第7展柜第148号)有一幅画得很单调粗糙的肖像,上面署名是他的全名［我还没去布劳博伊伦(Blaubeuren)看］。施莱斯海姆(Schleissheim)宫里有一幅肖像画《戴红帽子的男人》(署名 HGB 1515),也好不到哪去。宫里还有一幅无关紧要的画,画的是一名手持小提琴的裸女;在纽伦堡,莫里茨卡佩尔(Moritzkapelle)展馆(目前收藏着皇家藏品)中有一幅背景是金色的、画风僵硬的人像画,画中有圣徒罗莎莉亚、奥蒂利亚、安娜、玛格丽特和芭芭拉等。我觉得这个不太可能是巴尔登的作品,但展品目录上有他的名字。第91号作品《绝境中的机智》像是施莱斯海姆宫那幅裸女画的续作。最后是第124号,一幅普通的圣母像;在布拉格,我看到了《圣多萝西和柯提乌斯的飞跃》;在德累斯顿我什么都没看到,因为当时我赶着回柏林,只在画廊里逛了三小时……

就是这样一个作品如此其貌不扬的人,却创造了德国版画史上最伟大的作品!只要鉴赏家们没别的作品向我展示,那你给我看过的那幅三联版画就是我心目中最伟大的作品。在这幅画中,

---

① ［译注］施瓦本格明德(Schwäbisch Gmünd),德国巴登-符腾堡州的一个城市,汉斯·格里恩生前曾在此居住。

巴尔登达到了最高的艺术水平,超越了丢勒和荷尔拜因,①更不用说冷酷的凡·艾克了。同时,巴尔登对素描的了解也不比前面提及的那两位少,与丢勒相比,他还表现出一种更细腻的感觉……

我现在感到了勇敢的自由,我永远不会忘记这在很大程度上归功于你。我将尽力履行你对我的信任,并让你高兴。我所配不上的你的友谊会在困境中支持、鼓励并鞭策我。我在这里什么也不缺,只缺像你这样时而鞭策我、时而约束我的老师。虽然没人向德罗伊森推荐我,但我得到了很好的接待。我可以经常去拜访德罗伊森,征求他的意见,但他对我的影响完全是通过理解这一媒介来传达的。因此,我在这里完全缺少一位如父亲般的朋友。在此情况下,你可以很容易猜到你的一封回信对我来说意味着什么。

致西奥多·迈耶(Theodor Meyer)

柏林,1840年3月11日

[52]……我相信,乡愁或者至少是"异乡病"正在我身上蔓延。柏林本身就是一个荒谬的居所,我对这里的参与就像在莱比锡集市上的波兰犹太人对莱比锡生活的参与一样少。与我关系要好的教授根本就不是柏林本地人,我的那些熟人们也一样。你看,我所渴望的,只不过是在豪恩斯泰因②镇上站一会儿,看看远处阿尔卑

---

① [译注]阿尔布雷特·丢勒(Albrecht Dürer,1471—1528),德意志画家,出生于纽伦堡,作品包括油画、素描、水彩画和版画,尤以版画最为著名。小汉斯·荷尔拜因(Hans Holbein the Younger,1497—1543),德意志画家,出生于奥格斯堡,擅长油画和版画。

② [译注]豪恩斯泰因(Hauenstein),德国莱茵兰-普法尔茨州的一个城镇,有名的度假胜地。

斯山上的日落；或者，在阿姆斯泰格①下面某处的戈特哈德（Gotthard）河畔散步；或者最好是在河的另一侧、靠近贝林佐纳（Bellinzona）或卢加诺等城镇的地方露营一晚。然后，我才能满不在乎地回到德意志民族神圣罗马帝国的沙坑里，回到勃兰登堡的高贵标志中，躲到我的书堆后面。

我对巴塞尔本身并没有特别向往——我只喜欢瑞士和那里的群山！在圣灵降临节期间，我要和库格勒教授一起去科林（Chorin），那是一座壮丽的废弃修道院，离这里有九个小时路程。然后如果可能的话，在秋日假期里，我要去北海洗澡。你为什么不也到这里来呢，哪怕只是出于你所受的委屈？如果有机会，请告诉施莱伯，我对他和他所在地的教堂建筑的渴望难以置信。我在这里还结识了艺术史学家库格勒教授，有时每天陪他散步。库格勒终于找到了一种至今从未有人尝试过的方法来测定拜占庭建筑的年代，我将在归途中用这种方法仔细观察哈尔茨山、②莱茵兰地区、摩泽尔（Mosel）河谷和美因河（Main）流域等。请代我问问施莱伯是否收到我1月16日寄给他的信（当然，以一种不让他以为我在试探他回答的方式），同时也告诉他，我把自己局限在小亚细亚的一时心血来潮已经过去了……

坎普在这里过着平静而有规律的生活。曼泽尔（Manzer）整天埋头苦干，他在这里干得格外好。柏林最大的好处就是给人一种自由自在的感觉，除了被引荐结识的那些人外，其他人我一概不认

---

① ［译注］阿姆斯泰格（Amsteg），瑞士乌里（Uri）州的一个村庄，位于阿尔卑斯山北麓。

② ［译注］哈尔茨山（Harz Mountains）位于德国中部，著名旅游胜地，曾得到诗人海涅的热情赞颂。

识,他们也不会打扰我。我在这里做了一次非常幸运的尝试——和库格勒成为朋友,尽管我没有被推荐给他。这位好人因为长得太胖,每天都要出去散步,并允许我随时去接他。我经常这样做,然后在最美丽的书写沙滩上蹒跚走几个小时。[53]沙滩是淡黄色的,非常漂亮。我明智地让这位胖先生先走过冰冻的沼泽,如果他们背着他,也会带上我一起。我只是讨厌柏林周围山坡上的风车……不时会有迷人的灯光效果,松林就显得富丽堂皇了,仅此而已。

致弗里德里希·冯·楚迪(Friedrich von Tschudi)
柏林,1840年3月16日

你在信中说,你采取的步骤比我要确定得多,因为你是完全独立去做的。事实证明,这或多或少是正确的。就我自己而言,最近我被工作中那些异常分散注意力的地方引入了歧途,总是忽略曾经作为我人生基石的那一点。这个问题在我心中引起的波动已有了一定消退,但我现在还不想去考虑它的影响。兹威基可能不会总是想带我前行,所以我担心你会发现很多需要注意的地方。多么反复无常啊!你一定正这样想。一个人总是需要一种外在推力来驱使他重新获得精神上的新生,而我的方法就是从(对既定信仰的)依赖走向独立自主。

然而,有一种习惯我始终没有丢掉,那就是历史哲学每天都在我的思考范围内,哪怕只是偶然地出现。但不幸的是,下学期关于它的课程都是由一些二流教师讲授的,而且他们几乎都是后黑格尔派,我不能理解他们。在这个问题上,德罗伊森是最有启发性的。但我听完他的古代史讲座后,就不得不眼睁睁地看着他收拾行囊准备前去基尔大学。他平时对我很好,我随时都可以去向他请教,因此他的出走对我来说是一种巨大损失。他的重要性是毋庸置疑的,十年后他将跻身于伟人之列。

  你曾预言我的诗作会有很好的前程,但它目前却面临着搁浅风险,因为我已发现了诗歌在历史中所能达到的高度。曾几何时,我把幻想的发挥视为诗作的最高要求,但由于我现在必须更加尊重精神形态的发展(或更简单地说,诸如内心世界本身),因此我现在对历史感到满意。这是因为,历史本身就已经把这种发展表现为两个不同阶段,它们各自的运行轨迹呈现出平行、交叉和混合态势,但实质上二者完全同一。[54]我说的发展包括个人发展和整体发展,加之历史上那些辉煌的外部事件(作为世界进步的华丽外衣),我发现自己又回到了那个古老的、被很多人误解了的说法——上帝是最高的诗人。你也许会回复说,诗歌不只是精神形态的发展,还是精神形态美的发展,这种发展的依据是人类诗意的心灵中理想地实现了的和谐法则。我赞同这一观点,那确实赋予了诗歌足够广阔的领域。但是对我来说,诗歌现在对我的吸引力远不如它在我还无视世界进步那无法比拟的更伟大指导时拥有的吸引力。正如你所见,我使用的是一种非常不合格的哲学语言(当然它只能与我的思维方式相对应),这就是我比以往任何时候都更需要哲人朋友的原因。

致露易丝·布克哈特(Louise Burckhardt)
柏林,1840 年 7 月 16 日,星期四

  我对你表示万分衷心的感谢,尤其感谢你在我从父亲的信中

得知玛丽亚①订婚之前,就如此温柔亲切地把秘密告诉了我。作为回报,我可以自信地说,我处理整个问题的方式不会辜负你的期望。

我的确(我为何要否认呢?)深受所发生之事的影响。我已在空中建造了自己的城堡,但它却无情地倒塌了。我经历了许多悲痛时刻,因为事情看上去越美好,忍让就越痛苦。然而,在我最为悲伤和痛苦的时候,有一件事给了我支撑的力量,那就是意识到她注定要嫁给一个比我优秀且值得我认同和尊敬的人,而不是一个完全不尊重其他两个女孩名声的人。尽管我承认在最开始时会因忍让而感到悲痛,但我希望能毫无拘束地与胡弗兰(Hufeland)相处(或至少表面上是这样),因为在我第一次见到他之时,他就赢得了我全部的尊敬,他肯定比我这个激情洋溢的人更能带给玛丽亚幸福。

[55] 亲爱的露易丝,请真诚地听我说:我们很可能有一天会住在一起,因此我们必须确保真诚友谊和深厚文化的祝福使我们生活更加甜蜜。一个人对自己来说可能会意义重大,他对自己意义越大,对别人来说就越重要。在我工作中,每天都能发现新的伟大与美丽的源泉。诗歌能使我的悲伤神圣化,它必将成为我的终身伴侣。我们的旅行(也许你到时候会去莫斯科②)将会为我们留下许多珍贵见闻,使我们的生活更幸福。总之,我回国后前途会相当不错,而且我发现依靠微薄劳动来谋生并非什么难事,这样我还可以在工作之余继续学习。所以,让我们用破碎的梦想和各种各样

---

① 玛丽亚·奥瑟(Maria Oser),布克哈特的表妹,他姑姑的女儿。
② 布克哈特的继母是居住在莫斯科的一位家庭教师。

的遗迹重建一个新家园,就像罗马的田园守望者用古老大理石残片和破碎台柱建造他们的葡萄园那样!也许你有时会对我这种无忧无虑的人生观感到惊讶,但请相信我对永恒天意的信仰坚如磐石。天意不是盲目的命运,而是来自一个有人格的神。无论我对宗教和忏悔的看法如何改变,这种信念永远不会抛弃我。从今以后,我将向上天倾诉我的忧虑。

但我不想谈超出我能力范围的事。因此我在写作时常常不得不克制自己,而这一页就是在悲伤情绪影响下写的。但我保证会尽我所能成为一个男子汉,不向无谓的抱怨屈服。我将尽量愉快地去见胡弗兰,因为我正在为他牺牲自我。作为对前面那句话的补充,我想再说一遍——如果一个人对别人来说什么都不是,那么他对自己也就毫无意义。亲爱的露易丝,让我们为他人而活吧!首先是为彼此而活,这样忍让就更容易了。基督教义就是关爱他人和为他人牺牲的律法,而我从中看到了一个无限的教导,愿我的原则能永远保持下去!感谢上帝,我仍有一位善良的老兹威基在身边,他知道我爱他,我要向他倾诉心声。他从不说谎,也不知道当时具体情况以及相关之人。

如果父亲如我所愿地允许我,我将在两位来自波美拉尼亚的好友(我在温特菲尔德夫人①那里认识的)陪同下,于五周后抵达哈尔茨山。[56]我已经放弃了去汉堡的想法,因为必须坐长途马车去,要花很多钱。我不知道这段旅程意味着什么——是一种对神

---

① 冯·温特菲尔德夫人,卡尔·奥古斯特·冯·温特菲尔德(Karl August von Winterfeld)的妻子。正是在他们的住宅里,布克哈特听到了很多音乐,并在柏林第一次结识了他的许多朋友和熟人。其中包括兰克、雕塑家蒂克和总统冯·克莱斯特等。

圣内心的亵渎,还是一种在允许范围内的消遣?我学业进展得很顺利,充满希望。事实上,我在艺术史方面甚至还有一两个新发现。库格勒还是那个了不起的、可敬的人(他妻子这两天就要生产)。除此之外,我明天还要写温特菲尔德夫人的音乐专辑……具体写什么还没想好,按照惯例是用十四行诗的形式来写。亲爱的露易丝,请再感受一下我的心情吧!有一种方法可以治愈所有的烦恼和忧虑,那就是意识到别人对自己的同情。我知道你十分同情我的命运,我也保证会对你忠诚一生。

致海因里希·施莱伯(Heinrich Schreiber)
柏林,1840 年 8 月 11 日

　　……这就是我的计划。我下周五动身去哈尔茨山区的希尔德斯海姆,①据说那里有丰富的历史文物和未发掘的艺术品。一到那儿,我就要尝试一下去年冬天我在建筑史课上学到的方法,看看究竟效果如何。为了沃尔特,②明年夏天我将在波恩度过,因为那里离圣城科隆很近。接下来的假期我还将去比利时等地。你对此有何看法?

　　今年冬天我要上兰克的中世纪史,目前我只知道他开了这堂课。这学期我旁听了他的历史课,虽然没什么具体结果,但我还是从中获益良多。我现在才开始怀疑史学方法的意义。威尔肯

---

　　① [译注]希尔德斯海姆(Hildesheim),德国下萨克森州南部的一座城市,位于哈尔茨山西北麓丘陵地带。
　　② 费迪南德·沃尔特(Ferdinand Wolter),1819 年起在波恩大学担任罗马法和教会法讲师。

(Wilken)不再讲课了,我时不时见到他,他看上去像个死人。他们让德罗伊森去了基尔真是可惜。其结果是,这所欧洲顶尖大学(柏林大学喜欢这样自称)竟然没人讲古代史了!我从未上过劳默①的课,据说他的课无聊到快没人去了,[57]或许是因为他与兰克相互竞争,选择同时开课。

你在弗莱堡不可能没听说过,这里所谓最伟大的学者有多么喜欢嫉妒和爱慕虚荣!不幸的是,正如大家所知,尽管兰克善于待人接物,对我们很友好,却缺乏个性,你可以在任何关于其作品的评论中(无论正面还是反面的)看到这一点。拉赫曼(Lachmann)在他的课堂上以最常见的方式抨击别人,称别人为蠢驴和笨蛋。然后是那些博士生!他们都相互憎恨,简直像毒药一样。换作我,我才不在乎为了一年四千塔勒的薪水在这里讲课呢。不过,人们还是可以在这里学到一些东西。

我多么渴望去看看莱茵河啊!毕竟这是德国的血脉。你无法想象勃兰登堡的景观有多么糟糕,但它在历史上的成就必须得到相应的重视……

致露易丝·布克哈特(Louise Burckhardt)
柏林,1840 年 8 月 15 日

我衷心感谢你及时的来信,因为我明天一早就要动身了。在过去四周里,我遇到了许多令人愉快的事。这大概是我来这边之后最愉快的一段时间。胡弗兰到这里已有一周了;上周日一早,他

---

① [译注]弗里德里希·冯·劳默(Friedrich Ludwig Georg von Raumer, 1781—1873),德国历史学家和政府官员,柏林大学政治学和历史学教授。

刚抵达就马上来找了我,但我不在家,于是他给我留了口信,说他下午或第二天上午在住所里等我。当然,我一在桌上发现他的信笺就立刻过去找他了。他是你能想象的最可爱的人之一,我俩相处得很愉快。

如果奥瑟姑妈能再活一段时间,她会多么高兴啊。巴塞尔那边对三姐妹在四周内全部订婚的消息有什么风评?这肯定会传遍整个阅读俱乐部!

告诉父亲,我对今年冬天的课程清单很满意。我的主课是兰克的中世纪史。要是这里的教授们彼此不是死对头就好了!但是,当兰克和劳默总是出于私斗而同时讲课(12 比 1)时,抱怨又有什么用呢?他们已经这样斗了四年了,而且还将继续斗下去,至少要到其中一个获得竞争了那么久的部长职位为止。要是他们还记得约翰内斯·穆勒的悲惨例子①就好了。[58]劳默的前途几乎是完了,而兰克作为国王的私人朋友,当然很有望得到晋升。尽管他学识渊博、头脑敏锐,极具社交才能(对我也很客气),但可惜完全丧失了品德。关于这一点,我必须告诉你一件非常有代表性的、完全真实的轶事——有一次,兰克与贝蒂娜②单独在一起谈论关于瓜分波兰的事情。贝蒂娜当然对俄国充满愤慨,兰克也表示同意她的观点。几天后,兰克又到贝蒂娜家中参加一场盛大的招待会,并

---

① [译注]约翰内斯·冯·穆勒(Johannes von Müller, 1752—1809),瑞士史学家、外交家和记者,18 世纪瑞士最重要的史学家之一,被称为"瑞士塔西佗"。他生前学者身份与政治家身份之间的冲突,导致其声誉在其身后相当长一段时间内受到了不公正的评价。

② [译注]贝蒂娜·冯·阿尼姆(Bettina von Arnim, 1785—1859),著名女作家、诗人,德国文艺界名流。另见英译者导言,第四节。

和一个位高权重的俄国外交官进行了交谈。在谈话中,兰克把波兰人的行为描述为革命性的和可恶的。这时贝蒂娜正从后面看着他,眼珠朝天地翻了个白眼,说了句:"呸!"然后兰克迅速离开了那所房子,从此之后再也没去过那里。

还有一次,瓦恩哈根①当选科学院院士的资格受到了质疑。兰克不能容他,但又想把他争取过来,于是做了一场支持瓦恩哈根的热情演讲秀。结果,在投票环节中瓦恩哈根竟然一票未得。因为大家私下交换了眼色,每个人都得出了(关于兰克真实想法的)结论。人们无法判断,兰克个人的信条是否影响了他对历史的描述(即便很微弱),尽管这些信条已成为柏林大学的一个代名词。的确,没人听过他口中说出什么轻浮的话。虽然他经常开玩笑,但这些玩笑都拿捏得很好。而每当他谈到大事时,他对待历史的严肃态度就在其表情中浮现得非常明显,甚至到了让人害怕的地步。我还清楚地记得他讲授德意志史的开场白——"先生们,民族乃上帝所思!"

致露易丝·布克哈特(Louise Burckhardt)
法兰克福,1841年4月5日

(请原谅这书写风格和笔迹)
我知道你有足够耐心来阅读我那杂乱无章的旅程,[59]还有足够爱心来分享我的快乐。每当我想到德国在过去十天里给予我的一切(无论严肃的还是愉快的),我就感慨良多。

---

① 瓦恩哈根·冯·恩斯(Varnhagen von Ense,1785—1858),历史学家和传记作家。

3月26日(星期五)那天,我从柏林启程。一位德国朋友陪我去了邮局,在那里我遇见了善良的老马克斯(Max)。一想到自己要离开柏林,我当时真的挺难过。然而在一年半之前我刚来这个城市时,我却盼望着有一天会欣喜地离开。最近,通过马克斯的堂兄齐格弗里德·内格尔(Siegfried Nagel),我参加了一个令人愉快的威斯特伐利亚俱乐部。这使我非常高兴,因为我为数不多的熟人在去年夏天都离开了这里。自新年前夜以来,我们都以"你"(du)①相称,很少有这么合适的同伴了。内格尔是我认识的最好的人之一;除了其他天赋,他还有一副上佳的男高音嗓音,于是我们组成一个四重唱,这在其他任何大学都无法比拟。总之,那是一种天堂般的生活——我希望下个冬天情况不会变糟,明年还能再次在那里看到所有人。值得庆幸的是,在结识这些朋友之前,我已邀请父亲在柏林再住半年。每当想到这些,我就开心多了。

爱德华·绍恩堡②是俱乐部的主要成员之一,也是俱乐部的精神领袖。我临行前,他给他在莱比锡的哥哥写了封介绍信,并恳切地让我亲自转交。你看,我把(社交)网撒得更大了。

在抵达莱茵河之前,我对此行本没抱什么期待。有十到十四个阴郁日子摆在我面前,尤其是在我离开当天库格勒还身体不适,所以我自然会对离开柏林感到抱歉。晚上9点,马车驶过波茨坦城门,我热切地祈祷能愉快归来。慢慢地我睡着了,满脑子都是历

---

① [译注]德语中同辈之间的亲密称呼。
② [译注]爱德华·绍恩堡(Eduard Schauenburg,1821—1901)当时在波恩和柏林攻读语言学,曾与青年布克哈特私交甚密。详见附录。

史和诗意的计划。第二天早上到了维滕贝格,①我去市场广场看了看路德雕像。但离开柏林对我来说还是太沉重了,以至于我无法振作起来,也无法进行任何认真的思考。晚上我在哈勒②待了一刻钟,然后马上乘下一班火车去了莱比锡。路上,我用手指数着旅行日子。第二天一早,我对自己说,你应该去找西奥菲尔(Theophil),把绍恩堡的信交给他,下午再去瑙姆堡。但谁能把一切都算得那么周到呢!当莱比锡公园和教堂塔楼出现在地平线时,我开始怀疑自己把日期算错了。[60]我在"德意志人之家"酒店订了个房间,欣赏了正规广场和步行街,然后去了埃米尔·德维伦特③演出《埃格蒙特》(*Egmont*)的剧院。这真是太棒了。

第二天早上,我得知西奥菲尔在哈勒,于是看了看信上的地址。收信人赫尔曼·绍恩堡④乍看之下并不像是我要找的人。这是一位身材匀称的男人,长着一张有趣的脸、一双友好的蓝眼睛,留着漂亮的小胡子。他的表情总是非常认真,待我很礼貌和矜持。我已得知他还写过一些优秀诗作,而那些善于写诗的人并不总是在外表上讨人喜欢。但他总会拉着我的胳膊,领着我走在美丽的长廊上,待我亲如密友。我很快发现,他的民族主义信念非常强烈,且对生活和诗歌有着非常严肃的看法。我不得不答应当天留

---

① [译注]维滕贝格(Wittenberg),德国中北部萨克森-安哈尔特州的一个城市,马丁·路德的故乡。

② [译注]哈勒(Halle),位于萨克森-安哈尔特州的一个历史悠久的城市,曾长期作为宗教改革运动的中心。

③ [译注]埃米尔·德维伦特(Emil Devrient, 1803—1872),德国著名演员,以扮演英雄角色而闻名。

④ [译注]赫尔曼·绍恩堡(Hermann Schauenburg, 1819—1876),爱德华·绍恩堡的兄长。详见附录。

下来住他房间里,他说服我中午和他的朋友们一起吃饭,饭后我和他聊了一整个下午。渐渐地,我们的谈话不由自主地转向政治,尽管我俩都很想避免这种敏感话题。

(亲爱的露易丝,我的长篇大论没有让你感到厌烦吧?)赫尔曼是个极端自由主义者,而我却是保守派。我们一边聊着,一边走过餐厅后的菜园、盖勒特和波尼亚托斯基的纪念碑、①人群熙攘的格里玛大街,以及树上仍然留着莱比锡战役弹孔的宁静公园。在这些地方,我们一直在谈论德国君主和宪法相关的话题。晚上回他房间后,他对我说:"既然已讨论了这么多,就让我们把它说出来吧!没有什么能打破我们的相互尊重。"那一刻无疑是我此生最美好的时刻之一,德国辉煌的未来清晰展现在我眼前。我看到即将展开的普鲁士立宪斗争,心想——现在是时候贡献你的力量来启发一个最优秀之人,让他在疯狂而迷茫的追求自由的道路上有所觉悟,这样我就能从一个更新更高的角度重新出发了。我有勇气坚持保守立场,不向任何力量屈服。(自由主义是最简单不过的东西。)

我们彼此深受感动,交谈时充满激情,我不记得自己什么时候变得如此能言善辩。他扑在我脖子上吻了吻我,说我是他遇到的第一个因信念坚定而说话保守的人。我默默发誓永远不要为自己的信念而感到羞愧。他承认,在我的学习过程中,我对这些问题的思考要比他透彻得多。但从青年时代起,出于某种莫名其妙的冲

---

① [译注]克里斯蒂安·弗鲁赫戈特·盖勒特(Christian Fürchtegott Gellert,1715—1769),德国启蒙运动作家,莱比锡大学的文学和哲学教授。史坦尼斯劳·奥古斯特·波尼亚托斯基二世(Stanisław II August Poniatowski,1732—1798),普奥俄三国瓜分波兰时的波兰末代国王(1764—1795年在位)。

动,[61]他对自由的热爱一直很狂热,而且将永远不会停止。能做的我都做了,他保证今后绝不轻率地蔑视保皇党和保守党。晚上的剩余时间就这样平静度过了,很明显我周一得留下来了。他毫不做作地给我读了几首他的诗,并把其中一两首放在我面前让我读——你可以猜到它们包含了什么内容,触动了我内心中哪些和弦。它们是用德语写成的最优美的十四行诗之一。

亲爱的露易丝,关于德国我能告诉你些什么?我就像基士的儿子扫罗,出去寻找失落的驴,结果竟寻得君王的冠冕。我时常想跪在这片神圣土地前,感谢上帝,我的母语是德语!我今天的一切都要归恩于德国!我最好的老师是德国人,我是在德国文化知识的哺育下长大的,我将永远从这片土地中汲取最强大的力量。多么了不起的民族!多么美好的青春!还有这片天堂般的大地!……

致爱德华·绍恩堡(Eduard Schauenburg)
科隆大教堂,1841年4月15日

这个"魔鬼"正独自进行着艺术之旅,但还不能向你允诺更多东西。目前我还没感到厌烦(但愿能一直如此),但有些过度忧郁,或者说是愚蠢的悲伤。关于我从柏林到莱比锡这段旅程的详情,问问你兄长就知道了。在这段漫长旅途中,莱比锡是唯一的亮点。有时我会举起双手向天叹息:"哦,亲爱的上天,请把我们这美妙组合中的一位送上云端吧!"但老天简直聋了。一直到美因茨,我都要么孤身一人,要么和"尊贵的"牛贩子、去往集市的小商贩、老女佣、乡巴佬以及其他人群混在一起[其中大部分都是可怕的庸众(philistines)]。然而,这次旅行对我来说仍然非常值得。每当回想起在柏林和莱比锡的快乐时光,以及在莱茵兰许下的对未来的美好憧憬,我就忘却了一切烦恼。

我永远不会忘记,第一次完全意识到自己又来到了莱茵河流域附近的那个清晨——那是在富尔达(Fulda)和盖尔恩豪森(Gelnhausen)中间的某个地方,当时天刚蒙蒙亮,气温较低,我和两位老太太走在一条小道上,准备去不远处的公交站台候车。我们拐了个弯,[62]突然一片沐浴在蓝天下的葡萄园映入眼帘,一阵和煦的微风迎面拂来。"你是从莱茵河来的!"我高喊道。在法兰克福,我完全把观赏丹内克①《阿里阿德涅》(Ariadne)的计划抛在脑后。想想看,这种事偏偏发生在我身上!因此你不难想象当我在轮船上想起这件事时有多么懊恼!

周三和周四两天我都待在美因茨,但因为实在受不了耶稣受难日那天的节庆仪式,于是在早上作为教堂中密集人群中的一员,接受了美因茨大主教的祝福后就动身去宾根了。② 整个下午,我都在这个迷人小镇上四处游荡,一边沉浸于回忆,一边画着素描。接着我去吕德斯海姆③喝了花蜜水(味道如你描绘的希腊众神的珍馐),然后进入低地森林(Niederwald)中漫步,这是我见过的最具诗情画意的景色。最后,我顶着狂风暴雨,跑过阿斯曼豪森(Assmannshausen)和莱茵斯坦(Rheinstein),直奔教堂而入。在那里,主

---

① [译注]约翰·海因里希·丹内克(Johann Heinrich Dannecker,1758—1841),德国雕塑家,古典主义风格的代表人物。

② [译注]宾根(Bingen)位于德国西南部的莱茵兰-帕特纳特地区,是莱茵河流域的重要河港之一,离美因茨不远。

③ [译注]吕德斯海姆(Rüdesheim)位于莱茵兰地区的中心地带,著名的"酒城"。

的身体被闪电照亮了,可爱的女学生们在齐唱圣歌。这是充实、美丽、忧伤而平静的一天。

周六我去巴哈拉赫(Bacharach)画了两小时素描,下午在灿烂的阳光和阵雨的陪伴下抵达了普法尔茨(Pfalz),然后经过金色的罗蕾莱礁石向圣高尔驶去。我在附近的圣高尔豪森、①彼得堡、莱茵费尔斯堡等地待了一下午。晚上划了一只小艇返回,途中再次经过了罗蕾莱礁石。我从船夫手中接过桨,小心翼翼地沿着溪流向前驶去。看,你们这些不敬神的人在那里不知道会发生什么!因此,我只能把这些奇妙经历默默埋藏在心底,仿佛它们与一块块生牛排一样冰冷。

复活节(周日)那天,我顶着寒冷的暴风雨去了科布伦茨(Coblenz)。厚厚的云层在史特臣岩(Stolzenfels)城堡和兰施泰因(Lahnstein)周围掠过,看起来很可爱。我特意待到下午快五点的时候去看望奥古斯特·福克(August Focke),和他住在一起的两个表兄弟虽然人都挺好,却与我们的生活方式格格不入。晚上,福克带我去了"巨人酒吧",我们在那里吃喝玩乐。这是我此生过得最快乐的复活节,虽然没有去参加圣餐仪式,但上帝会原谅我的。

周一,我们在摩泽尔河谷消磨了一整天,只绕着科贝伦(Kobern)走了一圈就回来了,但仍然很开心。我们也一起度过了周二,但除喝酒外我不知道是怎么过的。周三(也就是昨天),我觉得不能再驻留了,于是不得不答应最迟下周一返回科布伦茨。[63]如果天气理想,我可以沿着莱茵河顺流而下。

---

① [译注]圣高尔(Sankt Goar)和圣高尔豪森(Sankt Goarshausen)是莱茵河畔的两个姊妹城镇。

上帝啊！无论安德纳赫（Andernach）、七岭山脉①还是波恩，德国的乡村都是如此美丽！我要上岸去看看吗？算了吧，那里仍然没人和我说话。因此我只是站在轮船上远眺这些地方，在一群犹太人住的船舱中找到了我的房间，静静地沿着莱茵河尽情欣赏那些触及灵魂深处的美妙景色。圣马丁教堂首先出现在地平线上，我看到了矗立在树木之上的科隆大教堂。这座城市逐渐在眼前扩展开来，非常壮观！我迅速打发了手上的杂事，像疯子一般飞奔向大教堂。唱经堂内部搭满了脚手架，显得乱糟糟的，但感谢上帝这还不至于让人看不清整个唱经堂。

亲爱的朋友，我能用什么话来表达呢？我整个脑海都被一种声音所占据——你不配踏上这片土地，这可是圣地！我欠德国的债比以往任何时候都更沉重地压在我灵魂上……

此时此刻，你无法想象这里的非凡气氛。前天，市议会召开了一次庄严的会议，决定以上帝名义继续修建大教堂，尽管将困难重重。城里到处都是欢呼雀跃的人群，就连建筑工人都积极支持这一决定。从昨天开始我自己也确信，即便它最后不能完全竣工，至少也会有相当的进展。

为完成这样一座大厦而工作，真是一种美妙的体验。我深知，这座教堂给我留下了不可磨灭的印象。它并不仅是众多教堂中的一个那么简单，而是来自一位无与伦比的天才难以解释的启示。

亲爱的朋友，带着你的"热情"也加入这里吧。这次"我别无选择"。

----

① ［译注］七岭山脉（Siebengebirge）位于波恩东南的丘陵带，实际上由大约40个小山丘组成。

致露易丝·布克哈特(Louise Burckhardt)
布伦瑞克,1841 年 9 月 25 日

长久以来,我一直让你抱着等候一封信的期望。在所有人当中,我最感激的就是你。

[64]我们的生活方式正朝着不同方向发展。命运在召唤你走向幸福快乐的生活,①而我将会怎样只有上帝知道。但我们将在精神上永远接近彼此,并在条件允许的情况下尽可能多见面。我每天都在想你和你的命运,这是我一天中最美好的时刻。你可以相信我对你的爱坚定不移,现在让我来告诉你我的近况。

离开柏林短短两周后,德国的景象比以往任何时候都更加令我印象深刻。几天前,一个清爽的周日早上,我穿过离亨利-夏贝尔不远的边境,看到太阳从查理曼大帝墓上冉冉升起,映照在埃克斯·拉-夏贝尔大教堂的穹顶上。快中午的时候,我又看到阳光下金光闪耀的科隆大教堂,它就像高高在上的君王那样被一群教堂簇拥着,雄伟的莱茵河从它身旁潺潺而过。我在城里逛了一整个下午,这座城市对我的意义比我想象的大得多。这再次沐浴在晨曦中的大教堂之行,给我这趟幸福快乐的旅程画上了句点。我只能像个孩子一样哭泣。

第二天晚上,我和尊敬的马蒂厄夫人(Madame Matthieux)在一起,因为金克尔②博士不在,只有她和她母亲单独住一起。一想到

---

① 露易丝和雅各布·奥利订婚了。
② [译注]约翰·哥特弗雷德·金克尔(Johann Gottfried Kinkel,1815—1882),波恩大学神学教授、文艺评论家和左翼作家,青年布克哈特最重要的朋友之一。

我在德国的好运,我就连连称奇;谁能预见到,以马蒂厄夫人为核心的这个小圈子(这个众矢之的),竟能把我在波恩的整个逗留变得理想化。我们晚间会在波恩美丽的风景中愉快地漫步,通常走到一家名叫库丁霍芬的小旅馆露台上,从那里眺望德拉岑费尔斯(Drachenfels)和罗兰塞克(Rolandseck)的美景。我们在这里唱歌、诵诗,金克尔是我们的英雄,马蒂厄夫人则是先知——我们都沉浸在幸福的狂欢中,并约定在未来岁月里一定要相互提醒这段回忆。在动身去比利时的头天晚上,我们又沿着莱茵河游览一遍,途中经过一棵庄严而美丽的山毛榉树,船上回荡着我们的歌声和笑声。和马蒂厄夫人临别的那个夜晚是我所记得的、在波恩的最美好夜晚,最后她说:"我已经给福克先生寄了封介绍信,让你俩一起去见见贝蒂娜夫人!"这是她对我所有善意的基石和冠冕。

我和福克一起在科布伦茨待了两天,然后途经法兰克福来到这里。[65]一路上,所有报纸都充斥着来自瑞士的令人不快的消息。沙夫豪森①想要脱离联邦,宗教秩序变得越来越复杂和可怕,等等。简言之,内在力量衰退的迹象已开始明显表现出来,人们已不再承认法律,而法律是瑞士作为一个国家的唯一保障。我是出于这个原因而放弃了自己的祖国吗?当然不是,我打算献身于它的历史,但我自始至终都要告诫同胞:请记住你们是德意志人!只有与德国达成明确的(但不具政治意义的)联合协议方能拯救瑞士。亲爱的露易丝,我这样说并不代表我不忠于祖国,而是因为只有那些致力于促进德意志文化长远发展的人,才能真正在瑞士发挥作用——对于一个民族的严重衰落只有一种补救办法,那就是

---

① [译注]沙夫豪森(Schaffhausen)是位于瑞士最北部的州。

重申其与文化源头的联系。

我写得很匆忙,因此表达得不太好。无论何时,我们都会因自己的思想经历而变得无限充盈。我们何时才能再面对面交谈呢?亲爱的姐姐,这取决于你。

附:代我问候你身边的人。我将于本月 27 日或 30 日回柏林。

致露易丝·布克哈特(Louise Burckhardt)
柏林,1842 年 1 月 29 日

首先献上我最诚挚的祝福,愿上天让你度过愉快的新年。尽管我还有很多事情要做,但对我俩来说这将是一个美好的夏天。也许我能在你眼前展现一幅伟大而难忘的德国画卷。即便达不到这个程度,至少也会有无尽的回忆可以谈论和讲述。

一周前的昨天,上午 10 点半我和福克去贝蒂娜家中赴约。我们被带入一间华丽房间,墙上的油画虽不多,但都是好画,其中有一幅非常精美的德国古画。接着,隔壁房门打开了,贝蒂娜走进来。这是一位五十四岁的慈母般的瘦弱女性,个子不高,举止相当文雅,脸上明显带有吉卜赛人特征,并拥有非常有趣的头脑——这在女性中很少见。她有一头漂亮的栗色长发,一双我见过最迷人的棕色眼睛,穿着一件深紫色丝绸连衣裙,外面披着一条浅海绿色披巾,她不停地用最精致的褶皱把它叠起来。[66]这条披巾一定是用上好料子做的,因为当她把它紧紧攥在手上时,你可以看到整个形状仍然很漂亮。

"对,你有一封信!把它给我,或者最好还是到我房间来。"然后我们做了一个非常简洁的学术讨论。在她房间的沙发上方,挂着一幅以柯勒乔①命名的肖像画。左边墙上挂着他已故丈夫阿奇姆·冯·阿尼姆(Achim von Arnim)的肖像,右边墙上挂的是她祖母苏菲·德·拉罗什(Sophie de la Roche)的肖像,壁柜上放着一尊用石膏制成的朱庇特头像雕塑。最后,在两扇窗户间的一面镜子下面,有座她设计的歌德纪念堂的微缩模型——她已经做了好几座了。在那里,歌德坐在宝座上,头潇洒地向后仰着望向远方,构思着诗歌。宝座周围的浮雕是其主要作品,如《米格农》(*Mignon*)、《莱奥诺拉》(*Leonore*)等等。歌德右手搭在宝座的一侧,左手拿着竖琴。普赛克②靠在他膝盖上拨动着琴弦,带着甜美的微笑倾听着琴声。

贝蒂娜坐在沙发上,我们在两边椅子上坐下。她拿起一捆羽毛笔,一边把玩一边大声朗读我们从马蒂厄夫人那里给她带的信。想想这场景吧,信中关于我们的荐语当着我们面被大声念出来!虽然我一点也不感到尴尬。现在,看看她都说了些什么——"你为什么还没把关于京德罗德③的评论发给我?"(这是当然!)"你们读过京德罗德吗,先生们?""是的,有过几次。"我们如实回答道。"嗯,她不是个很棒的女孩吗,你没有爱上她吗?"当我脸红到脖子根时,她转向我说:"是的,我从你的表情中看出来了,你爱上了京

---

① [译注]柯勒乔(Correggio,1494—1534),原名安东尼奥·阿列格利,意大利文艺复兴后期的创新派画家,以宗教祭坛画见长,还是壁画装饰艺术的开创者。

② [译注]普赛克(Psyche),希腊神话中一位恋上爱神后,历经万苦终修成正果的公主,象征着追求理想中的灵魂伴侣的勇气和决心。Psyche 也是英文"心理学"(psychology)的词源。

③ [译注]卡罗琳·冯·京德罗德(Karoline von Günderrode,1780—1806),德国浪漫主义女诗人和哲学家,其作品大多关于爱情与生死的话题。

德罗德。"

亲爱的露易丝,你读过京德罗德的作品吗?那是我读过的最精彩的书之一,我曾经在阅读俱乐部里借到过。她是贝蒂娜最好的朋友,一个伟大人物,却因一段不幸的恋情(据说是和海德堡的施洛瑟①教授)而崩溃,最后投河自尽。我对她的书很有好感,因为看到一个经历过如此不幸的女性,却敢于把自己与那负心汉的通信公之于众,并附上一句"献给学生们",这着实很令人感动。

贝蒂娜接着问我:"你拿的那叠纸上写的什么?"[67]我递给她,并说明这是马蒂厄夫人为马克西米利安小姐写的最新歌曲。贝蒂娜立即把女儿们叫过来。她的大女儿约十九岁,是一位面色苍白、谈吐有趣的姑娘。紧跟着的是两个小女儿和一只可爱的灰色宠物狗。你知道,贝蒂娜现在想完全靠自己独立抚养孩子,也就是不考虑任何习俗约束,但最终她的亲戚带着她的孩子们去法兰克福住了几年。因此,她们以一种难以形容的方式,把从亲戚家学到的"社交口吻"与其母"自由奔放"(laisser-aller)的说话方式结合在了一起。我们立刻走到钢琴前,我在马克斯小姐(人们这样称呼贝蒂娜的大女儿)的伴奏下唱了三四首歌,贝蒂娜觉得我的低音很好。结果,我和福克很快就被邀请留下来开一整晚的歌唱会。我俩本想表示敬意后就告辞,但其中一个女孩非常天真地说:"妈妈,先生们互相做了个手势,表示他们想离开。"于是我俩不得不留下

---

① 布克哈特猜错了,京德罗德的恋人是海德堡大学的历史学者克鲁泽(Creuzer)。据贝蒂娜的兄长克莱门斯·布伦塔诺(Clemens Brentano)描述,克鲁泽就是个干瘪的老头。

来。然后贝蒂娜的妹妹冯·萨维尼夫人①也来了,我们在房子里唱歌跳舞。

忽然之间,我发现自己单独和贝蒂娜坐在书房里。我们的谈话足足持续了半个多小时,关于青春、学生和德国的未来。这是一位了不起的女性!她从最高和最伟大的立场来研究每个问题,尽管她可能是自由主义者。她问我:"如果父辈不想让你成为那种人,你又将如何抉择?"你还可从以下事例来进一步了解她的直率个性——她谈到一名在咖啡馆被捕的年轻人,其罪名是他当着一两个目击者的面说:"S. M. 夫人下达各种法令时根本不考虑饥饿的民众。""这一定损害了他的名声。"我回应道。"你知道,"贝蒂娜严厉地盯了我一眼,"我真的很讨厌你这样说。这并不有损他什么,而且肯定对他来说是笔宝贵的经验!"我顿时意识到自己说那句话时,脑子里想到的是庸俗的民众。最后,在两个小时的晚餐后,我和福克向贝蒂娜夫人表达了敬意并握了握手,获准告辞,并获准再次拜访。

几天前,李斯特②在柏林为学生们举办了一场音乐会,价格很便宜(只要9巴岑),③而普通音乐会都要一两个塔勒。尽管我通常认为演奏大师都是艺术的破坏者,但这次实在很不寻常。如果不去亲耳听听,你完全不能作出切实判断。[68]事实上,巴黎人把李

---

① 弗里德里希·冯·萨维尼(Friedrich von Savigny)的妻子,克莱门斯·布伦塔诺的朋友。

② [译注]弗朗茨·李斯特(Franz Liszt,1811—1886),匈牙利著名作曲家、钢琴家和指挥家,早期浪漫主义的代表人物之一。

③ [译注]巴岑(batzen),德国旧铜币单位,大约20到30个巴岑等于1塔勒。

斯特想象成有二十根手指的想法并没有错得离谱,他完美地演奏了自己最著名的曲子。现在我已听过鲁比尼①和李斯特的作品,任何人都不能再瞧不起我了。下次再遇到"猎狮者",②我也能轻松应付他们。

啊,等我回家后还有一大堆事情要和你谈。这期间,如果有人问起我,你也可以给他们奉上不少东西。尽管如此,我还是希望在信里写些更好的东西,但世上谁又能如此善于控制情绪、总是按自己意愿来写呢?

再见,亲爱的露易丝,继续爱你忠实的雅各布吧。

致海因里希·施莱伯(Heinrich Schreiber)
柏林,1842 年 3 月 4 日

……至于我的未来,我只知道每天教几个小时的课,就能在巴塞尔过上体面生活。眼下,我把一天的课余时间都用于各种各样的历史写作计划。我最近私下里想到一个方向——瑞士反宗教改革运动的历史,因此接下来我所有精力都将放在中世纪和现代的德意志。当然,在这个方向上我不可避免地要摸着石头过河。

兰克在柏林几乎与任何人关系都不密切,不过我还是赢得了他的好感。总有一天我会告诉你很多关于这个古怪家伙的事。

在过去两年里,我从库格勒教授那里获得了真挚的友谊。他很善良、充满耐心和旺盛精力,我从他那里学到了关于艺术史的很

---

① [译注]乔瓦尼·巴蒂斯塔·鲁比尼(Giovanni Battista Rubini,1794—1854),意大利歌唱家,著名男高音。
② [译注]"猎狮者"(lion-hunter)指那些专事巴结社会名流的人。

多东西。你可以在《比利时城市艺术品》(*Die Kunstwerke der belgischen Städte*)的开篇找到他的名字,这是我在去年秋天一次旅行中写的,我父亲很快就会给你寄一本。

我在这里过得很好。我总是去拜访贝蒂娜·冯·阿尼姆夫人,她总是细心安慰我所看到的许多柏林阴暗面。在所有德国朋友中,她是我最依赖的人。因此,我一想起再过不久就要和这个美妙的国家告别,就非常难受。

去年和前年的冬季学期,我在兰克的习明纳尔研讨班上分别完成了两篇论文,我想拿给你看看。其中一篇写的是查理·马特,[69]另一篇写的是德国"空位时代"①领袖、邪恶的科隆大主教康拉德。后文灵感来自去年夏天的旅行,共有254页。兰克说可以拿去出版,但谁也不知道他是不是在讽刺我。

致哥特弗雷德·金克尔(Gottfried Kinkel)
柏林,1842年3月21日

从昨天起,一种看起来像是春天的东西宣布来临,于是我终于鼓起勇气给你回信。当然,我不能告诉你任何新消息,因为众所周知,在柏林什么新鲜事都不会发生。我在这里既要当记者,又要写论文,天底下没有比这更痛苦的事了。在忙于其他事情前,我趁自己还没忘记,必须把我从柏林启程的日期告诉你。它将发生在今年6月下旬,所以我很可能和你一起度过6月29日那天。不过在

---

① [译注]"空位时代"(Interregnum,1254—1273)指神圣罗马帝国史上一段没有强力君主的时期,即霍亨斯陶芬王朝统治结束至哈布斯堡家族鲁道夫一世即位前。期间各大选帝侯为控制皇位继承权而激烈斗争。

抵达波恩前，我须先对德累斯顿进行为期八天的访问。

我正在向出版商兜售我的指南（关于比利时艺术品）①，但可能很快就会被退回，既未印刷也不能出版。这简直是一首"世界痛苦"（*Weltschmerz*）诗歌的最佳素材：你的《奥托·舒茨》（*Otto Schütz*）和我的指南并排躺在同一张桌子上！我的指南并不重要，但它可能会影响你的《舒茨》出版（这就是差别）。我并不想通过传播它来妨碍《霍希斯塔登》②出版。尽管我一直在考虑公众的感受而不是兰克的想法，但兰克还是表现得高兴，说我应该把它印出来。但他这么说时却恶意地笑了笑，我不明白他是什么意思。

关于诗学我没什么好说的。最近我一直很想写诗，但工作分心使这一切化为乌有。我曾为爱德华·绍恩堡写过一部喧闹的故事——《三个可怜的魔鬼》（*Three Poor Devils*），故事发生在吕德斯海姆（Rüdesheim），内容多到能装满两艘大帆船。但我只能把它展示给我最亲密的朋友，因为它太喧闹了。也许我会把手稿带来波恩。

不久前，我开始创作一部悲剧《约翰·帕里西达》（*Johann Parricida*），我想把它送到市集上去——因为我总是喜欢在猎到熊之前先把它的皮卖掉。（也许这次只是一头驴？）但它缺点实在太多，我不得不放弃这个计划。

[70]关于剧本，我想我已经和你们说过，它进展缓慢。在我看来这似乎是先天的失败。这是天鹅骑士的传奇……一连串历史事

---

① ［译注］即于1842年底出版的《比利时城市艺术品》（*Die Kunstwerke der belgischen Städte*）。

② ［译注］即前述的关于科隆大主教康拉德·冯·霍希斯塔登（Konrad von Hochstaden, 1205—1261）的论文。

件占据了我的思想,它们足以填满一个人八十年的生命,但我希望不要活那么久。我许了个愿——我终生都要努力写一种可读的风格,并且总是要着眼于有趣的内容,而不是枯燥事实的完整性。这真是一种耻辱;大多数德国历史学家的著作只有学者才会阅读,这就是为什么兰克一来就出现了大批饥肠辘辘的公众。法国人则要精明得多,兰克从他们身上学到了很多,只是他自己不愿承认。人们总是在谈论历史写作的艺术,当他们用干巴巴的事实叙述代替施洛塞尔①迷宫般的句子后,就认为已经做得足够了。但并非如此,亲爱的朋友,这是一个事实筛选的问题,是选择人们感兴趣的事物的问题;如果你能在这方面有所成就,即便是书呆子也会感谢你的。我正巧遇到了这样一个学历史的好时期——公众比以往任何时候都更喜欢历史,只要我们这些愚蠢的历史学家没有为他们所谓的目标和终点而疯狂,公众就绝不会回避历史——最伟大的历史学家应是最坏的不守规矩之人。

致哥特弗雷德·金克尔(Gottfried Kinkel)

柏林,1842 年 6 月 13 日

……你问我对当今政治哲学和伦理的看法。我是这么想的:

(请注意:这是我自己想出来的)

实际上,所有欧洲民族都曾被抽走了所谓脚下的历史根基,普鲁士也不例外。上世纪末发生的对国家、教会、艺术和生活的彻底

---

① [译注] 弗里德里希·施洛塞尔(Friedrich Christoph Schlosser, 1776—1861),德国历史学家,因其强调普遍史观念和对历史的道德评判而被兰克学派判为"主观的""非科学的"。

否定,使如此庞大的客观知识(从好的方面来说,确是发展了)积累到了那些还算活跃的头脑中,以至于要恢复到人民实际上还处于未成年的旧状态中是完全不可想象的。正如当今艺术已失去了它的纯真那样,每个时代风格都是客观存在的,且后浪不断盖过前浪,对于国家来说也是如此。对个体而言,关于国家特殊性的私人利益不得不让位给涉及自由选择的、有意识的理想主义。[71]复辟,无论其用意多好,也无论其指出了多少"唯一出路",都不能掩盖一个事实,即19世纪始于一张无所不包的蓝图。对此我既不赞扬也不挑剔,这只是事实而已,但旧贵族最好能直面其优渥地位已往昔不复的巨大心理落差。强调个人权利的可怕之处在于——每个人都是自己的主宰(无论正确与否都无关紧要)。我预料接下来还会发生可怕的危机,但人类会挺过去,届时德国也许将迎来黄金时代。

但与此同时,个人该做些什么?如果他不带偏见且睿智,盛行的精神潮流将帮助他形成一个哲学假设,作为他生活下去的必要条件。有样东西是任何革命都夺不走的,那就是内心的真实。一个人必须比过去更坦率、更诚实,也许"爱"会在旧制度废墟上建造一个新帝国。至于我这个微不足道的自我,决不会想到成为一个煽动者或革命者;革命只有在不自觉地、未经召唤地从地下爆发出来时才具合法性。因此,我将竭尽全力来推进德国精神的发展,做我认为正确的事……

附:请原谅这肮脏的纸张,也请迪特里克斯(Directrix)夫人①原谅我。我的信纸用完了。

---

① 金克尔的妻子。

据悉,谢林①的"第二哲学"流产了。你一定会在《德意志年鉴》(*Deutschen Jahrbüchern*)中找到对他学说的最全面评论。我以局外人身份参加了他的几场讲座②——那些最冗长的教条主义讨论。我向自己解释道:谢林是一个真正意义上的诺斯替主义者,就像巴西里德一样。③ 因此,在他这部分教义中,一切都是邪恶、可怕和无形的。我感觉随时会有一个长着十二条腿的亚洲巨神摇摇晃晃地走进来,用十二条手臂从六个头上取下六顶帽子。渐渐地,就连柏林的学生都无法忍受他那可怕、半荒谬、直觉和沉思的表达方式。[72]不得不听那些关于弥赛亚命运的历史解释和讨论实在很可怕,它们就像史诗般冗长、复杂而完全不具形式。任何能爱上谢林笔下基督的人都必须有颗宽广的心!随之而来的是,这里的世界正在以正统、虔敬和贵族式的立场对谢林感兴趣;而真正让我感兴趣的是,这个不幸的城市总会因为一位部长说的话而莫名其妙地(对某些事物)产生同情或反感,而这种令人作呕的奴性行为在维也纳和慕尼黑是闻所未闻的。以上就是我的看法。再见!

---

① [译注]弗里德里希·谢林(Friedrich Schelling,1775—1854),德国古典哲学的代表人物之一。

② 克尔凯郭尔也去了这些讲座,也与布克哈特一样作出差评。

③ [译注]巴西里德(Basilides,约2世纪早期),埃及亚历山大里亚的基督教学者,主张灵知主义(诺斯替主义),因其学说中的犹太神秘主义和埃及魔法传统而长期被视为"异端"。

致威利巴尔德·贝施拉格(Willibald Beyschlag)
柏林,1842年6月14日

在我写给迪特里克斯夫人的信中,你会发现我很可能十月份还在这里。在这样的冬天里,我们两个人如果都在这儿,就可以给敬爱的金龟子俱乐部(The Maikäfer Club)写诗了。瑟夫伦(Sefren)①不来柏林吗?这个冬天就指望你和他陪我了。任何想了解柏林的人都最好在深秋时节之初来这里。

我是一个流亡者,只要这个城市和周围环境继续以刺耳、不和谐的音符折磨着我,我就会一直把自己视为柏林的流亡者。

唉,要能再次站在莱茵兰地区的蓝色山岩,俯瞰小镇上弯曲狭窄的老街就好了。我在这里的沙漠中遭受了巨大痛苦!你可以嘲笑我,因为我总是用这种语气哀叹,但假以时日你会明白呻吟和叹息的滋味!无论如何,亲爱的威利巴尔德,我建议你为1843年夏天留一扇半掩的门。这样,万一你对柏林产生太强烈的反感,就可以随时收拾行囊到别处过夏天。我已被钉死在这里了,因此我的建议与我的个人兴趣总是相反。

在这里,我对意大利只字不提;莱茵河能满足我所有渴望。毕竟,你一定在很久以前就认识到我天性中对直观(Anschauung)②的片面倾向了。在我一生中,我从未进行过哲学思考,也从未有过任何与外部事物无关的想法。[73]如果不从直观出发,我什么都做

---

① 卡尔·费森尤斯,该俱乐部的另一名成员。
② [译注]英译者将信件原文中的 Anschauung 译为 contemplation("沉思"),但"沉思"并不能完全表达 Anschauung 的涵义(该词还有"直觉体验"的意思),本文在此参照国内学界翻译康德哲学的译法,将 Anschauung 译为"直观"。

不了。当然,我的直观也包括精神上的沉思,例如根据从材料中获得的印象来思考历史问题。我所建立的历史性,并非批判和思辨的结果,相反它是想象力的结果,想象力填补了直观的空白。对我而言,历史在很大程度上都是诗歌,是一系列最美的艺术品。因此,我根本不相信先验立场,那是关于世界精神的命题,而不是关于历史中的人的命题。

因此,尽管我的诗歌既不温暖也不热情,且还总是缺乏真正的深度,但我的历史著作也许会变得越来越可读,甚至受人欢迎。但是,如果没有内在的图景可以写在纸上,那么它也一定会破产(insolvent)。我在此给你这个暗示,好让你公正地评判我的《大主教》。我所有的历史作品,与我对旅行的热情、对自然风景的狂热和对艺术的兴趣一样,都源于对直观的巨大渴望。在此我已说得够多了。

如果你给瑟夫伦写信,顺便告诉他很快就会收到我的一封信。虽然他已成为哲学家,但他会继续理解我。

你的歌曲证明了你对诗歌长久而沉默的热爱。你一定已经写诗很久了;但为何我们在波恩从未谈起过这个?

致卡尔·费森尤斯(Karl Fresenius)
柏林,1842 年 6 月 19 日

……虽然你已成为一位哲学家,但你应该会允许我说以下事实:像我这样不善于思辨(Spekulation)且一年中几乎没有一刻倾向于抽象思维的人,只有当他尝试以最符合其天性的方式来理解生活和学习中的高级问题时,方能做得最好。我的替代方案是直观,这意味着我将把目光转向我的研究对象。随着时间的流逝,这种凝视会变得越来越深入,越来越指向本质。我的天性使我热衷于具体事实(facta),热衷于可见的自然与历史。但通过不断在事实之间进行类比(这对我来说很自然),我已成功地抽象出许多普遍的东西。我知道,在这仍然是多种形式的普遍性之上,还有一个更高的普遍性,[74]也许有一天我也能达到那个高度。你也许不会相信,在这种可能片面的努力下,历史事实、艺术品、各时代的纪念物,作为精神发展之过去阶段的见证者,如何一点一点地获得了意义。请相信我,当我看到当下如此清晰地躺在过去的怀抱中时,我被一种深深的敬意所打动。人类历史的最高观念——精神向自由的发展,已成为我的首要信念。因此,我的研究对我来说不可能不真实,也不会让我失望,我必须始终保持我的优秀天赋。

其他人的思辨①始终无法满足我,即便我能够采用它们,也对我帮助不大。但我将受到它们的影响,就像受19世纪空气中盛行的那种精神的影响一样,我甚至可能会不知不觉被现代哲学的某些倾向所引导;请让我在一个较低却有利的位置上体验和感受历史,而不是从第一性原理的立场来理解它。像我这样的怪鱼总是存在的。通过直观感受这种低级的媒介,无数财富如雨点般洒落在我身上,我的杯中水已满溢,使我能够完成某种成就,尽管这不一定合乎科学的形式,可能对哲学家却具有价值。

你可能会回复说,思辨是我努力的一部分,它虽然是第二位的,却是更重要的部分。或许有一天,当我对过去所满意的东西感到厌倦,开始向往天上最明亮的星辰时,它会挽着我的手臂。我将永远喜欢和你谈论这些事,因为你喜欢我,不会立马跑开,也不会

---

① [译注]布克哈特所说的"后黑格尔派"。

因我没用恰当的黑格尔术语来表达自己,就骄傲地翘起你的哲学鼻子。你知道,我尊重思辨,并认为它是每个时代精神的最高表现之一,但我所能做的只是寻找它的历史关联而非精神本身。不久前,我对过去六个世纪的历史哲学做了一个简短的考察,并打算接下来对古典时代也做同样的考察。只有到那时(无论如何今年夏天我会一如既往),我才知道自己是否要接受黑格尔的历史哲学。我想看看我是否能够理解其中的一些东西,以及它是否有意义。遗憾的只是,我的思想虽然无拘无束,却没有在更大、更自由的尺度上得到塑造。

对我来说,历史是最宏大的诗歌。[75]请不要误解,我的意思并不是用一种不切实际的浪漫主义幻想,那样做毫无价值。我的意思是,我认为它是一个奇妙的过程,像"破茧成蝶"(Verpuppungen)一样变化的、不断有新发现和新启示的精神。我将永远站在这个世界的边缘,向 fons et origo[万物本源]伸开双臂。这就是为什么历史对我来说是纯粹的诗歌,只有通过最直接的感觉才能掌握。然而,你们这些哲学家走得更远,你们的体系触及世界奥秘的深处,历史对你们来说是一种知识来源、一门科学。因为你们从我发现神秘和诗歌的地方,看到了或自诩看到了 primum agens[初始时代]。

我希望能说得更清楚一些,但也许你能明白我的意思。在来信中,你非常同情地询问我在信中流露出的忧郁悲伤。我当然不会为任何外界的事情感到沮丧,这类事情很少让我心烦。但请把我想象成一名艺术家,一个有学问、有抱负的人——因为我也是靠想象和沉思来生活的。然后,请想想艺术家不时感到的忧郁,仅仅是因为他们无法把内心觉醒的东西表达成形。这样你就能向自己解释为何我有时也会悲伤,无论我的心灵和思想看上去有多愉快。

致海因里希·施莱伯(Heinrich Schreiber)
柏林,1842 年 7 月 1 日

我在前荷兰大使珀庞彻(Perponcher)伯爵家里当家庭教师已差不多两个月了,月薪是 50 金路易,食宿免费。我在上午 11 点前和晚上 9 点后都完全自由,在这段时间,我可以抓住一天中最好的两三个小时。但我不确定你是否会劝我不要迈出这一步。我的资助人贝蒂娜夫人根本不想让我到这儿来——她担心我会违背自己的自由原则,就好像一个历史学家可以随时随地改变他的原则似的!

你可能已从我父亲那里收到了我的《比利时艺术》。我在此只想说两句为我的作品辩护的话:我觉得常规旅行指南中的那种纯客观、非个人的观点是不够的。因此,作为一种尝试,我从不害怕让最充分的主观性发挥其作用。

[76]两年后,我想去巴黎待上几个月,如果可能的话再去意大利待一年。我要利用各地的图书馆和博物馆,以便能够写从君士坦丁到奥托或霍亨斯陶芬王朝的艺术史,以及瑞士反宗教改革的历史。

你对此有何看法?

致哥特弗雷德·金克尔(Gottfried Kinkel)
德累斯顿,1842 年 9 月 19 日

我最亲爱的朋友,我还有几句话要对你说。我在这里有幸遇

到盖贝尔①正在进行他的告别访问。我费了好大劲才从伯爵夫人那里请了六天假,到德累斯顿玩一趟,想一个人安静地住几天。来这后不久,我就在街上遇到了盖贝尔,接着他就搬到我这儿来了,明天和我一起去柏林。

我想给你写信已经很久了!多么漫长的守夜,等待一个吉祥时刻!

首先,感谢你的歌曲,它让我彻底绝望了。我在柏林那段时间几近崩溃,而波恩的每条街道和小巷都洋溢着高昂的情绪。不过请再等等,我会再和你相会;你不能事事随心所欲。

我在非常心烦的时刻收到了你的包裹,它使我更坚定地作出反抗。伯爵夫人对我唠叨个不停,所以无论发生什么,我都要在今年冬天辞去这份工作。如果可能的话,大约在五月某个时候,我会在去巴黎的路上来波恩停留一个月。去年五月过得真是太美妙了。

我几乎不敢想象明晚柏林会是什么样,我怎么也想不到德累斯顿会有这么多奇妙之物。最精彩的短篇小说素材,从宫殿和花园的每个角落和缝隙中跃然而出,强壮的奥古斯都(雕像)及其洛可可风格是随时可供人使用的主题。1811年拿破仑和他的一众国王曾出没在这里的各个角落。

致哥特弗雷德·金克尔(Gottfried Kinkel)
柏林,1842年11月25日

[77]由于收到你的信太过激动,昨天一整天我都没有写回信。

---

① [译注]伊曼纽尔·盖贝尔(Emanuel Geibel,1815—1884),德国诗人,新古典主义者,以讲究文字高雅和形式美著称,政治上主张"小德意志"方案,曾获普鲁士国王弗里德里希·威廉四世的终身年金。

你的模样不断涌现在我眼前;我愿为你冒一切风险,努力使自己配得上你对我的爱。我有一种感觉,我们不会永远分开,总有一天我会给你提供些东西。只是我还在波恩之时,难以吐露对你的爱意。但现在,我的内心更完整了,可以更自由地对待与你的关系了。我将带着最真实的自己来到你身边,爱你并索要你的爱。请不要抛弃我!我会尽我所能来报答你。

关于在你们婚礼上做伴郎的邀请,我不能保证一定能去。明年11月1日,我必须在巴塞尔讲课,天知道要讲什么!而且我的家人也在问我,因为我为巴黎留出两个月时间让他们很不高兴。真正的问题是,我二姐可能在同一时间结婚,这很可能会改变或推迟我的巴黎旅行,以至于我不得不在夏天直接从巴塞尔去巴黎。坦白说,我宁愿参加你的婚礼,因为我二姐及其未婚夫家境不错、朋友也多,因此我的出现只是一种纯粹的仪式服务,换个人也可以完成。但对你来说,我的出现将是一种爱的服务,是我能为你做的第一件事。对于我二姐,我并不想在她的婚礼上表示我的支持,而是要在她结婚后、孤身一人并想念兄弟的时候出现在她身边。她曾为我受苦并做了那么多祈祷,因此我十分理解我在她心中占据了多大位置!

最后,我不确定是否能胜任伴郎的职责。我不会跳舞!你最好事先提醒别人一下。无论如何,我都不可能留下来过创始人节(Founder's Day);我打算四月中旬到达波恩,然后五月中旬离开。之后仅在布鲁塞尔一地我就得停留八天。只要在时间安排上能取决于我,那我就接受(伴郎邀请),但我不能对未知的变故负责。这样,我应该能保证六月中旬到达巴黎,这已经足够快了。

我很高兴你成功让哈比希特(Habicht)接受了我的《大主教》。

我接受你所有建议,[78]万一哈比希特变得难以应付,你完全有删改它的权力(如果必要)。随信附上的正式通知中有授予你代理出版的权限说明。即使我从未见过一张封面,但只要能印出来就没关系。

你可能会惊讶:为什么改变主意了？首先,你给了我出版的勇气。其次,我接受你在我背后所做的一切,将它们作为上帝的指示。然后,我的犹豫很大程度上来自对必须四处求人的恐惧。再者,现在我不需要再把它放在巴塞尔的绿呢桌布上再抄一遍,甚至不用把它翻译成拉丁语,只需要一份印刷副本和一段《查理·马特》中蹩脚的拉丁语内容就足以让审查员满意。最后,我将在两周内把《科隆宪法》的揭秘部分寄给你。它经过了改写,但没有扩充,开场白(在第五章的开头)是"不可否认,大主教……"等等。

致哥特弗雷德·金克尔(Gottfried Kinkel)
柏林,1843 年 3 月 3 日

我大约在 3 月 20 日启程,也许要先经过哈尔茨山,但无论如何会经过瑙姆堡(Naumburg)和耶拿。然后穿过施瓦扎塔尔①(即使雪还没化)到达科堡和班贝格,我对那里有长期的强烈向往。然后(也许路过纽伦堡)到维尔茨堡,从那里穿过奥登森林到海德堡、温海姆、斯派尔。然后经过沃尔姆斯、奥本海姆、尼尔施泰因、博登海姆、劳本海姆,到达美因茨和法兰克福。为了逛二手书

---

① [译注]施瓦扎塔尔(Schwarzathal)是图林根州板岩山脉北部边缘的一个裂口山谷,现为森林公园和自然保护区。

店，我必须在那里停留四天左右。然后沿莱茵河慢慢而坚定地走下去。我将从科布伦茨访问林堡。因此，我将在20日至25日之间抵达波恩，并在那里参加婚礼。这给了我整整一个月的休息时间，不过我还要忍受以下苦役：到科隆去两三次，到阿尔（Ahr）河去一趟，以及去锡根（Siegen）看望绍恩堡（他目前在锡根的文理初中任教）。

你的婚礼一结束，我就沿莱茵河而下，到克利夫斯见齐格弗里德·内格尔，再从那里到荷兰、比利时和巴黎，我希望在6月20日左右到达巴黎。

在路上，我希望能写生、作曲，看很多东西。（在最后一项中，我把闲逛、喝咖啡等也包括在内。）[79]我将提前寄个小箱子到波恩去，随身带一个背包和一件睡袍。这次我要特别注意萨克森和弗兰科拜占庭的葡萄酒，到目前为止我只知道博克斯比特尔（Bocksbeutel）。

《康拉德》的第8页已经更正了，这是今天修改的第9处错误。总共有11处，我希望能在这里全部更正。

愿上帝保佑你，亲爱的朋友，这个月中旬我还会再写信的。如果上帝允许，我会给您捎去我去波恩旅行时的一些生活迹象，这样您就不会以为我迷路了。

致哥特弗雷德·金克尔（Gottfried Kinkel）
柏林，1843年3月16日

昨天，波兹南大公国的领地申请书和皇室的回应书刊登在这里的报纸上。① 它把一道可怕、刺眼的光柱射入了我们正急速驶向的深渊。从回应书可以看出，国王陛下认为他是正确的，事实上王国法律完全得到了维护，但它的认可度将不再受保障，公众舆论和国民意愿也不再受保障。把国王引向这一步的谋士有祸了！总有一天国王会诅咒他们，但到时后悔已晚。他们竟敢把一项由议会多数通过的决定称为党派措施，并威胁不再传唤这些邦国。但实际上，普鲁士和汉诺威均处于一个国家中。更不用说邦国再次表示拒绝时他们向国王谏言的丑恶用心——如果国王认为反对新闻自由能给公众留下深刻印象，那他们还能给国王什么妥善建议呢？在这些问题上，我比以前看得更清了。在我看来，国王很早就被他的老师们灌输了旧的国家概念（即司法形式的绝对主义），并且无法超越某些推论——即便我们处在他的立场也会如此。此外，他对身边侍从的依赖度比人们想象的大得多，这使他越来越以某种特定方式看待那些迟早会破裂的事情。一想到这些我真的很难过，[80] 就好像柏林的王宫被施了魔咒，就好像国王自己渴望自由、和平和理解，但根本无法得到。因为，透过王宫那扇被施了魔咒的窗户，整个乡村显得一派繁荣、富饶和宁静。远处传来的呻吟和抱怨声被这些大臣说成是一两个脾气不好的党派喧闹。他们就像橡树和松树那样，郁郁不乐地站在整个背景中。

亲爱的朋友，再过五周我就和你在一起了。

---

① [译注]根据1815年维也纳会议，在原华沙公国的西部领土上成立波兹南公国，属于霍亨索伦家庭统治下的自治领，拥有自身的民族文化和语言权，并不属于德意志邦联。19世纪20年代至40年代，普鲁士不断在该地推行德国化政策（包括文化上的日耳曼化和政治上的一体化），最终该地随着德意志帝国的建立而被吞并。

致哥特弗雷德·金克尔(Gottfried Kinkel)

巴黎,1843年6月16日

我8号到的这里,已在巴黎玩了八天。清晨在卢浮宫和教堂里,晚上在林荫大道和剧院里。不过,为了让你知道我有多么可靠,让我告诉你,本月第一天我从鹿特丹给《科隆日报》(Kölner Zeitung)寄了一篇关于你诗作的评论,一定已经寄到了(我付了邮票),但那帮家伙还没把它刊登出来。

我看过雨果的《波格雷夫斯》(Bourgraves),其意图处处显得华而不实,最终被无意义的胡扯所拖累。他笔下的波瓦列让我想起了曾听说过的德维恩特的最佳表演时刻。① 但亚历山大诗体是一条难以忍受的界线,即使在法国的剧院也是如此。在奥德翁剧院,我听到了莫里哀的一首优美小曲。然后是拉辛的《昂朵马格》(Andromaque),②我看了第一幕后就逃走了。我在皇家剧院看的那出小戏《费加罗的女孩》(La fille de Figaro),你觉得怎么样?一位女性费加罗,作为大家的朋友,为保护一对恋人而利用各种阴谋?博马舍笔下的费加罗是个流氓,③他所做的一切都是为了钱,而这出

---

① [译注]路德维希·德维恩特(Ludwig Devrient,1784—1832),德国浪漫主义时期最具独创性的演员,与埃德蒙·基恩齐名。波瓦列(Beauvallet)是一部爱情故事中的虚构英雄人物。

② [译注]让·拉辛(Jean-Baptiste Racine,1639—1699),法国戏剧诗人和史学家,以精通古典悲剧而闻名。《昂朵马格》(国内最早的译法,今通常译为"安德罗玛刻")是其早期创作的一幕歌剧(1667年上演),主要讲述特洛伊英雄赫克托尔的寡妇昂朵马格的忠贞爱情和献身精神。

③ [译注]皮埃尔-奥古斯丁·卡隆·德·博马舍(Pierre-Augustin Caron de Beaumarchais,1732—1799),法国戏剧作家。《费加罗的婚礼》(Le Mariage de Figaro)是其于1784年创作的一部讽刺喜剧。

戏中的女费加罗(与博马舍笔下的费加罗毫无关系)所做的一切都是出于善意。非常奇怪的是,在法国的舞台上,很少有人能遇到极具天赋的演员,但一位普通法国演员总是一般的好,而一位普通德国演员总是一般的差。这就是为什么,即便是巴黎某个角落里的小剧院,也总能形成一个合唱团供观众欣赏。但没人能掩盖这样一个事实——法国戏剧(悲剧)正处于危险的境地。

致威利巴尔德·贝施拉格(Willibald Beyschlag)
巴黎,1843年6月19日

[81]我是否该向你承认,一个人在巴黎也会思念柏林?这不是因为柏林本身,也不是因为柏林所包含的事物,而是因为你们每个人。你无法想象在巨大的噪音和无休止的表演中,一个人在这里生活是多么孤独。不过等着吧,我会认识一些人的!当然,我一定不会再经历1842—1843年柏林那样的冬天了。

昨天巴黎又热又闷,又因为是周末,街上挤满了人。所以我去了圣德尼,用一种极具历史性的挽歌疗法来恢复精神。下午3点,我走进了那座美丽而凉爽的古老修道院,几个世纪以来,所有关于法国的记忆都与它联系在一起。一群游客涌向国王墓室,管风琴奏出雷鸣般的和弦。坟墓当然是空的,因为所有尸骨都躺在拿破仑为自己准备的中央大墓穴里。在这里,不到一刻钟就能全部看完从克洛维到查理·马特,再到路易十一和玛丽·安托瓦内特的遗骸。在一面墙上,可以看到从弗雷德冈①的坟墓中发掘的关于野

---

① [译注]弗雷德冈(Frédégonde,545—597),墨洛温王朝时期法兰克国王希尔佩里克一世的王后。

蛮人的马赛克像。当你再次走进教堂,映入眼帘的是拿破仑和路易·菲利普的巨大彩色玻璃像,这足以让人疯狂。大祭坛上方飘扬着腓力·奥古斯都的军旗,这是他曾插到巴勒斯坦的军旗。现在我知道了:下次需治疗时,我就找个清晨去圣德尼,花几个法郎把自己关在地下室里。

至于巴黎本身,它远没有给人留下所期望的那种历史印象。尽管法国艺术界和巴黎社会总是对中世纪和文艺复兴表现出愚蠢的热爱,但每个人都急切寻找最现代的东西。城内所有古典景点中,上百个真人大小的广告贬损了过去的每一段记忆。最初的大革命对人们来说只是一个神话般的概念;总体上,虽然伟人纪念馆很多,但巴黎对未来的忧虑远多于对过去的回忆。我认为目前离革命再一次爆发已不远了。[82]与此同时,每个人都在过日复一日的生活。这就是我最主要的印象。

日复一日地孤身一人,考虑这又考虑那,真叫人心烦意乱。我不止一次走得都傻了。毫无疑问,巴黎是美丽的。当我把柏林圣母广场上那一排排沉闷的房屋,以及更沉闷的荒原景色,与凯旋门的壮丽相对比时,我意识到,只有你和我的波恩朋友们缺乏这种天堂般的快乐。

现在,还有一件重要的事——我渴望得到赫尔曼的消息。这家伙要是被流放了就不能到巴黎来吗?那么,为了他我得搬到拉丁区去,一直住到11月底……我尽量节省开支。我担心贝蒂娜的帮助是一个错误,①她做不到人们期望的那么多……

---

① 贝蒂娜曾试图帮助赫尔曼·绍恩堡缓和与当局的关系。

致阿尔布雷希特·沃尔特斯(Albrecht Wolters)
巴黎,1843年7月20日

  关于凡尔赛宫,大约三周前的星期日,在许多人嬉闹的"大喷泉"旁,我正站在那里观察一对神像面对我喷水。我看到兰克在一圈闪闪发光的水雾后面,于是走到他面前(我本想无视他,但很可能他已经看到我了)。他给了我一个非常高傲、老练的微笑。那一刻,他被一股来自很久以前的污浊的凡尔赛空气所笼罩。我试图从他口中套出他来巴黎做什么,并故意引诱他误以为我认为他此行目的是出于外交使命。他像之前那样微妙一笑(中了圈套),答道:"我在档案馆里找到了些很好的东西!"我很清楚,他此行是否肩负着外交使命并不重要,但只要别人相信他说的话,他就会感到美滋滋。

  几天后,我有个同伴和一位著名的德国人在一起,告诉了他我们和兰克教授的会面。"啊!兰克,"这位德国人说,"简直是头猪!你知道吗?"他继续说道:"前几天我在梯也尔①举办的晚会上遇到了他。会上梯也尔侮辱性地谈论已故的普鲁士国王和露易丝王后,[83]显然是为了激怒兰克、挑起矛盾……但兰克却一直保持沉默。"兰克不认识这位德国人,以为自己没被注意到。

  今冬我得在巴塞尔辛苦工作,备课、写书、讲课等等。这是一份(清贫)但多少有所保障的工作。等我这样过上几年,上帝保佑,平静的日子就会随之到来;新闻业对我的吸引力越来越小。我不认为自己真的适合这份工作,也害怕随即而来的不可避免的分心。然而,这一切总会有结果的。最近我常去剧院,有时甚至一个晚上

---

  ① [译注]阿道夫·梯也尔(Adolphe Thiers,1797—1877),法国著名政治家、史学家。

看两场戏。我也常去画廊,而且每天都会去趟皇家图书馆。在那里我受到了最慷慨的接待,甚至可以借到最珍贵的书籍,然后尽可能多地誊写下来。如果我不了解巴黎,就会缺少对职业至关重要的必需品。但我很难说尊重它,因为这里的群众和柏林群众一样不稳定,这个城市没有给我留下真正历史的或道德的印象,尽管它在个体性方面丰富得令人难以置信。

致哥特弗雷德·金克尔(Gottfried Kinkel)
巴黎,1843 年 8 月 20 日

我在巴塞尔将过上礼貌而矜持的生活。但我没有可以完全信赖的人,没有人可以与我毫无保留地心灵相伴。为数不多的几位讲师都是镇上受人尊敬的年轻绅士,我从未想过能和他们轻松相处。因为,无论你的经验多么丰富,你根本不知道在巴塞尔以钱包为傲的人是多么无益且无处不在。大学里有一两个行政人员对我很好,但你很清楚行政和教师之间有多大的鸿沟。然后我不得不像对孩子一样对待瓦克纳格,正如法勒斯莱本[1]告诉我的那样,他已变成了虔敬主义者。真的,除了我的老朋友皮契尼(Picchioni)外,[2]没人留下来了,他曾是烧炭党人(Carbonariand),[3]也是伦巴

---

[1] [译注]霍夫曼·冯·法勒斯莱本(August Heinrich Hoffmann von Fallersleben,1798—1874),德国诗人、语言学家和文学史家。

[2] 布克哈特后来将他的《意大利文艺复兴时期的文化》献给了皮契尼,后者曾是他在巴塞尔的老师之一。

[3] [译注]19 世纪初意大利的一个秘密政治团体,因成员最初藏身在烧炭山区而得名。该组织主张驱逐外国侵略者(法国和奥地利),消灭君主专制并实现民族统一和国家独立,在 19 世纪上半叶曾多次发动起义,但均失败。

第的工程师。尽管遭遇了种种不幸,但他拥有真正杰出和非凡的个性,在六十岁时仍然显得勇敢而年轻。[84]当然,他不是学者,但他在我们这个世纪里一直保持着敏锐的感官,能够讲述关于人类漫长而愚蠢的故事。他是卓越的专家,和每个人都相处得很好。

一个年轻时就幻想破灭的德国人容易变得阴沉和难以相处,在此情况下,拉丁人就显得非常讨人喜欢。在这里,我可以自由观察事实;在法国的腐朽政治和混乱社会中参加活动的年轻人都是易激动、粗鲁和坏脾气的,而没有什么比一个上了年纪的法国人更令人愉快了。他因被国民大会、议会、领事馆、第二帝国、复辟和七月革命等欺骗而倍感失望,然后开启迷人、深情甚至洋溢着青春气息的日常幽默。

我对施纳塞①很好奇。库格勒就像个孩子一样高兴,因为这项工作是献给他的。我从库格勒那里收到了一封多么可爱的信!他向我表示他的友谊!而这种特权只授予极少数来自国外的学生。他总是宽容我,对我说实话(比如关于我的诗)。现在他坦率地向我表示了他的友谊,这对一个如此矜持、表面看起来很冷淡的人来说意义十分重大。到目前为止,我能为他做些什么呢?

主啊,我的诗已经枯竭了! 一个人在巴黎感受到的永恒兴奋,消耗了他每天所能积攒下来的那一点点回忆。我该怎么回复你那封美丽的"金龟子"来信? 天知道,像我这样孤苦伶仃的人是没有幽默感的。在大街上放声嘲笑巴黎人的愚蠢行为,我并不认为这是幽默。尽管在巴黎圣母院或杜伊勒里宫,我脚下的地面有时会

---

① [译注]卡尔·施纳塞(Karl Schnaase,1798—1875),艺术史学家,库格勒在柏林大学的同事。

图1 1843年的雅各布·布克哈特
一幅署名"库格勒"的素描

图2 1843年科隆一景

震动，但我并没受到煽动。

西班牙事件令人震惊，它证明了老基佐的政策是多么可恶和伪善，而且将永远如此。你应该看到法国人对他们外交政策的徒劳无益而感到愤怒！他们说，为了法国的声望，国防部应该冒险进行一次精彩的演习。不过，亲爱的朋友，永远不要相信法国外交政策的忠诚，因为他们总是认为自己在对抗外国势力时是正确的，无论其行为多么令人厌恶。因为，法国人仍然相信他们对欧洲和其他国家拥有权利，并把他们内阁对外国的种种恶行看作对1815年的一种必要"荣誉补偿"。[85]根据所谓人权和神权，莱茵兰地区必须属于法国的观点仍然相当普遍，而我总是以轻蔑的礼貌回答它，因为我曾经提出的每个论点在这里狭隘的人面前都失败了。法国人的自豪感超过了民族自豪感的极限，我开始相信，这个国家正在遭受某种狂热的疯狂，这种疯狂只能用过去五十年的骇人刺激来解释。我确信，它在这个有着巨大潜力的民族心中留下了一个无法治愈的痛苦创伤，但人们不可能不受惩罚地焚毁和蹂躏欧洲。你应该看到伴随他们的愤怒而来的政治生活的堕落！

目前人们虽然仍很兴奋，但已经筋疲力尽，而政府可以为所欲为。两院会议受到公然蔑视，即便是左派也对其表示蔑视；对七月王朝宪法和共和形式的一切信任都消失了。我曾在剧院里听到人们对下列作品给予热烈掌声——首先是关于1799年共和国的辛辣、生动和精彩的讽刺剧；其次是对在宫中走"左"倾路线的伊庇西尔（Épiciers）夫妇的难以言喻的、彻底的贵族式蔑视；然后，几乎每部剧都对宪法形式进行了大量无意义的影射。事情就是这样。

看完这一切后，你可能会问：这家伙在巴黎干什么？回答是：他每个工作日都要花三小时在皇家图书馆（Bibliothèque Royale）做各种摘录。在过去六周里,他借出了关于瑞士(及其他无赖们的国家)的意大利语手稿;然而自 6 月底以来,他开始研究关于 1444 年勃艮第入侵瑞士的历史,因为明年将在巴塞尔举行一场盛大庆典,庆祝在近郊圣雅各布地区战胜阿玛尼亚克(Armagnacs)人四百周年。①

约翰内斯·穆勒是最后一个根据原始资料来讲述这个故事的人,他确实有些夸夸其谈,但内容仍不够充分。因此,这家伙如今正在巴黎查阅资料和手稿,发现一切与老穆勒所讲的完全不同,因此打算为庆典准备一本关于该主题的临时作品。但处理这件事不能不戴手套,以免冒犯了(人们)的民族自豪感引发愤怒,从而招致拙劣的报复,尤其是当他在瑞士首次亮相的时候。

致约翰娜·金克尔(Johanna Kinkel)
巴黎,1843 年 8 月 21 日

[86]这里的音乐已糟糕到人们只能说"上帝保佑"的程度!最近我听了《布兰奇夫人》(*La Dame Blanche*),它真的不能说有什么风格——听起来很老套,仿佛来自另一个世界。最近巴黎歌剧中最好的东西都是从意大利人那里偷来的,其余的既无韵律,也无义理。和声和措辞通常以一种最令人无法忍受的方式被删减和缩写——只要一切看上去是新的,其他都无关紧要。贝利尼和多尼

---

① [译注]阿马尼亚克是位于法国西南部的一个地区,现属热尔(Gers)省。15 世纪该地从属于勃艮第公国,多次与"反勃艮第联盟"(路易十一的法国王室、瑞士、奥地利和阿尔萨斯等)交战。

采蒂,①他们的内心是如此无能为力,但至少有一种不想表现出愤怒的感觉。而巴尔夫(Balfe)、伊索沃德(Isouard)、哈尔维(Halévy)和他们的同事,②在瞥了一眼梅耶比尔(Meyerbeer)精湛的乐器后,③以最矫揉造作的形式表现出毫无价值的主题。你应该听一首由巴尔夫创作的《爱之泉》(*Puits d'Amour*)咏叹调,配上一支双簧管和两把竖琴伴奏。但这对我来说太吵闹了,仅此而已。人们普遍认为,法国音乐的未来暂时取决于梅耶比尔的下一部歌剧。我能猜到你的想法,你一定认为大有希望!

致哥特弗雷德·金克尔(Gottfried Kinkel)
巴塞尔,1843 年 11 月 26 日

亲爱的朋友,如果我能住在你身边就好了!但目前我几乎没有生活,也就是说,我在艰难地工作。如果以前的同伴们猜到,我对他们如此礼貌和矜持,只是因为他们都无聊和庸俗到无法用言语表达的地步,那我就会受到无尽的攻击和诋毁。因此,请什么都不要在意,这多么真实!德国给了我最好的陪伴,把我宠坏了,因此我在这里自然会感到失落。但我对此已做好了准备,我有足够的记忆来弥补一切。

---

① [译注]文森佐·贝利尼(Vincenzo Bellini,1801—1835),意大利歌剧作家,在声乐旋律和文学风格上颇有造诣,对瓦格纳、肖邦和李斯特均有影响。加埃塔诺·多尼采蒂(Gaetano Donizetti,1797—1848),意大利歌剧作家,以具有情感色彩的肃剧和充满智慧的喜剧著称。
② 均为法国音乐家。
③ [译注]贾科莫·梅耶比尔(Giacomo Meyerbeer,1791—1864),德国歌剧作家,浪漫主义时期歌剧的代表,精于场景建构和声乐写作,对管弦乐有独到的见解和运用。

这里有种对立的幻象，都是来自那些庸众，但性质和其他有些不同。其中有些人是恶意的，因此我不想和他们混在一起。在政治方面，我不得不独来独往，因为我鄙视所有党派。[87]这些党派我全都了解，但我却不属于任何一个。与此同时，我正在为明年夏天的德国史讲座埋头苦干，从所谓"古日耳曼尼亚"(*Alt Germania*)开始胡扯。目前我还没想清楚以后到底靠什么谋生。最近，库格勒又把我介绍给了《布罗克豪斯百科全书》(第九版)的新主编，让我负责艺术方面的文章，稿酬很高。十天前，抬头字母为 E 的那封信被改好了并发送给了印刷商，库格勒负责从 A 到 D 部分的修改工作，但对他来说量太大了(他手头还有很多其他事情)，因此让我来替他做这份工作。如果我能慢慢当上其他报刊(如《莱比锡报》)的记者，我就能过上无忧无虑的生活。让我们拭目以待吧……

我猜你已收到钱了吧？

致爱德华·绍恩堡(Eduard Schauenburg)
巴塞尔，1843 年 11 月 30 日

我正准备宣布明年夏天的德国史和艺术史讲座，因为在一所只有 28 名学生的大学里，一位讲师能否开课是另一回事。请不要把学生太少的消息传出去，这可能会对大学造成更大的负面影响。所以你看，按这里的条件来计划我的生活(这是我最讨厌的说法)该是多么愚蠢。我的全部前途在于：目前这个颇有问题的教职，是由一位正处于人生最佳时期的教师担任的，年薪 100 金路易，而且如果大学马上就要倒闭，这年薪也会消失——这似乎很有可能。不过，我当然希望能通过向公众讲课来挣点钱。

致威利巴尔德·贝施拉格(Willibald Beyschlag)
巴塞尔,1844 年 1 月 14 日

是的,我完全相信你对教会的感情是真诚、忠贞和真实的。我知道自重的人会坚守教会,教会的观点仍然是完全正当的,而且无疑在一段时间内还会如此。[88]我的研究使我逐渐相信,作为我们共同财富的守护者,新教教会也是一个教会,而不仅仅是对虚弱的中世纪教会的外在模仿。我更加尊重你们,因为你们对它进行了更深入的研究,尽管你们并非没意识到它必然要遭受蔑视,尽管你们也知道这个民族的指明灯已远离了它。出于个人动机,我已经和教会彻底决裂了,因为我真的无法理解它。我的道德生活,前进时没有教会的帮助,后退时没有教会良心的刺痛(请原谅我这么说)。教会已经失去了对我的所有控制权,就像对其他很多人那样。在一个瓦解的时期,这是意料之中的。

然而,我们不必再因此而分离,因为就教会问题而言,我们会面和握手的基础是中立的。但在实际生活中,巴尔德,你要小心!你能否在精神上足够自由,能在别人身上看到一种自发的、个人的、或许完全无教派的宗教?你能否作为一名瓦解时期的见证者,并据此对待每个人?

例如,我不应该要求你作为一个教廷议会委员去投票支持鲍威尔[1]的任命,因为像他这样的人应该足够诚实,与正统神学保持距离。但是,对于任命一位与任何教会都没有联系的诚实的历史教师,你的立场会是什么?为何你偏偏要置身于教会和知识分子

---

[1] 布鲁诺·鲍威尔(Bruno Bauer, 1809—1882),青年黑格尔派的追随者,他对福音书的解构性批评以激烈的争论告终。

之间即将到来的混战中？你当然不能认为目前教会团体的恢复仅仅是对理性主义的反应，因此只是暂时的。你认为事情正朝着真正修复的方向发展，如果这是可能的，也许会赢得我的赞同。

这一次，我要直截了当地说出许多 viri doctissimi［专业学者］主张却又不敢表达的观点——从我们的视角来看，基督教已进入纯粹人类历史时期的领域。它在道德上培养了各民族，给予他们力量和独立性，使他们从现在起不再与上帝和解，而是在内心与自己的良心和解。时间会告诉我们，[89] 日耳曼民族和拉丁民族将以怎样的思想形式再次亲自接近上帝。目前，上帝只需再次化身为个人，人们就会相信他的人格。我相信他最后的化身生活在我们所有人身上。

啊，如果我活在拿撒勒人耶稣行走在犹太乡间的时候，我会跟随他，让骄傲和自负在对他的爱中消失，且不再思考自身的独立性和价值。因为，如果一个人能够离他很近，即便失去了作为个体的独立性，又有什么关系？但是，虽然我很渴望他，我们却相隔了十八个世纪。只有当我独自一人，在忧郁地思念他的时候，一个宏伟形象出现在我灵魂面前安慰我，这才是最伟大的人的形象。作为上帝的基督对我来说是个无关紧要的问题——在三位一体论中，人们又能如何看待他？但作为人的基督是我的灵魂之光，因为他是历史上最美的人物。你能把我这种倾向称之为宗教吗？我对这个概念无能为力。而你，亲爱的巴尔德，或许会把它看作一种没什么品味和声誉的美学基督教的产物。但就我而言，我并不认为这是一种宗教。

1月30日

现在来说说金克尔。在过去很长一段时间里,我都毫不掩饰一个事实,那就是我更喜欢他的哲学家身份而非神学家身份。并且我相信,既然人们决心支持旧的正统学说,那么教学上的自由将越来越受限。如果你不知道目前的风气是从何而来的,不妨读读《文学报》(Literarische Zeitung)上那篇对施莱尔马赫①及其学派表示"无所谓"(shoulder-shrugging)的文章。不幸的是,这就是目前文化部门的普遍态度。此外,从现在起,即便是思想最开明的文化部部长也将无法容忍我所理解的神学教学自由,我对此不抱任何幻想。也就是说,只要教会和国家不分离,每当有新鲜空气袭来,学术就把教会的瓦解作为一种内在事实暴露出来,又把它作为一种外在事实加速。我的总结是——在教会和国家分离之前,一个消极的神学家所能做的最谨慎之事就是转换到另一个教职。此外,分离需要很长时间,真正的斗争只有在分离发生后才会开始。当我放弃神学时,我想明白了很多。

致约翰娜·金克尔(Johanna Kinkel)
巴塞尔,1844年1月29日

[90]没有人会因我逃避社会而悲伤,也没有人在等我,如果我沉默到头发变白,也没有人会为此烦恼。这是应该的。我从不认为自己是凤凰,这里许多人的精神境界都比我高。但多可惜,他们中大部分都成了可憎的庸俗主义的牺牲品!如果我不会因失去耐

---

① [译注]弗里德里希·施莱尔马赫(Friedrich Daniel Ernst Schleiermacher,1768—1834),德国哲学家、新教神学家,诠释学之父。

心而使事业受损,那么也许可以一点一点地鼓励人们对视觉艺术采取友好态度。

我很清楚,亲爱的迪特里克斯,你正在从各个角度检查这封信,看它是否隐藏着我的情感事务!我只能告诉你,目前为止我还没有谈恋爱,因为随着经验积累我变得越来越小心谨慎,不想以任何方式把自己束缚在这里。我不想给(任何)女子带来不必要的痛苦。这听起来很自负,但在这种情况下,这是一个非常合适的通牒。时间会证明一切!巴塞尔永远都不会成为我的乐土,即使和她在一起也不行。离开!离开!这是我的口号,而且可能会一直如此。

致爱德华·绍恩堡(Eduard Schauenburg)
巴塞尔,1844 年 1 月 29 日

今晚在瓦克纳格尔家里有个聚会。自由党人对他非常不公平,就像对那个最了解他们的人、对艺术一知半解的人那样。我越来越相信,1840—1843 年的自由主义只是第一朵结出酸涩果实的花,它必将凋谢。注定随之而来的新自由主义的胜利将更加彻底,一个普遍的公众舆论将会形成,奢侈观念将在各领域中越来越少,然后最终的胜利就会到来。只有这种在人民广泛支持下的自由主义才具备领导权,并成为新契约的基础。

致哥特弗雷德·金克尔(Gottfried Kinkel)
巴塞尔,1844 年 4 月 21 日

[91]主要有两件事:首先,尽快将你的平板版画连同笔记纲要

寄给我。其次,从 6 月起我将担任本地"保守的"《巴塞尔报》(Basler Zeitung)编辑。只要一个人能承受得住,这份工作可以让他过上诚实的生活。我接受这份工作,主要为了逐渐消除这里统治集团中仍存在的对各种专制主义(如俄国)的同情,另一方面是为了站出来反对我们爱喧闹的瑞士激进派,我发现他们和前者一样令人讨厌。在这样做的过程中,我会像迄今为止《巴塞尔报》所有的编辑那样,不断受到最粗俗的人身攻击。但有一种安慰会让我彻底冷静下来,那就是——让这些家伙尽情侮辱吧!在巴塞尔城往北两个驿站外,就不会有人对他们的尖叫产生丝毫兴趣。我虽然已经完全习惯,但每周也要花六个工作日,每个工作日花大半天时间来干这份工作。在这段时间里,诗歌会变得怎样,只有鬼知道!但一个人的首要任务是维持生计。

致哥特弗雷德·金克尔(Gottfried Kinkel)
巴塞尔,1844 年 5 月 22 日

今天下午,我要"穿过田野"去多尔纳赫(Dornach),我得去问候我的债务人。你要知道,我已经接管了财产废墟的管理工作。尽管它一年只能带来 170 个塔勒的租金,但我像猞猁一样静静地等待着它。然后,我还必须向多尔纳赫的方济各会说声再见,以便让他们邀请我参加下一次的宝尊堂①盛宴。愿上帝保佑你演讲成功!既然必须如此,就放弃神学吧。人们在它的枝干中再也找不到一根绿色嫩枝——这片土地已经被开垦得太多了……

---

① [译注]宝尊堂(Portiuncula)位于意大利中部翁布里亚大区阿西西城四公里外,是方济各会运动的发源地。

5月23日

关于其他工作,我在笔记中添加了关于中世纪早期艺术史的来源,并在佩茨(Pertz)的第六卷中找到了150多个重要或次要的段落。[92]在莱兴瑙(Reichenau),维蒂戈沃斯①所修建筑最为完整,大约有120首诗关于10世纪修道院的装饰和布置。我继续收集,很快就会收集到大约1000条引文,这其中还不包括阿纳斯塔修斯。②(除我之外)没人做过这种事,因为这对于艺术家来说工作量太大了,而那些"专业学者"却认为这些材料并不重要。渐渐地,我将成为从君士坦丁到霍亨斯陶芬这几个世纪的权威……

致赫尔曼·绍恩堡(Hermann Schauenburg)
巴塞尔,1844年6月10日

有时,我觉得自己好像已站在暮光中,不会再有什么结果。这并不意味着理想失败了(它们依然是真实的),但命运指引我走得越来越远,把我带得越来越偏。不久前,我认真思考是否应该永远放弃写诗,但发现这根本不行。毕竟当其他一切都失败时,它是我唯一的安慰。音乐不能再给我带来多大满足,而我其他的努力大都已化为乌有。唉,要是我身边有你就好了!我们将如何互相安

---

① [译注]维蒂戈沃斯(Witigowos)是10世纪末莱兴瑙修道院的僧侣、建筑设计师。

② [译注]阿纳斯塔修斯一世(Anastasius I,430—518),拜占庭皇帝,在经济和外交方面颇为出色,但因在宗教上推崇"异端"的一性论派而导致了周期性叛乱。

慰?一个人无法真正应对这些事。我认为,像我这个年纪的人很少能如此生动地体会到人间事物的渺小和脆弱,因为它们只与个人有关。但我对普遍性的尊重,对各民族精神及其历史的尊重也相应增加了。

我很喜欢你的抒情诗,它们自由自在的欢唱萦绕在我身旁。多送给我一些!此刻我的注意力如此分散,以至于主观的抒情诗已与我分道扬镳。图像、场景(tableau),这是我想要的。而在幕后,等待着我的是一种对戏剧日益增长的渴望。我真是个傻瓜,对吗?

致哥特弗雷德·金克尔(Gottfried Kinkel)
巴塞尔,1845年4月18日

我必须写信告诉你我还活着。这个月没有闻到火药味,事情进展很顺利。[93]无政府主义领导者曾打算在各州之间流窜,把什么都搞成一团糟,目前却撞上了卢塞恩(Lucerne)的门柱。当然,这一切迟早会再度兴起,并很可能终结巴塞尔目前的生存形式。瑞士的局势如此恶劣和野蛮(把我一切都毁了),我要尽快移居国外。如果老天愿意的话,最迟1846年夏天就走。

"自由"这个词听起来富饶而美丽,但任何人,只要他没亲眼见过并忍受过被称为"人民"的喧嚣群众的奴役,也没经历过内乱,就不应该谈论这个词。鲁珀托(Ruperto)认为,世上没有比这样一个政府更可悲了——在它眼皮底下,任何政治阴谋集团都能窃取行政权力,而它却在"自由主义者"、狂热分子、粗俗者和乡绅权贵们面前颤抖。我对历史了解太多,除了未来的暴政外,我不指望从大众专制中得到任何东西,这将意味着历史的终结。

然而德国的时机将会到来。届时合理的进步（以宪法为目标）将与盲目和显眼的骚动分离开来。在此之前，你们实际上只是政治上的孩子。你们应当感谢上帝，在科隆、科布伦茨等地方有普鲁士驻军，这样第一批乌托邦派粗人就不会在半夜袭击你们，把你们的包裹和行李抢走。相信我，至少在德国或瑞士，某些人吹嘘的"政治人物"还不存在；取而代之的是群众，其中有许多尚未发展的杰出人物，他们已成熟到可以落入第一批到来的猪猡手中，并表现得像野兽一样。

智者只说一句就够了。

你根本无法想象，这种事情如何彻底摧毁一个人的心灵并使人失去幽默感。一个人甚至无法工作，更不用说做更好的事了。过去的四周（对我来说）是彻底的损失，我的生活完全被报纸占据了，并为此疲于奔命。我决定在这里再待一年的原因是想多挣点钱，但我对这个有辱人格的记者职业的耐心估计只有十四个月左右。我已知道，它不会再持续下去。我想，我已经告诉过你们，前段时间我被任命为大学的兼职教授，但没有薪水。一旦我不再为报纸撰稿，我在这里就挣不到钱了，[94]还不如住在别处——我得靠自己的收入生活。但毫无疑问，在其他地方我能住得更好、更便宜，然后找点事做。

致哥特弗雷德·金克尔（Gottfried Kinkel）
巴塞尔，1845 年 6 月 28 日

就正统主义而言，我在 1842—1843 年的冬天看到了一切。那时,巴尔德①和沃尔特斯身上就有股大祭司的味道。但我不能理解的是,现在都1845年了,巴尔德竟然还想让你皈依主!我对你们的建议是——放弃神学上的争论,因为在那里你连一根绿枝都找不到。如果正如我必须总结的那样,你在放弃神学后,让自己去回答他们异想天开的幻想,那么至少可以说,这是一种奢侈。此外,这些人已经决定要相信(就像一个人不得不决定服用催吐剂一样),而没人能说出究竟什么是好的。这些人真的彻底忘记了教会历史吗?难道他们不再知道,任何一种信仰,只要有权统治世界,就会作为一种力量降临到人们身上吗?基督教的伟大时代已经过去了,这对我来说就像二乘二等于四一样显而易见。历史将在适当的时候告诉我们,它的永恒内容应以什么样的新形式保存下来。不过,我真为现在这些复辟者感到惋惜,虽然我很鄙视他们索要国家武装力量的支持。一旦让他们自行其道,再过几年其境况就会像耶稣会士一样潦倒,因为他们比耶稣会士更体面,也就是内心更盲目。

我从报纸上和弗雷利格拉特②告诉我的话中得知,社会革命思想正在莱茵兰迅速发展。我很想知道,它是否真的已深入到广大群众中去了。我认为这是一件非常糟糕的事情,尤其是它与政治不满结合在一起,甚至是以后者的逻辑延续形式出现的。就我个人而言,我一直反对任何形式的参与,原因是——[95]在一件手段、目的和起点都无法控制的问题上,人们必然会妥协。而我坚

---

① 威利巴尔德·贝施拉格。
② [译注]弗雷利格拉特(Ferdinand Freiligrath,1810—1876),德国政治家和诗人,自由主义革命支持者。

信,要不是对政治渴望的强力镇压,社会革命的渴望早已成为背景。

致哥特弗雷德·金克尔(Gottfried Kinkel)
巴塞尔,1845年万圣节

今冬,我将继续为公众讲授绘画。虔诚派教徒试图间接地阻止我,他们宁愿找一个更有启发性的讲师,而不是这个俗世的孩子。因此,现在他们应该尽可能"世俗化"。正如我在关于穆里略(Murillo)①的文章结尾处所说的,他们将为其特殊利益而发展,但他们的头发会像羽毛笔一样竖立起来。这样,我离开时说过的话就可兑现了——他走了出去,留下一身恶臭!

致哥特弗雷德·金克尔(Gottfried Kinkel)
巴塞尔,1846年1月11日

3月底我将直接去罗马。我绝对确信,如果现在不采取任何行动,我永远也到不了那里。虽然作为一个单身汉,我的生活十分简朴,但也不能依靠不到一百金路易的开支生活。不过我已存了一笔可观的钱供未来挥霍。对此你怎么看?即使是诗人,他若不想垮掉,也必须偶尔吃点东西。

至于那位美丽的英国姑娘,她确实是位天使,但却冷若冰霜。这件小事还不能牵着我鼻子走,我从一开始就知道自己该干什么。现在我有了别的,有一群闪闪发亮、求知欲十足的黑眼睛来听我讲

---

① [译注]巴托洛梅·埃斯特万·穆里略(Bartolomé Esteban Murillo,1617—1682),17世纪后期生活于塞维利亚的重要画家,也是西班牙历史上最著名的画家之一。

课。事实上,我应该四处给人们留下点印象,这对我那可怜的被鄙视的心灵有好处,就像早上的苹果馅饼味道一样。我不是说像苹果馅饼本身,因为我很清楚当生命的宝藏从我鼻子旁经过时,事情永远不会超过这个尺度——把自己绑在一位岳父的金袋子上。[96]对不起!上帝原谅我,此刻我更想沐浴在意大利的阳光下,而不是面对最闪亮的黑眼睛……

致赫尔曼·绍恩堡(Hermann Schauenburg)
巴塞尔,1846 年 2 月 28 日

　　再过四个多星期我就动身去罗马,可是我已有好几个月没给你回信了。我希望你能给我的旅途提点建议,所以现在是时候给你写信了。

　　在这个悲惨的时代里,你们这些睿智又识时务的家伙们相互激烈竞争、越陷越深,而我却暗地里和这个时代彻底闹翻了。正因这个缘故,我要从这里逃向美丽、慵懒的南方,那里的历史已死。而我,这个厌倦了当下的人,将被古老的刺激刷新,就像被一些美妙而宁静的坟墓刷新一样。是的,我想远离那些激进分子、世界公民、实业家、知识分子、自命不凡者、理性主义者、抽象主义者、绝对主义者、哲学家、诡辩家、国家狂热分子、理想主义者、每一种"主义者"和"主义"。

　　在这里,我被夹在耶稣会士和专制者之间进退两难,而外国人通常可以避免这种情况。如果我想在未来有所成就,就必须在群山之外与生活和诗歌建立新的联系。长期以来,我在内心里与现实的斗争相当平静,没什么特别的烦恼。直到水滴渐渐把石头滴穿了,我才终于意识到不能再这样继续下去了。我可能会在南方待一年,你将从我这里得到很多消息! 也许上帝会慈悲地让我发场热病,使我不再焦躁不安。来吧！我什么都能接受,即便是卡戎的独木舟。① 未知的命运对我们而言往往意味着美好。

但是,亲爱的朋友,自由和国家并没有在我身上失去什么。国家不是由我这样的人建立的;只要我还活着,我就会善待和同情身边的人。我的意思是做一个好的个体,成为他人的深情朋友,展现良好的精神。我在这方面有一些天赋,并打算继续发展它;但我对整个社会无能为力,我对其态度是一种无可奈何的讽刺。细节才是我的关注点。[97]我所受的教育和方法足以使我在必要时找到自己的政治道路,只是我拒绝进一步参与其中,至少拒绝被卷入国内的混乱局面。只要你愿意,你怎么生气都可以,但我会再次抓住你,把你拉进我心里。相信我！

5月5日

我能在你的眼中察觉到一种无声的责备,因为我是如此轻松地跑去寻找南方"放荡的"艺术和古物形式。同时在波兰,一切都在分崩离析,社会革命审判日的使者已经上门了。天呐,我终究无法改变任何事情！在普遍的野蛮行为爆发前(目前我还无法预见到其他任何事情),我想用真正的贵族文化来放纵自己。这样,当社会革命的力量耗尽之时,我能积极参与到不可避免的修复中——当然,前提是上帝开恩,那时我们还活着。只要再等等,你

---

① ［译注］在希腊神话中,卡戎(Charon)是冥界的船夫,负责将死者的灵魂运过冥河抵达地府。皮埃尔·苏布里拉斯(Pierre Subleyras)曾在1735年左右创作了一幅名为《冥府渡神》(*Charon ferrying the Souls of the Dead over the River Styx*)的画,上面描绘了卡戎划着独木舟运送灵魂的形象。布克哈特的隐喻应出自这里。

就会看到在接下来的二十年里,那种精神将从地面冉冉升起!目前那些在幕布前又蹦又跳的世界公民诗人、画家及其追随者,都不过是些小丑(Bajazzi),只是在迎合大众而已。你们谁也不知道这帮人究竟如何,以及他们多么容易变成野蛮群体。你们也不知道怎样的暴政将在精神上施行,这种暴政以文化是资本的秘密盟友为借口,意图彻底摧毁文化。

在我看来,那些寄希望于自己的哲学来指导这场运动并使之保持正确路线的人完全是白痴,他们是即将到来的运动的斐扬派。① 它将像自然现象一样发展(与法国大革命如出一辙),并涉及人性中一切地狱般的东西。除非迫不得已,我不想经历这种日子,因为我想在卑微地位所允许的范围内尽我所能帮助拯救事物。对于你,我没有恐惧,我很清楚你会在哪边活动;我们都会死亡,但至少我想发现应为什么而献身,那就是欧洲的古老文化。在我看来,当时机成熟时,我们应在同一个神圣团体再度相遇。把自己从幻想中解放出来吧,赫尔曼!风暴席卷后,一种新的实存将在一切新旧基础上出现并成型——那才是你应站的位置,而不是在不负责任的行为的最前线。我们的使命是危机过后帮助重建。

致约翰娜·金克尔(Johanna Kinkel)
1846年3月9日

[98]关于G小姐我还有很多想听的!我认为她具有我们时代

---

① [译注]斐扬派(Feuillants)是法国大革命时期的保皇派,1791年7月16日从雅各宾俱乐部分裂出来,因在斐扬修道院集会而得名。该派主要代表旧贵族和大资产阶级利益,政治上倾向于保守的改良主义,主张君主立宪,反对共和。

许多年轻女性的特质,她们都是非常优秀的女性。然而,(她却被许配给)一个四十几岁的白发富翁,还是从埃尔伯菲尔德(Elberfeld)那片可怕的工厂区来的!亲爱的迪特里克斯,你知道,我真的很想去意大利,因为那儿有如此多的祈求和如此少的工业……

致卡尔·费森尤斯(Karl Fresenius)
罗马,1846年4月21日,格列柯咖啡馆

我在这里住了大约三周,参加了狂欢节,把这永恒之城从头到尾地走了一遍,然后终于能够镇静下来写封信了。来罗马吧!我不多说了……我住在位于四楼最佳位置的一个房间,从那儿可以看到半个罗马的景色。就在我写这封信时(距乌鸦鸣起还有半个钟头),圣彼得教堂在正午的阳光下庄严地向我照射过来。罗马的一部分乐趣在于,它让人不断猜测和排列那些神秘的、一层又一层的古代遗迹。我怀念的是一座完整而美丽的建筑,它的塔楼和壁龛可以让我欣喜若狂的灵魂驻足于此。普拉滕说得很真实:"罗马既质朴又多彩。"总的来说,它作为世界女王给世人留下了绝妙印象,并以其他城市无法比拟的方式唤起人们的记忆和快乐。我知道只有科隆能与之相媲美;巴黎的古代遗迹太少了,对现代恐怖的回忆吞没了太多古老的事情。

我喜欢罗马人(仅指普通百姓),因为这里的中产阶级和米兰的一样愚蠢可悲。罗马人不像米兰人那样小气恶毒,他们更文雅,也更别致。当然,他们中也有乞丐,但不会试图用微不足道的服务来勒索外国人。他们会很礼貌地离开那些不给施舍的人,[99]让其走自己的路。因此,无论人群有多拥挤,你都会觉得周围都是体面人,尤其国会大厦周围那些贫旧街区和萨克森豪森[在该国被称

为特拉斯特维里(Trastevere)]更是如此。① 在我看来,这个城市的贫民区比伦巴第最小的村镇都贫穷破败得多。几个世纪以来,这里的人们武装自己、反对工作,就像与他们最大之敌作斗争一样;这里没有一丝工业痕迹。比如,没有公共擦鞋店,除最基本的交通工具外,出租车和公共马车这些几乎不存在。所谓的"日常广告商"根本没有,只有一两家餐馆把烹饪方式改为法式,等等。尽管有超过三万名外国人(主要为了娱乐)住在这里,但即便是最小的萨克森村庄的旅游业都比这里发达。

我把这视为上帝的恩赐,因为如果一个人被官员和无赖围困的比例与斯特拉斯堡相同,那将如身处炼狱。罗马人静静等待着他开口,一个衣衫褴褛的流浪小孩会对一枚硬币的指路报酬感到满意。这里完全没有奢侈的消费,这就是吸引外国人来罗马贫民区的原因。闲暇使礼貌像一门艺术那样蓬勃发展,这对陌生人来说是最愉快的。

到这儿来吧!在一个月里你就可以收获如此巨大和持久的益处,使你的生活更有价值。

致哥特弗雷德·金克尔(Gottfried Kinkel)
罗马,1846年5月18日

上周五我收到一份去柏林的小邀请,不是去柏林大学,而是去刚重组的艺术学院。我的出席报酬是500塔勒。我知道你的薪水和我一样少得可怜,但也许你的情况很快就会好转。虽然库格勒

---

① [译注]萨克森豪森(Sachsenhausen)位于柏林西北34公里的奥拉宁堡边缘,著名的犹太人聚居区。

手里有艾希霍恩(Eichhorn)的信(上面提到了现金支付),但我也不能立即拿到500塔勒,而是要再过段时间,这是由部长决定的。我得赶在秋天前到柏林去,在此之前我要迅速把意大利游览完,在那不勒斯、佛罗伦萨和威尼斯各待两周![100]当然,如果你愿意让我在波恩住上几天,我就取道波恩,然后经过赫福德(Herford)去柏林。因为这次我必须去见赫尔曼。

致哥特弗雷德·金克尔(Gottfried Kinkel)
巴塞尔,1846年9月12日

啊,这次我才发现要离开意大利是多么难!我现在知道,离开罗马我将永远不会感到幸福。从现在起,我所有的努力都将愚蠢地集中在回到那里的想法上,即便是当一个英国人的仆从。我可以带你参观罗马的许多景点,街上的、花园里的,等等。我在这些地方曾莫名其妙地感到非常幸福,这是一种突如其来的、独立于感官享乐之外的内心满足。其中一个景点在法尔内塞宫(Palazzo Farnese)楼梯上去的第一层平台上,这地方没什么特别。另一个景点在特莱维喷泉(Trevi Fountain)的右边,我曾经在5月初也有过同样的感觉。除了在波恩度过的那一两天外,罗马给了我从未体会过的每种力量间的和谐,当然我不会把恋爱时间计算在内。当一个人理所应当地感到幸福的时候,同时又会很不自在,因为在此情况下感到幸福并没什么令人惊奇的。

7月8日我离开罗马那天,马车停在人民门(Porta del Popolo)前等着领护照。我再次下车,庄严地走了三步穿过大门,以此象征我的归来。我在莫列桥(Ponte Molle)上流下了几滴眼泪。与罗马相比,佛罗伦萨和威尼斯就不再完全合我口味了。另一方面,我在

图3 1843年比利时列日的一座拱桥

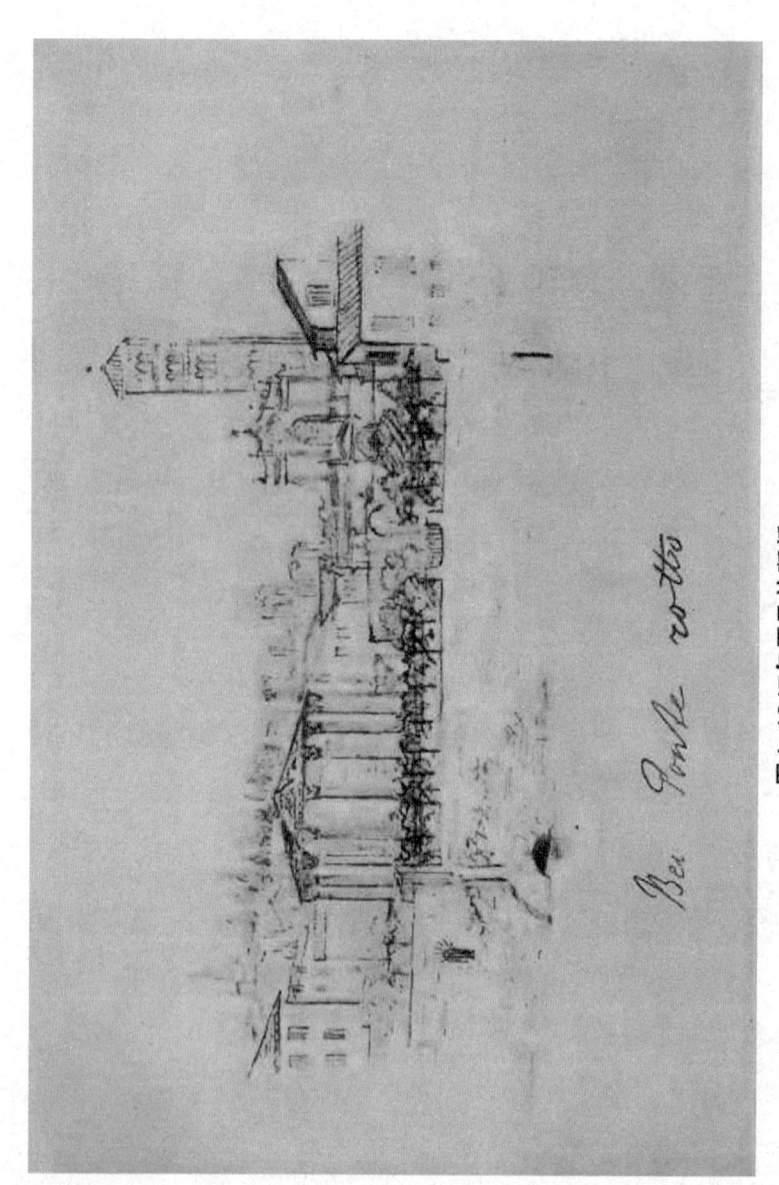

图4 1847年罗马的断桥

拉文纳发现了罗马的真实回声，尤其当我参观克拉斯(Classe)的那座奇妙而孤独的大教堂时，它是如此美丽而悲伤地坐落在大松林的边缘。亲爱的乌尔帽，①我在拉文纳看到的马赛克浮雕，仅次于罗马的那幅关于圣徒科斯马和达米安的浮雕。② 它们是最美的，而且非常古老！我只能告诉你，普拉西狄亚③的拱门是最平常无奇的，无论它看起来有多么可爱。比萨洗礼堂(是正统派而非阿里乌斯派的)的十二使徒岩美丽得如此非凡，以至于人们不愿相信它是公元5世纪时的作品。尽管当时这样美妙的东西已被创作出不少了，但像它这样大胆展示自己的还是首次。

致哥特弗雷德·金克尔(Gottfried Kinkel)
柏林，1846年12月6日

[101]在来这里后的九个多星期里，我常常犹豫是否该给波恩写信。我该暗示一下，还是再等等？库格勒祝你一切顺利，但他的影响力可能会被抵消。我小心翼翼地不去仔细打听(关于你的消息)，也不想知道什么应该保密——因为这可能对你弊大于利。但有一件事你必须知道，有人(你猜得到是谁)引起了当局对你在那本袖珍书结尾处所写的那篇具有抨击性的《男人之歌》(Männerlied)的注意，这让K先生非常担心。这种事情会使许多已

---

① ［译注］Urmau，金克尔的昵称。
② ［译注］公元3世纪末生活在安纳托利亚南部基利西亚(Cilicia)地区的一对传教士兄弟，303年死于殉教，其事迹被广为传颂。教皇菲利克斯四世于530年在罗马城为他们修建了一座教堂。
③ ［译注］埃利亚·加拉·普拉西狄亚(Aelia Galla Placidia, 390—450)，罗马皇后，狄奥多西一世之女，康斯坦提乌斯三世之妻。

精心建立起来的东西毁于一旦。他们现在正试图让你摆脱困境，K先生会尽他所能向部长说好话，另一个朋友会设法在法庭上宣读奥托·舒茨（Otto Schütz）的证词。但你自己要记住，不要抱有太多希望，也不要为了我和库格勒而妥协。

至于其他的，我始终无法理解的是，像你这个年纪的人，当整个前途都岌岌可危之时，怎会做出如此轻率的行为！你本就脱去神学家外衣了，世上没人能要求你发表宗教观点，为什么还要把你的观点以那种形式向全世界宣扬呢？《男人之歌》没什么诗意，也没多少思想上的新意，还有不少夸夸其谈的成分。如果我都能把那种傲慢语气收起来，你也一样能做到。你至少应该体谅一下那些喜欢你的人，而非不必要地惊动他们。

12 月 7 日

关于我的一切都很顺利。我在绘画史方面的知识正在增长，至于更遥远的未来，似乎也有很好的前景。据说部长对我评价很好，这对我来说没什么，至于其他方面我更依赖出版商。除我现在正在做的之外，还有更多的工作摆在我面前，虽很辛苦但利润丰厚。这样我们就可以继续前行了，我不会奢望更多。普拉滕说："野心早已离开我的胸中。"他没做到这个，我倒是做到了。我可能再也不能为自己的兴趣而工作了，也就是说，在我最好的年华逝去前，我无论如何也不能纯粹地研究历史了。[102] 当然，同样的事情在不同的人身上也发生过。

我发现柏林和往常一样糟糕，对罗马的渴望每天都在折磨着我。总有一天，我要把这些本意良好的计划统统粉碎——我应该很乐意这样做。像我这样的人一点也不奢求安逸生活，只要按自己的模式来，做这些事就会变得轻松。只有我知道，潜逃会让我很难过，因为库格勒为这个可怜的"课题"付出了一切，并向我展示了极大的热爱和耐心。

说真的，我对库格勒的伟大计划深表同情。当然，他本人处在一个非常安全的位置，但这里的人肯定会毁掉他赖以生存的一切，至少会力所能及地进行破坏。因为，目前没什么比小利益集团反对彻底改良的阴谋更强大的了。我总是告诫他，他看问题的眼光太幼稚了。而他总是一笑置之，并坚持认为既然事情已经糟糕了那么久，那为何就不能好转一次呢？盖贝尔的心情悲怆，当然他更感兴趣的是库格勒个人的诗歌计划，它们预示着伟大的事情。库格勒似乎很喜欢我，因为我无伤大雅地跟随他，帮助他打发时间并试着进入他的思想。他是天底下最优秀的人之一，我完全忠实于他。而且，我认为即使他的片面性也值得称赞，因为这也是其价值的一部分。在诗歌方面，我在他面前显得平凡无奇，这使我十分气馁。离他很近时，我几乎一行字都不想写。这倒也好，因为如果我不再写诗，我会工作得更好……

12月9日

……目前，我所有的精力都致力于攒钱，以便能再去一趟南方。一旦抵达那里，我就不会那么轻易再出来了。我希望能郑重地放弃这里悲惨且虚伪的生活、文学与政治。亲爱的乌尔帽，无论如何你都必须承认，在德国目前的条件下没人能够和谐发展。如今有太多的小烦恼和分心，这毁掉了最优秀的人，而最糟糕的人却正在从中获利。如今除了全面彻底地净化空气外，没有什么能起到帮助作用，而（我相信）它即将到来。[103]在此之前，我们所做的一切都只是消遣,只是用来掩盖我们身上普遍堕落的气味。只要还有简单而美丽的地方存在于某处,为何不飞向那里呢?至少,我决心在邪恶的日子降临之前,再一次享受那种生活。

12月10日

亲爱的乌尔帽,有个地方你肯定大错特错了——为什么在《男人之歌》中没完没了地对莱茵兰夸大其辞?我们莱茵人与萨克森、斯瓦比和巴伐利亚的人相比,并不以精力充沛或性格优异而闻名!

让你的自大走开吧。莱茵(的历史)始于瑞士人的野蛮暴力,然后是平庸而狡猾的阿尔萨斯人,狂妄的巴登塞人、莱茵拜尔人和莱茵黑森人,接着是法兰克福的犹太人,然后是科布伦茨人(他们从来没被认真对待过),最后是波恩和科隆的高尔(Gau)人——好吧,我最好保持沉默。盖贝尔的看法也和我一样,尽管毫无疑问他有自己独特的汉萨自豪感,但我同意这是真的。作为"全体"(*tutti quanti*)的我们,每个人的价值都比柏林人高出一万倍……请代我向亲爱的迪特里克斯问好!马上就是1847年了,在经过这么多年的担忧后,我祝你有个很好的、有保障的职位!顺祝你的两个孩子健康成长、万事如意……就我而言,政治已死。我现在只是做普通朋友应做的事,作为普通人而爱你。尽管你犯下的蠢事远不止《男人之歌》的十倍……

致赫尔曼·绍恩堡(Hermann Schauenburg)
柏林,1847年2月27日

是时候给你写信了,否则你会猜想我将在春天去看你,陪你去莱茵。但亲爱的赫尔曼，这是不可能的。如果我能赶在秋季之前完成工作，就已经谢天谢地了。而你呢？天知道你被卷入多少束缚中，这样如何能让自己自由？在上一封信中，我已预感到你的命运将发生某些变化。干脆把钱存起来去度蜜月吧！

此外我很肯定，你目前能做的最明智的事就是结婚（其实我也该这么做）。[104]一个人一旦过了二十七八岁，周围的一切都开始显得极其空虚和阴郁。当然，我本不该说这种话，因为我得到了身边人很好的照顾，但我与他们相处已不再有年轻时的那种感受了。如果我的性情变了，我可能会忧郁到灵魂深处。但有件事让我感到安慰——如果你保持单身，就不会那么容易落入这个悲惨世界的魔掌。无论何时，你都可以踢它一脚，然后驶向自由之海。慢慢地，赫尔曼，我变得越来越勇敢和坚定。到最后，你会看到一个天生比你们任何人都胆怯的人在生活中肆无忌惮地玩耍。不值得为这点琐事过分困扰自己！

在历经了难以言喻的苦役和辛劳后，无论你最终能否在职业中有所成就，其实意义都不大。若能被心爱之人所爱，并追逐自己的幻想，那该是多么美好。我的"幻想"是美，它以各种形式越来越深刻地打动着我。意大利使我大开眼界，从那时起，我的整个生命都沉溺在对黄金时代及其和谐事物的巨大渴望中，而现在所谓的激烈"战斗"在我看来相当滑稽。我问你！不管这里还是别处，利己主义无处不在。斗争双方都自视甚高、自吹自擂、多愁善感。所有这些都被记录下来，降低到报刊的水平，用铅灰色的封面焊住了整个时代。在瑞士，人们不时地互相攻击，这样空气至少还可以流通。老天保佑，这让我想起了海涅《冬日童话》里哈耳摩尼亚的五斗柜。①

据《科隆报》和其他"纸方块"（阿方斯·卡尔②如是称）推断，政治终于进入一个伟大的新阶段，并已成为"人民的政治"等等。但作为一个清醒的历史学家，我只能向你保证，世界历史上还从未有过1830年至今这样平凡乏味的时期。我觉得是时候转向能让我灵魂得到滋养的地方去了。盖贝尔最近说："美不是在时代需求下产生的，但美永远是时代所需要的。"我用这句话来结束今晚的谈论，因为天色不早了。

致赫尔曼·绍恩堡（Hermann Schauenburg）
柏林，1847年3月22日

[105]我们得找个机会好好谈谈。要不是我对这个世界的事务还有任何用处，要不是我永远需要自然和艺术之美，我就会说：一起去美国吧！但我根本不能在那里生活。我需要一个有历史的地带，更需要一个美丽的地带，否则就会死掉。实际上，这还不是可能发生的最糟糕之事……

我必须在9月9日前完成我的工作。我像黑奴一样劳作，像哈帕克斯（Harpax）一样存钱，为了未来的自由而鄙弃优雅。这一切都是为了在离开这个世界之前满足灵魂对美的渴望。

赫尔曼，我认为咱俩都有同样的看法。我们认识成千上万的

---

① 参见《德意志：一部冬日童话》（Deutschland: ein wintermärchen）第16章，哈耳摩尼亚向海涅展示了查理曼的五斗柜，海涅在柜中看到了德国的未来。

② [译注]阿方斯·卡尔（Alphons Karr, 1808—1890），法国记者和小说家。

图5　1847年的圣彼得大教堂一角

图 6 1848 年罗马的一条街道

年轻人,他们在大学时代是独创性和诗意的火山,并承诺将这种状态保持下去。而现在,他们却要么是奴颜婢膝者,要么是自由的市侩。相反,我们正逐渐对这个世界及其运行方式感到陌生,并过着一种与当前潮流完全相反的私人生活(暂时是沉静的)。

你有时是否会觉得,在一个晴朗日子里的孤独小路上,你会遇到一个小矮人,他将在森林的苔藓和石头中打开一扇神秘大门,把你带入一个新世界?有时,我相信未来的奇迹会让我与周围事物和解,并相信在这个悲惨时代会有能带来和平与安宁的护身符。然而对我来说,这是不可能的。能够忍受那些事的人,要么是通过基督的爱,要么是通过自己的野心而入世,而这两样东西我都不具备。尽管一个人只需具备上述两者之一,再具备坚强性格,就可以征服世界。

放下对中世纪的敌意吧!让我们感到沉重的是中世纪的类人猿,而不是但丁及其同伴们的真实时代。相反,他们是了不起的人。如果把古典主义加到"中世纪"这个惯用语上,那么中世纪也就不会那么令人讨厌了。我手里有一些历史证据,可以证明中世纪的人是多么享受生活,那时生活比想象中的更加丰富多彩。但我在此只顺便提一下。不过,在历史问题上,你不要再受自由党的摆布了,[106]实际上他们还只是跟在百科全书作者后面喋喋不休——"听着,我要告诉你一些事情,我们现在的文化,等等"——这些说辞一文不值,唯一的事实是,每个人都是他自己的独创者。这说来话长,赫尔曼。随着文化传承的独创性和个性不断减少,以及意志力和实践能力不断降低,这个世界总有一天会在它自己的庸俗主义粪堆中窒息腐烂。我已经说过了!

致赫尔曼·绍恩堡（Hermann Schauenburg）
巴塞尔，1848 年 8 月 23 日

生活开始变得极其孤独。每天伴随我的幻影会要求我做什么？你至少参与并尝试过，而我只是一个人胡思乱想。这是一种非常奇特的感觉——远离这个世界，在阳光下找到一块地方能让我孵化出不受任何打扰的计划（除此之外我别无所求）。但是，我如此行事并非出于利己的伊壁鸠鲁主义。毕竟，每一种天性都有其特殊需求。

我从一开始就知道那些事会把你拖下水。你想有所成就，因此不得不投身于这个混乱而破碎的世界。而我想沉思、寻求和谐，因此每天怀着一种难以忍受的渴望，进入 gelidum nemus[凉爽的神林]并虔诚地留在那里。你也许会说，我在那里很容易像某些古董一样被石化，但它也有其优点。

这就是要告诉你的关于我的一切。我的生活日复一日，与任何人都没有形成真正联系，我比以往任何时候都要孤独。至于在旁人眼里，我被视为友好的同事，并享有人们一定的尊重。

没人会抱怨你去美国的想法。此外，我的意见并不权威，我认为政治因素在这个决定中只起了很小的作用。如果欧洲没有在其他方面对你不利的话，你肯定会留下来。但我无法告诉你，我对德国私人生活普遍混乱的感觉有多强烈。一切都脱节了，边界失去了所有力量。你的决定很明智，但我还得跟金克尔和其他人一起经历更多的事。[107]相信我，金克尔注定会以最不光彩的方式两头落空。众所周知，他完全缺乏谨慎、深思熟虑和内心的平衡，而即便是共和党人也需要这些。这注定会以糟糕的方式收场……

在这黄昏时刻，让我们深情告别吧。不管你身处何方，请告诉我你的消息,哪怕只是简短的一句话。再见!亲爱的赫尔曼。①

致赫尔曼·绍恩堡(Hermann Schauenburg)
巴塞尔,1849年9月(14日之前)

自1847年之后,我一直在关心金克尔的命运,但我根本没法和他谈。他想报仇,迟早要把头撞到墙上,即便不是这堵墙也会是那堵墙。他对政治和经济一窍不通,只懂得如何引起轰动。多年来,你知道我很清楚他一定会出丑,在这一点上,我总是与他截然相反。这些话对一个可怜的囚犯来说会很痛苦,因此我只写给你。唉,我的老天!这家人要怎么办呢?他的岳父母有一些办法,但能做的有限。我担心他们真的会穷困潦倒。

奥托·舒茨的话听起来多么讽刺:

人的命运确由自己而定。

……我对未来不抱任何希望。也许我们还能在一个类似罗马帝国的时代忍受几十年。我的看法是,民主党人和无产阶级即使付出最大努力,也将不得不屈从于日益暴力的专制主义,因为我们这个迷人的世纪不是为了真正的民主而生的。对这一切进行更详细解释只会让人感到无情,因为再也不可能有一个真正的社会有机体,能将我们与古老欧洲联系在一起。自1789年以来,任何类似的东西都被没收了。

---

① 下一封信是来自赫尔曼·绍恩堡在其日记中的引用,它是布克哈特在罗马过完冬后写的。绍恩堡在日记前言介绍这句话时,说这句话表达了"他们旧友谊的一部分"。

我很高兴地看到你已达到相当程度的顺从![108]我变得非常谨慎,现在我知道庸众并不是最坏的,而错位的天才才是魔鬼。我可能对当今世界不太适应,但我将努力学会亲切而温柔地面对它。

我从未有过现在这样的孤独生活。但尽管如此,我仍感到一股无限的好运、一种相对的平静向我靠近。上帝保佑!……

1850 年代

致爱德华·绍恩堡(Eduard Schauenburg)
巴塞尔,1850 年新年前夕

　　首先,献上最诚挚的新年祝福!亲爱的伊特,①我已经很久没给你写信了,因为我实在无话可说,也因为在过去很长一段时间里,我总忍不住在邮局里唉声叹气。我写过许多信,但它们听起来抱怨太多,我全烧掉了,又重写了一封!很简单,除非我的收信人自己足够悲伤,不然肯定会嘲笑一个伤心的记者。现在我的心情有所好转,所以你看一切又变好了,我可以在你新婚之际祝你幸福了。

　　谁能想到,在所有人中,你会经历如此漫长的考验!不过我觉得这也值得祝贺。也许从前,命运太轻易地把礼物装在盘里让我拿取,现在在某些方面仍然如此。我这辈子从未真正付出太多努力来换取我的价值,因此我觉得自己几乎没勇气也没有足够的价值去伸手获得生命中的最高祝福。

　　与你所处的拘束环境作斗争不是一件易事。但我很清楚你并没有退缩,也没有要求立刻就拥有命中注定的幸福。如果我们不想在到达和谐之前始终囿于不协调的阴暗,那么尘世生活给我们

---

① [译注]伊特(Ete),爱德华·绍恩堡的昵称。

的短暂时间就必须被充分利用。了解你的人都知道你的价值最高,最大的幸福可以从你身上散发出来。让那位曾经和你一起度过美好时光的隐士,稍微吹响号角来纪念这个伟大的日子吧!毕竟,没有其他人能听到。

[109]你所拥有的,必须在艰苦奋斗中赢得,这样才能衡量它的全部价值。获得幸福的外部环境也许是严酷而寒冷的,但那只会让你内心的幸福感变得更高。你天性既不轻浮也不固执,你所要求的只是你的神圣权利。直到生命的最后一刻你都能对自己说,你已尽了最大的努力使生活变得完整而美丽。

你亲爱的未婚妻的勇气和坚贞让我钦佩不已。她必须清楚感知到,真爱的幸福是持久的,不依赖于外部事件。请把我忠诚的致意放在她脚下。

我的命运很可能驱使我以最奇怪的、非我愿的方式来回转动。因为如果决定权在我,家庭幸福将是我心目中最理想的幸福。我不无羡慕地看着你在港湾向我开放前就跑了进去。在远处确实有一些灯塔向我招手,但我不能确定自己的方向,一股刺骨的北风把我从岩石上吹了下去。

在你的新生活中,会不会偶尔想起我?尽管我已离开你那么久,且没有任何生命迹象?我相信你会的。我将带着这种希望进入新年,并将它与焦虑一起交织为一种奇怪而特别的感情。[①]

[①] 这是直到1869年那封信公开之前,人们已知的最后一封写给绍恩堡兄弟的信。据1869年那封信显示,布克哈特似乎与爱德华一直保持着联系。

致艾玛·布伦纳-科罗恩(Emma Brenner-Kron)
巴塞尔,1852年5月21日

我想我能在你的诗中发现一种值得进一步发展的重要天赋——不为别的(因为诗歌在当今世界只占很小的地位),只为坚定你的内心。你必须把自己从感情的海洋中拯救出来,达到艺术、质朴、真理,这是值得努力的。即便你在此过程中放弃了写作,你也会在生活和艺术的坚实视角中找到一个重要的替代品,而这正是此类研究所给予你的。[110]想想看,如果你学会了把所有的痛苦和兴奋都转化为纯粹的美丽,那该有多好!当然,我们必须全力以赴才能达到这种境界。

重要的是,并不是每一种感觉、每一种情绪都适合用诗歌来表达。首先,我们必须忍耐眼下的痛苦,然后才能产生正确的情绪,这就是歌之源泉。诗歌不应该只是痛苦内心的表达,在事物被诗意地对待之前,和解的金色光芒必须已笼罩在它们身上。更重要的是,愤怒和复仇是非常值得怀疑的导向!赋予它们以宏伟形式并非不可能,但需要一种非常强大的天性,就像旧约中的一些诗篇那样。或者需要一种高度成熟的风格,比如但丁那种。

致艾玛·布伦纳-科罗恩(Emma Brenner-Kron)
巴塞尔,1852年6月4日

……现在我要固执地认真对待这些事情,①尽管我从你的信中很清楚地看出,你把我看成一个老学究。我的天!我不是你所说

---

① 匿名寄给布克哈特的一篇诗歌评论。

的沉默的仰慕者!我已超越了你的美貌和魅力的范围,看到它们也许会让我在艺术优越感方面感到不安,就像你提到的那个人一样。这不会以任何方式伤害你迷人的面具——如果世上有人并不崇拜你,而只是希望对你有所帮助的话。

但这对我有什么好处?你只会嘲笑我。我可以提出一个主题让你来处理,但你会拒绝它,或者把刺藏在里面,让我可怜的双手鲜血直流。看在你的分上,我可能会亲自来处理这个主题。但你一拿到我写出来的东西就会发现,它在各方面都很糟糕。而我不得不保持沉默,或者写半本书来为我的诗辩护,这将使你我都陷入冗长的讨论中。一个人永远不能用理性来对女性产生很大影响(请原谅我这无拘无束的话)。当一切都说出来了,情况看起来还不错,只不过……问题依然在老地方。

到现在为止,我一直忙于改善自己作为已知者相对于未知物的地位。因为,美的面具是我的弱点,一扇紧闭的百叶窗后的一个匿名窃笑仍足以激发我的兴趣。[111]然而,我目前正处于陷入"忏悔"的边缘——请原谅我。

我还能说些什么?目前,你还把我的批评看作对一切神圣事物的攻击。你为你所爱的诗辩护是"出于特殊原因",然而一个人真正爱上一部作品,必须只能因为它除了特殊内容外,还满足一定程度的艺术需求。无论如何,这种事情不会欺骗我。我不要求你承认你以前的审美错误,只要你能改进一下——学会更谨慎地运用图像,分清什么是丑陋和矫揉造作,并注意避免怀旧情绪,就没什么大不了的。这些问题都是自发产生的,如今整个诗歌氛围都充斥着它们。如果一个人不加甄别就大量阅读,很容易受到三手或四手文献的误导。

你觉得我自负得惊人,是吗?所以我必须迎难而上。我有幸代表的东西早在我之前便已存在。我所做的只是履行职务而已,只要你还没找到比我更有能力认识你的魅力天赋,而我也愿意拜倒在他脚下的人。

与此同时,我建议你们继续多寄信给我,最好是把你们所写的一切都寄给我。我的批评不会比第一批信更温柔,但能真正帮到你。

致保罗·海瑟(Paul Heyse)
巴塞尔,1852 年 8 月 15 日

我对艺术(整体)的看法经历了一次彻底蜕变,至今已有一段时间了。当你来这里时,我会有很多话要说。我不该相信,像我这样一个生疏的老历史学家,自以为能够看到每个时期和每个立场的价值,最终变得像我一样片面。但我眼中的标尺正在掉落,就像圣雷米吉乌斯对克洛维所做的一样。① 我对自己说——焚毁你所敬拜的,但也敬拜你所焚毁的!总体上看,确实是拉丁挽歌诗人给了我这种冲动,只是我不能完全解释清楚,(对其的认识)还停留在初始阶段。我也读过各种希腊语和意大利语的作品,都是关于"美好世纪"(del buon secolo)的。此外,整件事情要求人们对当前所宣扬的美学保持密切关注,[112]即反对柏林的罗伯特·普鲁茨

---

① [译注]圣雷米吉乌斯(Saint Remigius of Reims,437—533),兰斯地区的大主教,成功让法兰克国王克洛维一世皈依基督教。

(Robert Prutz)。① 他将成为一个具有倾向性的无聊话题,直至生命的尽头。

但更多的是口头上的。现在是时候把自己从曾经普遍接受的、对每个事物价值的虚假客观认识中解放出来了。无论它可能是什么,我都要变得彻底偏狭。就历史而言,我仍保持安全阀开启状态。但关于历史研究及其进行方式,我也有一句话想说,我逐渐获得了这样说的权利……

致海因里希·施莱伯(Heinrich Schreiber)
巴塞尔,1852年12月18日

你对我职业生涯的批评使我感到痛苦,因为我不得不承认你的意图是卓越的,而且几乎在每件事上都是正确和适用的。但我不能听从你的建议。相信我,我只需要离开一段时间!我在这里继续下去肯定会崩溃,除非我能不时在别处振作起来;这是我摆脱困境的最后机会。如果我没把握住,我将永远被判处悲惨的生活。另请注意:我将在一年后回来,我希望有足够的材料可以长期工作。但就目前而言,我必须暂时离开。在一个几乎没有学术激励的同伴和新鲜感的小城里,指望一个人能保持新颖性,这要求实在太高了。

亲爱的朋友,你真的不了解这里的知识氛围。我能感到最出色的人在这里都生锈了,真的,就像指尖上的触觉那么清楚。所以,如果我没听从你的劝告,请不要生气;我脚下的大地仿佛在被

---

① [译注]罗伯特·普鲁茨(Robert Eduard Prutz,1816—1872),德国诗人和散文作家,哈勒大学文学教授,以民族自由主义倾向而闻名。

烈火炙烤。我只要离开一段时间就能完全做好重新适应巴塞尔的准备，但现在请让我走！

我希望巴塞尔能够开辟一条新路线。除了一些不利因素外，它还有个优势，那就是把这里的统治集团捧上了天。他们的狭隘使本地人和外国人都生活得很痛苦。你也很清楚，在这种心情下，人们最渴望的是一张中性面孔。要是我已经越过阿尔卑斯山就好了！

[113] 从之前十五个月的旅居经历来看，我很清楚那儿不是一个称心如意的地方。我不再抱有二十岁时的那种青春幻想，也就是期望在南方找到天堂。但是，我可怜的灵魂不时期待着沐浴在美丽形式尤其是让人耳目一新的风景中。或许在这一点上，我依然是个幻想家；但是，若一个人只是单纯地渴望美好事物，争吵和辩论又有何用？毕竟我放弃了太多东西。再者，我一抵达那儿就会立马投入工作，而非进行昂贵的游览观光。佛罗伦萨的图书馆是我的主要目的地，人们必须冬天穿着大衣和羊毛手套在那儿工作。你看，我也知道不好的一面。

我想，总有一些小地方会向我敞开。在那里，我可以腾出空间给自己织造一个蛹。请不要为我担心。①

致保罗·海瑟 (Paul Heyse)
巴塞尔，1855 年 5 月 6 日

这个夏天将耗费在各种各样的工作上。如果可能的话，7 月中

---

① 布克哈特在罗马待了大半年后，于 1853 年回到巴塞尔，后于 1855 年搬到了苏黎世。

旬我会花两三个星期再次翻越阿尔卑斯山,穿过皮埃蒙特山谷,去看看那里的栗树和朝圣礼拜堂。10月初我将搬去苏黎世,明年我再去慕尼黑看你。我希望能在苏黎世写出更多的诗,因为大多数夜晚我都将独自度过。事实上,我决定去苏黎世的主要原因是,我几乎可以隐姓埋名地住在那里。在巴塞尔,我必须保持一定程度的露面,并在跟人打交道上浪费很多时间。我不是去苏黎世的唯一的新任教授,而是作为三十位教授中的一员。通常这些教授都十分看重其社会名誉,希望能结识更多的人。因此在这群人中,一个人可以躲起来不被人注意。来吧,黄金般的自由!我相信会结识两三个安静的好朋友,而且这个国家是如此之小,我只需要五分钟的路程就可以看到真正壮丽的景色。

……一旦给我黄金般的自由,除了我的职责范围,没人能对我提出任何要求。[114]然后我会卷起袖子,高兴地吐唾沫在手中,做些有价值的事。

致阿尔伯特·布伦纳(Albert Brenner)
苏黎世,1855年10月17日

你的来信使我由衷地高兴。尽管在你这样的年纪,一个人在许多方面都是不稳定的,但我相信,你一旦发现属于自己的职业就会坚持下去。有些文化分支特别强调美;你会像其他人一样,在一段时间内匆忙地生活并为未来感到担忧,但我总体上只希望你能够安稳。尚未成熟的东西总会发酵,但请不要只懂得思考人生——保持对诗歌的秘密承诺,愿它像熊熊火炬那样照亮你所有的精神奋斗。

归根结底,能给现代人的生活带来真正价值的东西实在太少!

我们在许多方面远离了实际行动，而在其他时代的民族中，积极的实际行动强化了他们的气魄，保持了其感官的新鲜度。如果我们不把生命奉献给更高的目标，那在这个拥有巨大涡轮机械的世界里会感到多么不安！你必须和我一样对这些保持清醒。因此，对付这种时而困扰你的轻蔑和矛盾的精神，没有比葡萄园里的"狄奥尼索斯精神"①更有效的疗法了。只要它不与某个逝去的秋天有关——我就不多说了。对美丽和伟大事物的持续沉思应当使我们整个精神充满爱和快乐。因此，我们的野心应该从虚荣的阶段上升到对名誉的渴望。我们是否战胜他人不该再作为一个问题，尽管为了追寻美，我们应当继续克服自己一时任性的奇思妙想。

不管你从我身上学到了什么，在更高的意义上，任何人都可以教你变得更好。既然你也为自己的私人学习做好了准备，就必须在灌木丛中开辟一条道路（因为你已学会走路，而且总体上知道自己的方向）。我和你一样怀念曾经的文学讨论。虽然这里有很多优秀的人，且他们的社交圈也对我开放，但在这一点上我陷入了困境。[115]因为通常情况下，个人命运、外部规则和过度劳作剥夺了他们在这些事情上的真正乐趣，当然（据我所知）也因为他们自己不会写作。空气中充满了重要的诗意灵感，但就目前而言，我还没有建立起足够牢固的基础来思考如何培养自己。再者，我被一种学术精神所困扰，它折磨着我，并很可能在未来几年里要求占有我的全部精力，那就是对美的历史进行认真审视。去年我从意大

---

① ［译注］狄奥尼索斯（Dionysus）是希腊神话中的酒神。后来尼采进一步在《悲剧的诞生》（*Die Geburt der Tragödie*, 1872）中对"狄奥尼索斯精神"进行了系统阐释。

利带回了这种"虚弱"(infirmity),我觉得自己除非在这方面已完成了使命,否则根本无法平静地死去。

我认为这是一件非常重要的事,因而不故作谦虚。一旦我们与真正的伟大和无限脱离关系,我们会完全迷失方向,从而囿于当今时代的车轮中。原谅我再次使用"车轮"这个比喻,但事实就是如此;其他几个世纪让人联想起河流、风暴或火焰,而当前这个世纪总是让我联想到魔法机器。但我们必须尽可能从本世纪的自由中获利,并对一切事物(从卷心菜到国王)都进行客观的思考——所以别抱怨了。有件事你很让我高兴,那就是你听取了我的建议——我是指你的思想轨迹更清晰了。我现在可否希望你在其他更重要的方面也遵守神圣训诫? 如你所知,我指的是古典文学。对我来说这不仅仅是迷信。

致阿尔伯特·布伦纳(Albert Brenner)
苏黎世,1855 年 11 月 11 日

很高兴收到 10 月 27 日的来信,尽管你用很小的字体落款了"苏黎世"。在这类事情上你必须学会小心:这篇文章可不是开玩笑的! 我的评论到此结束,从现在起你将受到热烈欢迎。你的"浮士德热"使我非常感触地想起一段相似的时期,它与其说存在于我自己的生活中,不如说存在于十六七年前我同学们的生活中。说实话,我从来没有像我朋友们那样深入探讨《浮士德》(Faust)的思辨层面。因此,我必须小心,不要试图向你们介绍这首伟大诗歌的构思创新之处。[116]我只想说,德国知识青年在特定年龄段挖掘和探索《浮士德》是必然的、不可逃避的命运,而你们正处于践行这一命运的过程中。如果有人在《浮士德》中发现了固化的教条,那

位老先生会很伤心的。勇敢地去犯错吧！这是不可避免的,尤其是那些追寻坚实真理的最优秀的头脑——他们被这首诗所吸引,被深深地拉上隐蔽的和超自然的道路,最终却没能找到任何真理。但是,这种追求真理的纯粹冲动,尤其是对精神问题的关注确实应当引起共鸣。

我对《浮士德》并没有特别的解释。不管怎样,你都会得到各种各样的评论。听我说:把所有二手货都送回原来的图书馆去!也许此前你已这样做了。如果你注定要在《浮士德》中发现什么,就必须凭直觉去发现(注意,我这话只针对该书第一部分)。《浮士德》是一部真实的神话、一个伟大而古老的形象,每个人都要以自己的方式从中发现自我的存在和命运。让我们来做个比较:如果一个评论家把自己插在希腊人和俄狄浦斯传奇之间,那么希腊人会说些什么？每个希腊人都有一种俄狄浦斯热,需要立即在无中介的情况下以自己的方式搅动和颤栗。《浮士德》和德意志民族也是如此。即使大部分浓烈过度的作品已被个人所遗忘,但真正打动他的那点东西会立即给他留下非常深刻的印象,随后成为其生活中必不可少的部分。

第二部分除了能当作一部愉快的寓言外,没什么吸引人之处。其中的思辨性对我来说既神秘又晦涩。神话的一面被处理得很华丽,就好像在看拉斐尔画普赛克的冒险一样。但我完全无法理解的是浮士德的道德解释最终是如何解决的。任何一个研究寓言的人,只要研究了相当长时间,自己就不可避免地成为寓言,从而不再作为一个人使我们对其感兴趣。但第二部分里有许多崇高之物,而在过去的所有诗歌中,几乎没什么可以与海伦娜(Helena)的升天相提并论。

最后,《浮士德》应该驱使你进行某种形式的创作,这是唯一重要的。[117]同样的事情在我们的青春岁月也发生过。欲望和成就之间的巨大鸿沟通常导致这些经典被不公正地焚毁,因为即便是这种象征性诗歌中的错误也会不可思议地被当成作者名誉的污点。在往后的岁月里,一个人要学会珍视这种东西,将其作为自我认识的源泉。

让我对你的诗作个简短概述,我将认真对待它,不放过任何疑问和鼓励。我怀疑里面会包含着一些只属于你自己的、非常私密的东西。读读伊默曼的《梅林》(*Merlin*),①它是能与《浮士德》相提并论的、最重要的独立作品,甚至可以说是对《浮士德》的补充。

致阿尔伯特·布伦纳(Albert Brenner)
苏黎世,1855 年 12 月 2 日

……现在我来谈谈你那极度拜伦式的浮士德人物。相信我,如果那种人真的存在(尽管有什么"神性的火花""高尚的冲动"等),也将是一个令人讨厌的人。即便他如你所想的那样"忙于政治、哲学和科学",也只是以一种文学的方式在游戏,而未真正作出任何实质性贡献。因为他完全缺乏对事物的真正热爱,也因为他只是一个擅于嘲讽的无用之徒。我想借此机会让你相信,这些极其有趣、忧郁、怀疑和神秘的人(就像拜伦那样)是纯粹幻想出来的,从未在任何地方真实存在过,因此也没有任何诗性的真理。

---

① [译注]卡尔·伊默曼(Karl Leberecht Immermann,1796—1840),德国剧作家和小说家。《梅林:一部神话》(*Merlin*:*Eine Mythe*)是其 1831—1832 年间创作的一部长篇颂体诗。

（海涅曾一度希望成为这种类型，直至他发现纯腐肉更适合他的气色。）那些司空见惯的、原本规模庞大的碳化个体无处不在，但他们不再有趣，至少没有他们自认为的那么有趣。他们不时向空中吐出几个小烟圈，这只不过是他们散发出的最后一股恶臭，尽管人们总是忍不住想象其体内沸腾着天才般的埃特纳火山。总之，这种人无可救药，还自视甚高。很明显你从未见过这种类型的人，否则不会理想化并尊重这些"人物"。其实，我很想给你读一篇犀利的演讲，关于如何养成有意识地预测事物的习惯。

你的一生中只遇到了爱和善意，[118]同时你拥有青春幻想，且天性非凡，这是一切诗歌创作的先决条件。你应该把伟大人物、众神、英雄、财富和爱情等用简单感人的对照手法表现出来，而非抓住那些正在腐烂的、闪若磷光之物，抓住你一无所知且从未经历之事。你可能会说："我也没有众神和英雄的经验。"好吧，你可以想象他们。你在快乐的年纪有幻想的权利，但你没有权利想象腐烂的东西。出于单纯的好奇，我很想看看你如何执行浮士德计划，看看你会把一个角色塑造得多么天真（尽管有谋杀、匕首等元素）。另外，我要在页边空白处记下因天真而忽略的内容，如一切怨恨、盲目冒进，以及那些碳化天才们的恶行等。相信我：一个人只有在热爱某种东西之时才是有趣的。另外，"不要从光芒中吸取烟雾，而是要吐出光彩四射的烟"。

顺便说一句，你只给了我关于两个场景的轮廓——与朋友的谈话和立誓。我不得不说，这位朋友的性格真是可悲，这在我们这个时代简直太真实了。这种人在其"穿梭于各个观点"的航程中，曾花了几个星期观察"现代正统主义的标志"，直到一股不同的风开始刮起；他总是准备好一个替罪羊，并带着吸血鬼般的轻蔑态度追逐(自己的野心)。我绝对可以向你指出一个这种人物……

致阿尔伯特·布伦纳(Albert Brenner)
苏黎世,1856 年 2 月 21 日

你 17 日的来信在一定程度上使我很高兴,而第二封信也丝毫没有让我感到疏远。我们先谈重点:那么,你开始对未来生活的恰当位置有所思考了?这很了不起。这么说你已不再梦想诗意的生活、不再幻想艾兴多夫①的烤鸡飞进你嘴里了?(如果这是你的梦想,也没什么好羞愧的。)我们这个时代的生活需要有伟大和强力的理想型人物,这样的人首先需要依靠自身经济实力立足于世。

尽你所能来形成并发展这种特殊的自豪感吧![119]这个世界对我们的要求和索取很少,因此我们也必须对它要求和索取很少。最重要的是,你太爱缪斯,②以至于不想靠她过活,也就是靠版税生活。即便是最伟大的人,当他不得不为生存而写作时,内心也会遭受严重伤害。不,让营利场彻底变得平庸无奇吧!尽管如此,人们还是会非常喜欢它。你的使命虽然需要付出艰苦努力,但也有令人愉快的一面。

现在我甚至要向你宣扬一丝英雄主义,当我处在你们这个年纪时,这种东西肯定没多大用处。我的意思是避免昂贵的娱乐活动以及依赖于它们的社交。我们瑞士人在这方面非常明智,一个

---

① [译注]约瑟夫·艾兴多夫(Joseph Freiherr von Eichendorff,1788—1857),德国诗人、小说家,浪漫主义运动主要代表人物之一,在德国青年知识分子中颇有名气。

② [译注]希腊神话中执掌诗歌、音乐和其他文艺分支的女神,也指代创作灵感、诗意源泉等。

人的职责并不十分困难,但德国学生的情况却大不相同。在德国,一个人能通过学习来获取家族财富,包括其姐妹的财产。如果他根本上是正派的,也许可以充分利用这些财富,但也可能将之挥霍一空,并背负大笔债务。最后他要么宅在家里或移居美国,生活窘迫,要么成为一名公务员,被上司呼来喝去、蹂躏、践踏和侮辱——与之前那种奢侈生活形成可笑又可悲的鲜明对比。因此,一个人必须及时学会自立,过上清贫而不失尊严的生活。这是诗歌的基本要求,是品格的坚实后盾,是纯洁和美好情感的唯一保障。

你当然还会被照顾几年。如果你能在学生时代考虑好未来生计,并使自己习惯于这种并不诱人但很舒心的前景,这就足够了。不要把目标定得太高:在学校里教书育人,如果可以的话尽量找一份稳定的教职。不要让自己轻易被学术工作所吸引,这是一场碰运气的游戏。因为,即使把德国所有大学都算上,每个特定领域的空缺职位总是很稀少,因此自然而然这些空缺往往是靠机遇或偏袒而非择优填补。除非一个人能靠妻子的财产生活,否则他永远不可能养家糊口,而我们这里所有的高中教师都能在二十五到二十八岁的年龄段结婚。唉,要是你能像我一样看到德国学界普遍存在的苦难和贫困就好了!你最不该选择的职业是记者,它一方面吞噬诗人的灵魂,另一方面又很难达到教师的收入。[120]我仅以诗歌的名义向你讲述这些乏味的话,它们听上去就像告解神父的话那样坚实而平静。

我们继续往下说。你觉得大学生活不能让你满意,这多么盲目!在此情况下我必须告诉你:诗人不需要学生生活,因为他本就能打开世界之门!他的生活和行动,存在于一个与周边环境所赋予的形象和情感秩序不同的世界中。另外,多么乌七八糟的学生生活被移植到了我们瑞士的大学中啊!

此外,你对 X、Y 和 Z 均不满意。我从中感觉到了一个问题(你当然也清楚,只是不愿向我吐露)——你其实是对自己不满意。哦,如果你指望别人有高尚的情操,或想要依赖他人,并要求周围环境给你营造一个理想世界,那就大错特错了。现在,为了你好,我提出以下建议:把你的优越感、巧言和讽刺抛在脑后,在和他人相处时试着把心中所有的善意、忠诚和奉献精神都展现出来,你会发现,你能得到同样的回报。不要用诙谐、尖刻的言论扰乱社会,但要展示你天性温和而善良的一面。你会发现这种精神在别人身上也存在,也许看上去胆小笨拙,但充满友善、互助和爱心。你会发现,别人与你的关系并不如你所愿的那么理想,但理想的气息会适时地触及他们。你相信我的话吗?请回答我。当周围的人显得麻木和愚蠢时,先在内心深处为自己曾害怕或憎恨过他人而忏悔,然后成为最快乐活泼的人——你会看到这将有多大帮助。一个聪明人,只有当他完全驯服自己时,才是一个有能力的人,施莱尔马赫就是如此。如你所见,尽管你发出了警告,我还是坚持"外在后果"。

现在来谈谈你的工作。我的专业知识太少,无法直接帮助你,但有一点可以肯定,如果你不培养高度的记忆力,你将始终摆脱不了业余爱好者身份。此外,我还要求你阅读对开本(folios)[1]中的必要内容,且须在今年 4 月、8 月和 12 月各完成一部分阶段性任务。你对这些可怜的对开本有何反对意见?书中有成千上万的精彩事物,人们读起来津津有味,甚至可以为之欢呼和哭泣。[121]

---

[1] [译注]早期印刷的一种页面尺寸较大的书籍。

举个例子:不知去年冬天我在圣塞韦林①演讲时你是否在场。我当时讲的那个精彩故事中蕴含的历史性和人性深深打动了我(虽然我既没为之狂呼,也没为之哭泣)。但据我所知,原著只出版了两次,且每次都是以对开本形式出现。顺便说一句,尽量戒掉自己的狂呼和哭泣,这是歇斯底里的女人才会做的事。它总是材料的效果,而非艺术形式的效果。总之,如果你真想有所成就,就不能拘泥于书本。这是不言而喻的,因为书中真正有价值的内容只有千分之一,而你的思想只有在筛选内容的过程中才能得到训练。试想一个采矿者应当如何工作?最后有一个安慰是:你将逐步学会如何快速而准确地把那百分之一的内容提取出来。

至于学习对观察生命的影响,我不勉强你,只要你不把读书视为一种受苦就行。你曾向我保证,你将对生活的研究以自省的形式应用于自身。如果我说这一切看起来全部适合你的年龄,那一定是在撒谎。上帝蒙住了年轻人的双眼,让他们认为这个纷乱混杂的世界是和谐的,并在这种意识中感到快乐或疯狂。如果你想继续保持纯粹的批判性而非享受生活,那就随便你。顺便说一句,你告诉我的事情中有一件让我很高兴——你认为"在这个世上意志比理解更重要"。如果这是你的哲思方式,请继续下去。换一种稍微不同的说法是:一个人的性格远比丰富的头脑更能决定其命运。这是我最古老、最坚定的信念之一。

---

① [译注]圣塞韦林教堂(Église Saint-Séverin)是位于巴黎第五区的一座天主教堂,始建于11世纪,于16世纪完工,1790年之前曾长期作为巴黎南教区的总执事驻地。

致阿尔伯特·布伦纳(Albert Brenner)
苏黎世,1856 年 3 月 16 日

你 11 日的来信让我非常难过,也使我很担心你。我先回答第二部分。如果你真认为自己有恶魔的本性,那么我只提出一个要求:你永远不要答应它。要不惜一切代价保持善良、爱心和仁慈,迫使自己祝福每个人,并在与他人的日常对话和交往中表明这一点,以便在可能的情况下有人能和你成为朋友。[122]如果你知道贯穿于我们私密生活的可怕裂缝和鸿沟,你就会在今天开启所有爱与奉献的宝藏,而不是等到明天。因为这是唯一使那种类似纯洁而崇高的感觉得以发展的途径,并鼓励你大胆而自信地在深渊上行走。你还不明白,我们这些人是命运门前的乞丐,靠固执的毅力和强求所能获得的是那么少,而那些最伟大的天才总是徒劳地敲着门试图闯进去。因为啊,人唯有学会爱,才能真正获得幸福。

你竟然用这种忧郁的思想笼罩你黄金般的大学时光,真是遗憾。你坐在那里,沉思你一贯的冷漠主义,直到必然性和偶然性这两个类别把你日常面包中的善与恶都吞噬掉。今天在你身上目睹的情况在十六年前的别人身上也发生过:出于假定(或真实)的"世界历史哲学"公理,那些保护个体并给其生活带来幸福的事物完全被遗忘了。[最重要的是,这些智识活动将诗歌彻底蚕食并腐蚀掉了。它们让莱瑙(Lenau)付出了代价,使他任由自己被决定论哲学的崇高诗意所蒙蔽,直到最后彻底完蛋。]如果这是不可避免的,那么至少要当心自己。对于我们这些世界上的孩子来说,在从事这一职业的过程中所产生的智识骄傲,同宗教上的骄傲一样具有刺鼻的难闻气味。

12点的钟声已敲响了。如果你想继续做一名诗人，就必须以非常个性化的方式热爱他人，热爱自然、生活和历史中的个体事物。如果你碰巧遇到了黑格尔哲学，我的建议是，他是市场上的毒品，让他躺在那里吧。现在想想你的未来职业，无论是做一名作家还是教师，你都应训练自己，让尽可能多的不同类型的人喜欢你头脑中的东西。你目前的沉思是朝这个方向迈出的一步吗？不过，我也许在白费口舌。很明显我不能在你灵魂中植入一种不同的情绪，而你所认为的信念在很大程度上只是情绪而已——别把它们搞混了。

另外，关于你的学术哀叹，我不再重复上次的信了。我完全相信你对学生生活图景的描述（尤其是个人特质）是正确的。[123]但你背叛了我，你自己是一个偿付者而非建设者。在我们那个时候，我不是上述两种人中的任何一种，而是在学生俱乐部内外过着一种幻想的生活，并保持低调的姿态。但我现在对应做之事有一种非常生动而痛苦的感觉，不仅是过去那时，在许多其他情况下也是如此。后来在巴塞尔，我很难与人建立起真正联系。在绝大多数圈子里都存在一两个傲慢且完全消极的人，而大多数体面正派的人都容忍着他们，他们总会给那些志存高远的人拖后腿。你不要成为他们中的一员。破坏多么容易，重建却多么困难！用一根严格的标尺来衡量他人的行为，凸显其不足和荒谬的一面，或以一种更高尚的风格来强调社会生活及其自由主义的局限性和偏见，这并不需要多少智慧。我之所以说这个，是相信你的天性在大多数情况下仍是积极的。想想看，你是多么幸运！没有人强迫你庆祝今天早些时候法国王位继承人的出生，而至少有一打不开心的法国人已经咬了好几个月钢笔了！

……现在,让我们一点一点地言归正传。如你所知,我对你的精神生活最感兴趣,因为你对我来说意义重大。虽然我很喜欢读你那像日记一样的、对自身观点和情感的剖析和描绘,但内容并不是我十分想要的。我想要的是诗意的表达,以有意识的形式迸发出的无意识。鼓起勇气,用不同的形象使自己的各种情感之流延续下去,并将它们与你自身的个性融合在一种必要的艺术关系中。从最高的意义上说,真正恒久的日记永远是诗歌。当你谈哲学时,我会听你讲完,就像听布道一样不予置评。我并不反对这种消磨时间的方式,只要你答应一件事,那就是在充满哲学情感的时刻,在你的呼吸下重复三句话——"毕竟,相对于外部世界的权力,我只是一个卑微的原子";"所有这些都比不上一丝真正的直观和感触";"毕竟,个性是最高的存在者"。念完这三句话后,你就可以继续平静地思考哲学了。

致保罗·海瑟(Paul Heyse)
巴塞尔,1858年4月3日

[124]你和埃伯纳(Ebner)的信让我非常惊愕。当我写信给克拉拉(Clara)夫人时,我绝没料到这种邀请会出现在信上。① 综合考虑,我根本不能承担这项工作。

我正进入一个纯粹的历史教授职位,学校各方面考核都很严

---

① [译注]弗朗茨·库格勒于1858年3月18日去世,布克哈特应库格勒遗孀克拉拉夫人的邀请补充库格勒生前未完成的建筑史手稿,并编辑由埃伯纳出版的第三版艺术史手册。

格,对我的期望也很高。也许我将不得不无限期地推延自己的工作,①为此我已做好了两年的笔记。

此外,在过去很长一段时间里,我与许多艺术形式脱节了。我不能再为了学习而去旅行,今年几乎一天都不能离开巴塞尔。我对意大利以外的事情只有模糊的记忆。所以,想想这种续写对于一部以无与伦比的细节知识、深度和扎实的思想为开端的作品来说意味着什么。更何况我还弄不到插图。你要认真考虑对这项工作的责任。

我必须承认,如果吕贝克不做这事,我没有其他人可推荐。我猜你也不想让施普林格来做。②除此之外我想不出其他名字了。埃格尔斯(Eggers)目前进展如何?

如果实在找不到人,那么我的中肯建议是:把有关于建筑史的东西打印出来,简单地添加一个关于文艺复兴和现代建筑的简要概述。如果需要的话,我可以负责补充。只是有必要告诉公众,这是一部没有任何著作权声明的作品,其中一个作者是临时授命。这样的话,至少可以预计不会发生严重失误。

吕贝克必须提供《艺术史手册》的缺失部分。我会先对第二版中的现代艺术部分稍作修改。如果实在找不到人,我将承担起整个修订任务,但插图必须由专人来处理。

---

① 指关于意大利文艺复兴的写作。
② [译注]威廉·吕贝克(Wilhelm Lübke,1826—1893),瑞士艺术史家,当时是布克哈特在苏黎世联邦理工学院的同事,著有《艺术史概论》(*Grundriss der Kunstgeschichte*,1860)等书。安东·施普林格(Anton Springer,1825—1891),德国艺术史家,波恩大学和莱比锡大学教授,著有《艺术史图谱》(*Textbuch zu den kunsthistorischen Bilderbogen*,1881)等书。

[125]如果我还在苏黎世,还可以多做点事情。事实上,有一些空白是无法填补的,我们必须接受这个现实。命运对你们家的沉重打击至今仍让我难以承受。

1860 年代

致海因里希·施莱伯(Heinrich Schreiber)
巴塞尔,1860 年 8 月 1 日

我已耗费了五分之三的假期为我的书进行润色和修改。目前已印好了二十一张,还大约有十四张未完成。在书稿付印期间我的焦虑与日俱增,因为它将无可挽回地被公开了。书名是——《意大利文艺复兴时期的文化》。

一旦印刷完毕,我就给你寄一份。我亲爱的老朋友无疑会对这种业余作品微笑和摇头,但至少会承认作者没少付出艰辛和汗水。它完全是种野生植物,不依赖任何已存在的东西。我想从你的口里听到一句赞美词,那就是作者坚决抵制了许多让自己想象力四处漫游的机会,并巧妙地忠实于自己的材料。我也认为自己应该得到一些赞扬,因为我没把这本书的厚度提高三倍。这是世界上最简单的事,可能会让我在很多人中赢得更多尊重;我只要屈从于先天的健谈,就会有一百张而非三十五张……

致保罗·海瑟(Paul Heyse)
巴塞尔,1860 年 11 月 16 日

哦,亲爱的保罗,我的惊讶超出了想象。我整天都全神贯注,

因此现在必须有意识地努力理解你献给我的这部杰作的全貌和风格。① 我相信,如果你能看到它与我在这里的生活有着怎样的对比,你一定会大声笑我。我是个彻头彻尾的庸人——[126]和其他庸人(以及同样热衷于成为庸人的同事)一起玩多米诺骨牌,一起散步,不做作地喝杯葡萄酒,在咖啡馆里谈论政治,定期与亲戚一起度过周末,以朴实无华的方式授课和教学,等等。瞧!最迷人的炸弹从窗外飞了进来。

哦,保罗,想想看,你把我的唱功吹得如此神乎其神,会让我在这里的人群中遭到多少奚落和嘲笑;除了在我们大学协会晚宴和其他庆祝结束时,这里的人从未听过我唱歌。但是,一想起我在1847年是多么自私和不合群,对我来说是颗难以下咽的苦果。当然,我已经付出了代价,甚至到了一点友好迹象都会让内心产生感激之情的地步。从那以后,我经历了一些困难时期。我不要求什么特别的好运,只要事情还能继续下去。

我被深深地感动了,开始翻阅你那本小书的很多地方,现在很困惑地意识到,自己离真正了解意大利精神的特征还有多远。我觉得我书中②的很多段落都应该被否定和重写;在我的整个工作过程中,我一定是瞎了眼,竟从未意识到精神与激情的奇妙融合。

另外,试着在没人在你身边摇晃并捏你耳朵的情况下书写文化史。奥菲尼德(Ofionide)③在我不知情的情况下确实帮了很大的

---

① 保罗·海瑟把他的《意大利歌集》(*Italienische Liederbuch*)送给了布克哈特,回忆了他们在柏林的友谊,以及弗朗茨·库格勒和布克哈特轮流用德国和意大利歌曲为对方钢琴伴奏的时光。
② 指《意大利文艺复兴时期的文化》。
③ 即路易吉·皮契尼(Luigi Picchioni)。奥菲尼德是他的笔名。

忙,他给了我一个完全健康、迷人、具有广泛文学知识的老伦巴第人的标准。只是他不习惯我们精心筛选的观点,天真而不加反思地生活。我所具备的品质是从库格勒那里学来的,他对本质有一种感觉,即便在只是业余的那些领域,也知道如何唤起人们的兴趣。天啊,与他相比,大多数(甚至)伟大的专家是多么容易满足和自负!像库格勒这样的全景式视野,自然会使那些专家感到烦扰,觉得这是在破坏他们的工作。因此他们有意忽视库格勒的学术质量,即使在他的特殊领域也是如此。但是够了!他们也会这样对待我的书,我和出版商已经做好了准备!头脑清醒的人也许会承认,[127]这本书的写作完全是出于内在的需要,尽管全世界都忽视了这一点。

致奥托·闵德勒(Otto Mündler)
巴塞尔,1862年1月5日

……很不幸,人们对我这本书的看法并不像吕贝克所设想的那样。令人沮丧的是,我们还没有卖出两百本。这种东西在德国已经买不到了。我曾警告过出版商[他是我的密友,甚至连《向导》(*Cicerone*)的出版费我都没向他支付]不要印刷超过五百本,他却印了七百五十本,现在只能把剩下的几捆存放在他的店里。有了这段经历,我决定只为《意大利文艺复兴时期的艺术》设计一个大约二十张纸的框架,并只利用这个机会来传达那些我认为的新成果。当然,这并不是一本好读的书,它即便好读,在德国也无法打破冷遇局面。而即使是这么简短的写作也得花上很长一段时间,直到我那严格的职责在某种程度上得以简化。

我只能对《向导》的翻译表示完全满意,并请求您把我推荐给珀金斯(Perkins)女士及其合作者。但我担心,在目前的情况下这项工作将被无限期搁置。①

有了你的修改,我的书当然会有一个不同的销量!当我看到"绘画"这篇文章,回想起那些我曾借其力量施行洗礼和发表评论的权威,实在是感到非常羞愧。但我对此无能为力:我们这些德国创作者总是在邻居家仓促地搜集一些东西,然后蹑手蹑脚地写作,无法征求任何人的意见。这就导致其作品总是带有一种乡巴佬的气息,甚至连德国的味道都算不上。

我很想和你交个朋友。只要你愿意来,我会放弃所有的工作。

对我来说,如果你能对米兰学派的某幅画发表意见,那将是非常有价值的。这幅画的主人是这里的一位制造商。②

致保罗·海瑟(Paul Heyse)
巴塞尔,1862 年 11 月 30 日

[128]我还没感谢伯恩哈德·库格勒③关于安条克公主的论文,因为我不知他身居何处。这是一项重要的批判性研究,对未来很有希望。对我这样一个超级业余爱好者来说,它包含了一些羞

---

① 这个出版计划失败了,最终由克拉夫(A. H. Clough)女士于 1873 年英译出版。

② 布克哈特一度认为这幅画是莱昂纳多的原作,他可能以同样的价格把画卖给了费利克斯·萨拉辛(Felix Sarasin),并把所得的钱全部交给了博克林(Böcklin),以便后者能维持在罗马的学业。这幅画现在被收藏于巴塞尔博物馆。

③ [译注]伯恩哈德·库格勒(Bernhard von Kugler,1837—1898)是弗朗茨·库格勒的长子,生前主要在图宾根大学工作,主要研究欧洲中世纪史和文艺复兴史。

辱性的东西。我从中看到了西贝尔①的方法以及他教给学生们的意思。我再也找不到学校了!

致弗里德里希·沃格林(Friedrich Salomon Vögelin)
巴塞尔,1863年2月15日

不幸的是,我无法推荐任何可发表您考古研究成果的刊物。我与期刊完全脱节了,因此我若身处同样境地也无所适从。另一方面,苏黎世的吕贝克教授对它们了如指掌。如果你向他转达我最亲切的问候,他会告诉你想知道的一切。有了《阿西西的圣弗朗西斯科》(S. Francesco in Assisi),②你肯定会得到他的热心帮助。

你父亲把你的灾难告诉了我,虽然他在这里的时候你的手提箱还在里窝那。③ 我衷心祝愿它能被早日取回。我是为数不多的能同情你在这件事上的担忧和期望的人之一,因为我曾在意大利北部生活了四个星期。那是在1854年,期间我一直担心奥地利警察会没收我的笔记,因为当时瑞士人遭到纠缠是司空见惯的事,而我的护照刚好过期。

---

① [译注]海因里希·冯·西贝尔(Heinrich von Sybel,1817—1895),德国史学家,早年为兰克门生,后离师另组普鲁士学派。在政治上主张小德意志路线,反对兰克的客观主义,认为历史是政治斗争的工具,史学研究应为国家民族服务等。

② [译注]阿西西的圣弗朗西斯科(San Francesco d'Assisi, 1181—1226),著名的方济各修会圣徒,与锡耶纳的圣凯瑟琳一起并称为意大利的守护神。此处应指沃格林所写的关于一幅画有圣弗朗西斯科人像的壁画的考古评论。

③ [译注]里窝那(Leghorn)是位于热那亚东南方向175公里的一个港口,濒临利古利亚海。

如果吕贝克不能给你任何建议,我当然会毫不犹豫地建议你从既有的研究中临时写一本书,标题就定为"基督教艺术",或"基督教艺术断片",或"马赛克"等类似的名称。确实,目前你手上的材料很少,几乎一无所有,但接下来你可以重新获得更多的材料。把这类研究工作转化成能让你去任何想去的地方拿博士学位的那种形式是很容易的。

[129]我衷心为你的神学方向遗憾。曾经有同样的事情摆在我面前,但我及时转向了历史。

在过去几年里,我对新教教会的命运思考了很多。在宗教问题上,人们往往不求自由而求依赖。众所周知,天主教曾在这方面给了人们极大的满足。他们描绘上帝位格的方式是根据其悲伤和痛苦而形成的,通过这种方式,圣经和教义对他们产生了新的影响。如果命运有幸让我陪在你身边,我会试图敦促你做某些非功利性的事情,但这种事不能在信里谈。我很清楚,新教教会的大分裂必将在未来十年内正式出现,但我也非常了解现代国家,当时机成熟时,它将以最明确和实用的形式展示其无情的全面统治。但目前,它只是以群众感情的大致程度为标准来采取相应措施。在我看来,法国胡格诺派的分裂只会导致天主教的发展。事实上,我们还没体验到群众力量对宗教的全面影响,但它或许即将到来。

致保罗·海瑟(Paul Heyse)
巴塞尔,1863年4月5日

……就我而言,我像一位勤奋的历史学教授一样生活在这里。

如果一切都能保持原样,我就十分满足了。这并不意味着生活的一切都是完美的,但随着岁月流逝,一个人不再期望从变化中获取任何特殊收益。我也经历过一些沉重的忧郁,这种忧郁不会使人变得年轻。在 1862—1863 年冬天,我完成了《意大利文艺复兴时期的艺术》的八分之七,但后来发现它无论在原则上还是在实施上都不充分,于是又把它放回我的办公桌上。它可能永远也不会成型了,因为我在意大利只有六个月时间,无法弥补那八分之一的空白。在这里,我们的假期从不超过四周,最多也就五周,不允许我进行所需要的那种旅行。让我感到安慰的是,至少我已有了一部伟大的作品。

现在,我认为我那微不足道的写作生涯终于结束了。我感觉我的阅读资源变得更好、更有内涵了,因为我只为教学而读书做笔记,而不是为了可能的著书而读书做笔记。[130]历史学的市场已人满为患,这种情况持续下去会变得更糟糕。十天前,我那善良的出版商去世了,我的作品将被集体搬走,它们可能会被莱比锡的某个批发商买下,并以更低的、实际上相当低廉的价格售卖一段时间,最后被打成纸浆。所有这些,我都带着廊下派式的冷静和发自内心的喜悦去看待。我的治疗方法是:晚上 8 点后去咖啡馆或酒吧与人闲聊。星期六晚上去附近的村庄转转,星期天下午我再走得更远一点。多年来,我一直避免去听音乐会,因为这对我来说是一种奴役。与之互补的是,我有一架钢琴可以自己创作音乐。

几年前我曾让你读我写给库格勒的信,如果你愿意,请在读完后把它们销毁。如果你真这样做了,我会很高兴,因为其中很多东西并不是为外行而准备的。让我知道发生了什么!

致保罗·海瑟(Paul Heyse)

巴塞尔,1864 年 12 月 6 日

我匆匆忙忙就是为了不让你久等,但我根本做不到。①

我越来越难以忍受仅从别人的书中获得对我没有亲眼看到的东西的描述,加之我们的假期安排不当,使我无法出国旅行。从 1858 年起我就开始构想自己的职责,我的全部精力都被它占据了,这导致我对印刷品的厌恶也成比例地逐年增长。

上周五,我把完成了八分之七的《意大利文艺复兴时期的艺术》手稿交给吕贝克并让他全权处理,②这样他至少可以将其中部分材料用于库格勒的《建筑史》第四卷。这是我能给你的关于我是哪种作家的最好例证。我对这项工作并不满意,但又不能进一步研究,[131]所以把它交了出去,条件是我的名字在扉页上排第二位——尽管我更希望它别出现在任何地方……

现在你知道我是如何对待自己孩子的了……

致奥托·里贝克(Otto Ribbeck)

巴塞尔,1867 年 10 月 28 日

请让狄尔泰在我们这里多待一会儿,我求你了!③ 他还很年轻,可以在巴塞尔为自己的德国职业生涯做好准备。我想,当他回顾巴塞尔的时光时,他会认为那是一生中最快乐的时光。也许你

---

① 这里指的是拟完成的库格勒《建筑史》第四卷,作为库格勒的遗稿被编辑出版。
② 吕贝克此时接替了布克哈特在苏黎世联邦理工学院的职位。
③ [译注]里贝克在巴塞尔讲学时与布克哈特相识,后来去了基尔大学。威廉·狄尔泰(Wilhelm Dilthey,1833—1911),著名哲学家与史学理论家,曾跟随里贝克在巴塞尔工作过一段时间。

也不会把他留在基尔太久,谁知道呢!因为我必须诚实地说,他的知识储备确实相当可观。我对你的询问感到非常担忧,从而产生了一个微弱的希望,也许我迟迟不答复将有助于使他留在这里。也许你知道,斯特芬森(Steffensen)由于身体不好,还指望他留下帮忙。你瞧,学生们对狄尔泰充满热情,我们也很欣慰地看到,我们收获了相当可观的"票房"(botteghino)。所有这些都将这么快被摧毁吗?

关于这件事我无法说得更多,我对他的书了解得不够详细。但仅从谈话和就职演讲就能看出,他的知识功底非常扎实,而且具备高超的文学气质。不管发生什么,你都必须把他留给我们!

现在我们的学生总数已达到了一百二十人,但我们没有自满,而是顺从地等待着我们学术命运的进一步有利变化。

非常感谢你的"帮助"。[1] 但不幸的是,狂妄自大总是会自我繁殖。正如盖贝尔所说:谁有权力就能使用暴力。上周三,我看到弗朗茨·约瑟夫和拿破仑一起进入巴黎,[2]这让我想起了这句话。

---

[1] 里贝克关于"狂妄自大"(Hybris)的演讲。
[2] [译注]弗朗茨·约瑟夫一世(Franz Joseph I,1830—1916),奥地利帝国和奥匈帝国皇帝,19世纪中期至20世纪初中南欧的最高统治者。此处应指1867年8月弗朗茨·约瑟夫与拿破仑三世在萨尔茨堡会晤后,又于同年10月访问巴黎的事件。

致爱德华·绍恩堡(Eduard Schauenburg)
巴塞尔,1869年12月5日

　　[132]能获邀在克雷菲尔德①演讲,我很荣幸!我不认为我在那么远的地方都为人所知,但这更像是"你的一个笑话",正如拉帕奇(Raupach)所说的时代精神那样。

　　但就其本身而言,如果人们愿意做出你所说的牺牲,投入一系列晚上来培养他们的思想,那么一个像克雷菲尔德这样繁荣的制造业城镇,也显示出了高水平的文化。尽管不止一次获邀去到其他城镇,但我从来没有在巴塞尔大门外兜售过我的讲座,并打算继续坚守这一规则。老实说,如果我采取了不同行动,我就会认为自己是在掠夺巴塞尔。我所有的紧张精力都只属于这片土地,而讲座(如果它们是应该的)则需要耗费精力。

　　我羡慕波恩和海德堡的名流以及他们在你和其他围墙内的形象,但我无法与他们竞争。无论如何,我迫切需要为下个夏季学期做好每一天的准备(还是那个"不包括罗马的古代史")。因此,我恳请你转达我对委员会信任的最衷心感谢,并代表我以"完全没时间"这个理由向委员会道歉。今年冬天我已在晚上的公共广场开过两次讲座了,接下来的三个周六还要继续(分别在本月4日、11日和18日)。对我们这些在巴塞尔出生的讲师而言,在众多形形色色的听众面前布道是一项道德责任,而任何国外出生的人能够加入我们都是一件好事。我们保证每年冬天为公众举办三十八至四十场系列讲座,并针对更具鉴赏力的听众提供十四场内容较深

---

　　①　[译注]克雷菲尔德(Krefeld)是位于北莱茵-威斯特伐利亚州莱茵河下游的一个河港城市,近代以来以丝绸和天鹅绒纺织业闻名。

的讲座。与这些讲座并列的还有许多公共课程,如世俗课、宗教课,等等。简而言之,我相信如果冬季每个晚上都有讲座,一定会有很多人参加。此外还有青年商人协会经营的教育机构,其规模堪比一所受人尊敬的学院。我是它的会员之一,每周被预订了两个晚上的课。你看,我在这里的每一分钟都被用上了。

我多么渴望见到你,去你家问候你妻子朱利叶斯(Julius)和你儿子斯蒂夫特(Stift),还有其他所有人!但我一直被风驱使着前行。[133]剩下的唯一安慰是,我的生活是由办公室的日常职责构成的。再会!

1870 年代

致奥托·闵德勒(Otto Mündler)
巴塞尔,1870 年 2 月 15 日

由于我不知道你在巴黎的具体地址,所以必须请扎恩(Herrn von Zahn)①转达我最诚挚的谢意。

昨天我收到了《关于〈向导〉的贡献》一文,你在序言中提到我的工作(实在太和蔼可亲了)让我感动并羞愧。另外,我读完这篇文章,意识到自己曾大胆地犯下了巨大错误,因此有责任尽可能地向你道歉。

《向导》的写作不仅是在一个极不充分的美学基础上进行的,还是在非常困难的情况下用非常有限的手段进行的。当时我已经失去了在这里的职位,还不知道未来会变成什么样子。事实上,它及时地帮助了我,使我获得了苏黎世联邦理工学院的教授职位。因此,我应该永远对它表示尊敬。

但是,一项工作至少需要三年空闲时间,以便与现场人员建立联系,并得到当地的各种援助。然而,我只花了十三个月的旅行和四个月的后续工作(其中校对和索引就耗费了三周时间)就把这项

---

① 扎恩与闵德勒等人一起编辑《向导》的新版,他当时是魏玛博物馆的馆长。

工作匆忙完成了。这非常符合我们 19 世纪草率行事的风格。还有一个小细节：由于当时瑞士与奥地利外交关系不好，我在从拉各斯克罗(Lagoscuro)桥回家的路上一直处于危险中，在那里我进入了意大利北部各州，最后在威尼斯艰难地获得了一份工作许可证；在回国路上，我确实被允许在直达路线上的城镇停留，但不能去曼图亚。① 更重要的是，当时正值大斋节，所有的画都被遮挡起来了！此外，由于我不得不节省开支，导致很多地方都没能亲身见闻。

这就是我曾经作为一名作者所面临的不便。[134]此外你还必须把我难以摆脱的、武断和业余的艺术观考虑在内。此外，我几乎不具备任何一种技术知识，因此始终处于一种危险，即把二手材料或参考文献当作主要来源，并把那些画派的作品统统视为原创性的。我仍然清楚地记得，1853 年 4 月我在罗马做了个孤注一掷的决定——按照类型和主题来对待古典雕塑。你一定看到了，在书中很多地方我都不得不以某些方式把必要性变成美德。

最后，对我有利的是，出于纯粹偏见和错位的勤奋，意大利的本土研究经常把观察者从正确轨道中带偏。但我仍然不能原谅自己犯下的可怕错误，特别是关于我帮助创建和延续的威尼斯学派。然后，没有从威尼斯往北走一步真是太遗憾了！我现在从你的增刊和洛德②等人的作品中看出，在这个伟大省份的每个艺术分支

---

① ［译注］曼图亚(Mantua)位于意大利北部伦巴第大区，维罗纳西南部，其历史最早可追溯到伊特鲁里亚人定居时期。19 世纪上半叶一直是反抗奥地利统治，争取民族独立"复兴运动"(Risorgimento)的中心地带，最终于 1866 年加入意大利王国。

② ［译注］马克斯·洛德(Max Lohde, 1845—1868)，德国画家，以涂鸦作品闻名。

中,都隐藏着一个重要的世界。

但是,如果有人在1853—1854年间告诉我,将来作为一名受人尊敬的历史教授,如果我能在书本和印刷品方面完成日常工作就该谢天谢地了,而艺术研究应该完全被放在一边,我肯定不会相信他的话。然而目前事实就是如此。

综上所述,我希望能有比我更好的人来改写《向导》一书(根据我之前的计划来写)。但除了1853年默里(Murray)那版外,在艺术指南方面还有什么作品,能够把整个意大利所有艺术形式都囊括其中呢?

致伯恩哈德·库格勒(Bernhard Kugler)
巴塞尔,1870年3月30日

你向我咨询的这个伟大主题已不止一次成为我和其他年轻学者讨论的话题。我很难给出建议,因为一个伟大的历史主题,作为整个学术生涯的主要部分之一,必须以同情和神秘的方式凝聚到作者内心深处。此外,我俩还有个分歧点——[135]你正在寻找一个主题,这个主题应该受到时代的青睐,并尽可能吸引人们的目光。我在你这个年纪也是这么想的,但幸运的是,我题目定得比你早。现在你面临的问题在于:首先,总是有一群平庸和草率的家伙在追求这样的主题。他们总是来得比我们早,并利用这一时间差来扰乱我们的视野。要注意这一点,否则当潮流和氛围已经改变时,我们再进来就太晚了。另一方面,你可能会因一个别人想不到的主题而得到意外的掌声,这个主题会把读者带入与其熟知的完全不同的地带,或带着欲望、激情和幻想进入一个超出其预期的程度。

具体而言,在我看来(尽管听起来可能很勉强):首先,你选择主题时应将自己完全从普鲁士君主制及其"天赐事业"中摆脱出来,比如1815年和1866年的准备、宪法分裂、告解争端等类似事情。你的主题很可能会决定你未来多年在学习中的幸福感,以及你内心的成长,它应该像挪亚方舟那样始终漂浮在洪水之上。当然,如今有人认为正是这种学术沉思让公众学坏了。对此我们可以回应:既然当今的历史写作普遍倾向于成为新闻(或为它提供材料),那我们究竟应去往何方?相反,历史、哲学和其他一些美的事物,难道不应凭借其作为知识的庇佑所,声称自己是时间和时代洪流所无法波及的几块干燥岩石吗?而那些能够严肃地决定一本书命运的读者,也已经受够了当今的问题,而且还不止于此——他们渴望来自遥远国度的新鲜事物。

其次,当主题没能得到当下主流兴趣的支持时,一个人写作和工作的方式也会发生变化。在此情况下,只有当他知道自己才是命运的主人,并通过这一信念唤起对该主题的内心兴趣时,他才能拯救自己。这样一来,他就不会受到冗长的新闻、讽刺的时事、无休止的攻击和推诿,以及几年后就会让人看不懂的暗示性风格的影响。尽管如此,我还是认为在选题时应考虑到公众的感受。[136]我建议你选择一个具有普遍意义的历史事件,它的名字就足以让更多的人感兴趣。我有两次在这方面做得特别好。

然后,我建议你不要对那些单纯事实进行过多陈述——不是在你的材料积累中,而是在你的具体行文中。实际上,我们只需使用能够代表一种思想或一个时代鲜明特征的事实。我们的精力和视力太宝贵了,不能浪费在研究过去的外部事实上,除非我们从事的是档案管理、地方志编纂等专门为此目的而设的工作。请放心,总会有足够多的事实不可避免地被囊括在你的著作中。

最后,永远不要写超过一卷的厚度,请记住我对一些新的三卷本专著或传记的那种无言的绝望,它们所耗费的精神和智力本可以放在四五页纸上。我所建议的专注不在于其表达形式,相反表达形式必须是轻松流畅的。为节省篇幅,最好将上述那些垃圾限制在绝对必要的范围内。

昨天收到你的信后,我与同事维舍尔①谈了谈,从他那里得知,我早些时候根据他的意愿向他建议的一个主题已经完全被放弃了,取而代之的是他向我提到的另一个主题。我曾建议他写"大胆查理的时代",②若真如此,我们现在就可以免费读到这本书了。

对另一位似乎也在路上停下脚步的人来说,我曾向他推荐"康斯坦茨会议时代",③作为那个时代、国家和思想的全景彩绘。如你所见,我喜欢中世纪和现代之间边界的主题。描绘那个时代生活的多样性确实令人振奋,因为它有许多不同的形式和活力。在清扫工开着垃圾车朝我们大喊难听的话之前,我们已经翻山越岭走得很远了。

就你那位卑微的仆人而言,我现在只为自己的办公室工作。

---

① [译注]威廉·维舍尔(Wilhelm Vischer,1833—1886),巴塞尔大学历史系和政治学系教授,布克哈特的同事之一。

② [译注]大胆查理(Charles the Bold),原名查理·塔姆萨雷(Charles le Téméraire,1433—1477),勃艮第公国最后一任大公,因急躁和固执的性格而导致身死国灭。

③ [译注]康斯坦茨会议(Council of Constance,1414—1418)是罗马天主教廷第 16 次公会议,其召开的目的是为了通过选举新教皇而解决三皇并立问题,并以此为契机实现基督教世界的重新统一。但该会议并未有效解决法令争端,也无法推进实质性的财税改革,为后来的宗教改革运动埋下了伏笔。

但你在这个年纪当然得写书,以便向他人和自己展示能力。目前,我主要在为一门课程做笔记,[137]如果情况十分理想,它将过几年才开。这使我能够全神贯注于这门课,就像以前为写一本书做准备那样。如果你来这里,我会当面告诉你它是什么。

我写得太长、太不谨慎了。但我总觉得像是在和你亲爱的父亲说话。

把信放一边,马上来巴塞尔,见一个你十二岁起就再没见过的人吧。

致弗里德里希·冯·普雷恩(Friedrich von Preen)
巴塞尔,1870年4月27日

首先,我非常感谢这些精美的照片!① 楼梯一定会产生一种奇妙而神秘的效果;下层大厅的天花板(通常在有双楼梯的地方是开放的)与上层的华丽前厅相一致,楼梯上下相连,这在同类建筑中是独一无二的。此外,这里的装饰是最精致的洛可可风格,我特别喜欢这种南德意志宫殿式的天花板,显然是参照米尔斯堡楼梯间(Treppenhaus)风格来设计的。总有一天我必须去近距离观察它,然后我们一起探讨神职人员的象征意义以及被象征的教区神职人员,因为一个人不能独自享有这些东西。

既然你无法忘记罗拉赫(Lörrach)② 及其周边环境,我很乐意

---

① [译注]冯·普雷恩寄给布克哈特的照片拍摄的是位于布鲁塞尔的主教宫殿。
② 巴登州的小镇,离巴塞尔不远。这是冯·普雷恩第一次认识布克哈特的地方。

在一个晴朗日子去布鲁塞尔拜访你——首先亲自向你表示感谢,然后给你讲一些来自伯尔尼高地的八卦。这是我在近几个假期的唯一一次外出,除此之外我的时间全部投入到了工作中。那是我在塔恩(Thann)①度过的一天,我已有二十多年没去过那里。我怀着惊奇的心情看了看那里的大教堂,发现自己越来越多地从异端角度看待所谓堕落的晚期哥特式风格(实际上是其他风格的最终形式)。假定的堕落在很大程度上取决于最终结果的绘制,以及对这些发展的卓越追求。[138]通常,风格会在其鼎盛时期消亡,否则一种生气勃勃的风格就不能紧随其后出现。我不再向陌生人宣扬我的异端观点,但每次吕贝克②来这里,我都非常高兴地发现他持有类似的观点。

上帝保佑!这让我想起十二天前在巴黎去世的一位朋友,令人敬仰的闵德勒(Mündler)。请原谅我的这种联想,但如果一想到所剩无几的财产就立刻想起所遭受的损失,那也无可厚非。除了闵德勒先生在《向导》中取得的成就外(既然你非读不可,我必须提一下),扎恩和闵德勒还出版了一份特别增刊。在序言中闵德勒深情地提到了我,我深受感动。这注定要成为他的最后一本书!当一个博物学家在重要的研究和实验中去世,人们会安慰自己说,大自然会把相同的形式和问题留给其后继者去研究。但是,谁能取代一个对遍布欧洲各地且只出现过一次的艺术品有着如此广泛看法的人呢?一种无法被任何人继承的、不可替代的知识随着闵德勒的去世而消失了,就像两年前的瓦根(Waagen)一样。瓦根是南

---

① 阿尔萨斯州的一个城镇。
② 吕贝克这些年在苏黎世开讲座。

德意志人,来自巴伐利亚州斯瓦本区的肯普滕市,他最大的优势就是出生于一个汉萨城镇而不是柏林。我们来自罗拉赫的好朋友最近来拜访过你,自他从柏林回来后,他就觉得尽管柏林人会非常满足于政治上的同情,但有必要接受这种性格并取悦他们。然而,柏林的兄弟内心深知,他是一个完全无法让人忍受的人。而我曾在那里住了四年,倾听、思考着自己的想法。

你问我该读什么!唉,我在混乱的图书馆中成了一个没有书的人。我很想买一本福楼拜的《情感教育》,但对我来说还是太贵了,我要等便宜一点的版本,尽管很可能等着等着就把它忘了。《奥格斯堡时报》上的那篇评论当然是由一位大师写的,我很想知道是谁。[139]通过这篇导论,一些德国小说家以最恭敬的方式获悉了一两个真理。但我忍不住想说的是,在我看来,小说和诗歌是完全不同的两种类型——当我偶尔拿起一本小说时,我要求它是现实主义的。更重要的是,我能忍受无情的现实主义,因为我很少把它运用于自身。另一方面,在诗歌中,我要求它的理念是完整的。在这个月的首个激动人心的日子里,我送给自己一本早就想拥有的《默里克诗集》(第四版)。① 这位了不起的作家是当代最令人欣慰的现象之一。我们从中可以看到,即使身处最受约束的环境和条件,为美而生的天性也能快乐、壮丽地展现出来……

前天,发福的老阿尔博尼②在这里举行了一场音乐会。她带来

---

① [译注]爱德华·弗里德里希·默里克(Eduard Friedrich Mörike,1804—1875),德国著名抒情诗人,以浪漫主义风格的十四行诗见长。
② [译注]玛丽埃塔·阿尔博尼(Marietta Alboni,1826—1894),意大利女低音歌唱家,以经典美声唱法而闻名。在其演艺生涯盛期几乎包揽了所有意大利古典歌剧的女低音角色,1872年因肥胖问题而退休。

了一群优秀的同伴：一位男高音演员、一位美丽到让人一看到她赤裸的手臂就发疯的钢琴家，还有一位来自巴黎歌剧院的女高音巴图(Battu)。除了各种混合曲外，他们还唱了罗西尼①的《弥撒后记》(Missa posthuma)选段，直到那时阿尔博尼本人才出现。我亲爱的先生，无论那个女人何时出现在你面前，你都应听她唱！在我看来，现在的她与十年前我最后一次在巴黎听她唱意大利歌曲时没有一点区别，她那风琴式的高音和庄严的低音起伏有致，其平静而完美的艺术依然是那么高超！

她唱《上帝的羔羊》(Agnus Dei)最后一段时的抑扬顿挫，连空气都为之颤栗，而我们可怜的剧院也随之轰动了。也许你在卡尔斯鲁厄或巴登也经历过同样的乐趣，她肯定在那里唱过歌。

致弗里德里希·冯·普雷恩(Friedrich von Preen)
巴塞尔，1870年7月3日

从你的信中真的获益匪浅！千万别以为我跟你们一样有来自远方的朋友陪伴。除吕贝克教授外，我没有和任何人通信，以至于晚上只能在咖啡馆里找人聊天。毫无疑问，当不确定别人是否真的善良时，我宁愿与聪明人保持距离。这在很大程度上是我的问题，因为我曾在生活中遇到过非常古怪的人。也许我该更信任身边一些人，但人生苦短，我没时间做实验……

[140]和我一样，你会发现今年旧欧洲的一切都不对劲，尤其是从一种与日常事务完全不同的认识角度来看。我真不知道德国

---

① ［译注］吉奥阿奇诺·罗西尼(Gioachino Antonio Rossini, 1792—1868)，意大利作曲家，尤以擅长喜剧而闻名。

文化在个体内在幸福方面有什么价值；所有的小文化中心都被并驾齐驱的"德意志精神"与"德意志庸俗主义"之间的激烈碰撞搞得天翻地覆。毕竟，集中化的主要后果是精神上的平庸，这导致了最令人不快的、对日益增长的"辛劳工作"的烦恼。在我看来，后者最简单的表达式大致如下：那些没赚到太多钱或没有足够工资收入在大城市出人头地的人，会善意地结束"生存"吗？如果德意志精神仍能以真正的个体力量为中心来对正施加于身的巨大暴力作出反抗，如果它能以新的艺术、诗歌和宗教形式来反抗这种暴力，那我们就得救了。否则一切都完了。不过我认为，由于宗教不具备一种超自然的意志来制衡权力与金钱的喧嚣，因此它不可能完成这一任务。

在过去的几天里，我一直在看《关键路径》(*Kritische Gänge*)的前两卷，①其中包含了对1840—1844年间所有不满和激情的实质性分析，那些年所许下的承诺肯定比后来实现的要多得多。但到底发生了什么？在人们被玩弄了二十多年，且总是被怂恿着去追求和期待一些东西后，突然一个真正一流的"强力意志者"出现在萨多瓦(Sadowa)。② 从那时起，人们被自己先前的意志所累，从而匍匐在他脚下，追随他及其所欲之物，还一边感谢上帝终于有人给他们指明了方向。

说到萨多瓦，你最近是否注意到奥利维尔竟如此大胆地宣称，

---

① ［译注］德国文学批评家弗里德里希·维舍尔(Friedrich Theodor von Vischer, 1807—1887)于1844年写成的一本讨论德意志民族道路的书，主要宣扬自由主义宪政方案。

② 指俾斯麦在1866年普奥战争的萨多瓦战役中崭露头角。

这次成功的公投是一场法国的萨多瓦公投?①

事实上,如果拥有一种独立于商业外的文化和精神生活,一个人在生意场上也将活成与众不同的人,这让人感到非常欣慰。人们总是猜测行政长官背后有个截然不同的人格,尽管他们受过世俗的教育,但他们无法理解。这就是政府事务和金融事务的严重分歧之处。后者能完全消磨一个人,使他对身外一切都变得冷漠无情。事实上,在我们这里仍有一类商人,他们在工作外的生活中扮演着极其例外的角色,[141]但我还是看到许多人已正式放弃了各种阅读。他们"遗憾地"说是因为没时间,其实内心并不想如此。的确,以目前企业的工作节奏来看,我们很难责怪他们。我不时窥见那些做"大生意"的人的生活,他们处于无休止的忙乱中,时刻站着准备发电报,甚至晚上都不能停止商谈,根本无法从整个生意中解脱出来(即便有可能的情况下)。他们中有人时常对我说:当老师很幸运,你们还有假期。对此我的回答是:如果你在生意场上有三四个合伙人,你也可以轮流腾出时间去度假,但在你们的内心和灵魂中是没有假期的。

你只在阅读中犯了一个错误,那就是你真的在阅读我那本《向导》!当我先前漫不经心地写这本书时,完全没想到自己会像许多优秀的人那样受到如此的重视。最近就有一位美国人来到我的房间,向我展示了一个完整的理论,他把这个理论与《向导》中的某些段落(关于罗马建筑的不对称性)联系在一起。我费了好大的劲才

---

① [译注]埃米尔·奥利维尔(Emile Ollivier, 1825—1913)是拿破仑三世统治时期的法国首相。此处是指奥利维尔主持的关于法国向普鲁士宣战的公投。

向他表明,在这个问题上我与艺术和文学是完全脱节的。我很高兴你喜欢《廷臣论》(Cortegiano)和《加拉提奥》(Galateo),①它们所代表的完整的骑士精神世界早已不在了。现在不是中世纪了,我们可以理解。只有通过大声朗读,强迫自己有意识地享受这种文风的美丽和清澈,我才能进入到《十日谈》这类作品的世界中去。这些故事要么太长(相较于当下的快时尚而言,我们现在只会把老故事简述或仅报道一下),要么其辛辣的讽刺风格已被新口味取代了。但如果你想要一些真正刺激的东西,那就读读瓦萨里的书吧,②里面有布鲁内列斯基、西诺雷利、③达·芬奇、拉斐尔、米开朗基罗等人的传记。跳过你不懂的所有技术性问题,瓦萨里的作品将是最令人耳目一新的读物,读者可感受到他所描述人物的显著成长。

如果你一定要知道我在读什么,好吧,我正在品达的两首奥林

---

① [译注]《廷臣论》是意大利外交官和作家卡斯蒂利亚内(Baldassare Castiglione,1478—1529)于1528年出版的一部书,主要以对话、箴言的形式讲述了朝廷官员应当具备的道德、智识和形体方面的素质。《加拉提奥》是意大利牧师和作家乔瓦尼·卡萨(Giovanni Della Casa,1503—1556)写于1550—1555年间的一本讲述社会道德礼仪的手册。

② [译注]乔尔吉奥·瓦萨里(Giorgio Vasari,1511—1574),意大利文艺复兴时期的画家、建筑师、艺术理论家,其代表作《艺苑名人传》被公认为开创了西方艺术史研究的先河。

③ [译注]菲利波·布鲁内列斯基(Filippo Brunelleschi,1377—1446),意大利文艺复兴早期佛罗伦萨的建筑师与工程师,专精于穹顶设计与装饰,主持了包括圣母百花大教堂在内的多个教堂建造。卢卡·西诺雷利(Luca Signorelli,1445—1523),意大利画家、绘图员,以其独创的透视前缩画法而著名。

匹亚颂歌①中间写这封信，这是我的职责之一。[142]尽管我很钦佩他，但还是会产生一些不敬的想法——我时常看见许多欢天喜地的庸众和品达所追求的伟大悲情交织在一起。品达当然需要时不时和乡巴佬打交道，但我们必须了解隐含在这些诗中的大量事实细节。我很可能将在它们身上耗费四周假期中的三周，因为浅尝辄止地读书没有大用，我必须一气呵成地掌握品达的整件衣料。在此之前，我希望能去黑森林（Schwarzwald）度一个星期的假。

致弗里德里希·冯·普雷恩（Friedrich von Preen）
巴塞尔，1870年7月20日

在边境关闭前，我对你的亲切问候表示最衷心感谢！我们在什么情况下才能再次见面？无论发生何事，我们都不该忘记让这个世界的孩子们知道，即使身处感觉尚可的健康和公平环境中，也是生活在深渊之上——这就是我对自己的布道。在我看来，这场战争远非源于具体的问题，它的根源、正当性和必然性来自人类本性深处（只不过它将人性提升为更高的权力）。最后那件事将成为一个漫长趋势的前奏，最终路易·拿破仑会发现亚历山大二世和威廉一世在埃姆斯（Ems）所干的事情，②但我不认为俄国人会好心

---

① ［译注］品达（Πίνδαρος/Píndaros，约前522—前442），古希腊抒情诗人，生于古城忒拜附近的库诺斯凯法勒的贵族家庭，其诗歌气势宏伟、严谨有力，以生动比喻与深邃哲思著称。生前留下了大量歌颂奥林匹克竞技精神的赞美诗。

② ［译注］指埃姆斯密电事件，即1870年7月13日俾斯麦为激怒拿破仑三世而篡改了德皇威廉一世发给法国大使馆的外交电文，导致7月19日法国主动向普鲁士宣战。当时坊间猜测威廉一世已与俄皇亚历山大二世会晤并达成秘密协定，普法战争后第一次三皇同盟的迅速缔结也印证了这一猜测。

告诉他。然后是"试探气球",即戈特哈德(Gotthard)地区归属问题,法国部长们以巧妙的方式扮演温顺的羔羊。其他人一听,心想:啊哈!他不在乎,还丢掉了西班牙王位的候选资格。当他们身处别人的城堡闸门前,一旦门被放下了,他们就不可能说服别人再把它升起来。我们现在必须完成剩下的事情。我说"我们",是因为我不相信奥地利会保持长久中立,而我们(瑞士)的中立肯定会随着奥地利立场的转变而转变。你那些可敬的同胞们正匆忙把财产转移到这里——我只想轻声问:"为什么?"

有个小小的历史安慰是:据说一场大规模战争后,随着真正持久权力的明确出现,世界将迎来一段长时间的和平。我并不想说,这正是最近几场战争所值得期待的结果,[143]因为上述说法是在"战争越大就能带来越久的和平"这一前提下的,而这又将付出多么可怕的代价!事实上,一场旷日持久的战争将唤起各民族内心深处的激情与愤怒,因此它所能起到的真正效果往往远非上述预期。

最终的结局很可能形成一个类似罗马那样的帝国。当然它只有在我们都死了之后才会建立,就如历史上的罗马帝国建立在无数逝去的亚述人、米底人和波斯人之上。正如我们所知,这种帝国不是王朝式的,而是一个中央集权的行政机构(多亏其军队),以维持一种 beata tranquillitas[幸福安宁]的生活。在当今欧洲的大部分地区,人们已逐渐不知不觉地放弃了民族特性,并发自内心憎恨各种形式的多样性。如有必要,他们甚至会为一张"卧铺车票"而放弃所有文学和文化。毫无疑问,我现在所说的话听起来很荒诞,却千真万确。

唉,要是我们能用叹息和眼泪来逃避不可避免的事就好了!

致弗里德里希·冯·普雷恩（Friedrich von Preen）
巴塞尔，1870年9月27日

……自收到你的信以来，我一直在等待，想知道停战或休战是否能给我时间把整个问题弄清楚。但事情仍在继续。在真正被允许发言之前，法国必先喝下悲惨和混乱的苦酒。哦，亲爱的朋友，这一切将在哪里结束？难道没人意识到被征服者所遭受的瘟疫也会传染给胜利者？只有当德国实际上是被无端攻击的受害者时，这种可怕的报复才（相对）具有正当性。后备军队会直接开进波尔多和巴约纳吗？从逻辑上讲，整个法国将不得不被一百万德国人占领多年，这是可以从迄今为止发生之事中推断出的，但我很清楚这实际上不可能发生。你知道我一向有预言的癖好，而且已遇到过几次异乎寻常的意外，但这次我必须试着想象一下即将发生的事情。现在假设：在占领巴黎（可能还有里昂）之后，德国陆军部会让法国民众就他们想要的政府进行投票表决，而其结果在很大程度上取决于投票是如何被操纵的。[144]广大农民和部分工人肯定会再次投票给路易·拿破仑。

政治中存在着一种深层次的新因素，而先前的胜利者对此一无所知，或至少没有有意识地去利用它。他们试图以自己的方式狠狠地羞辱被征服方，使其再也不能相信自己能取得任何成就。这一目标有可能实现，但事情是否变得更好、更幸福则是另一回事。如果这个可怜的德意志民族一回到家就把步枪藏在角落，然后投身于艺术与和平的乐趣，那将是怎样的错误？事实上，在军国化之前的德意志民族是如此的，但再过段时间后就没人再能说出他们活着的目的究竟是什么了。然后我们会看到俄德战争浮现在画面中间，并逐渐转变为前景。

与此同时,我们都应感谢上帝,至少阿尔萨斯和巴登没有被焊接在一起,要不然会产生一种致命的混合物。不过,由于巴登军队在斯特拉斯堡围攻战中发挥了重要作用,阿尔萨斯和巴登的合并已变得不太可能,因此我冒昧认为这还算是幸运的安排。接下来阿尔萨斯要么完全由普鲁士统治,要么继续留在法国。这是因为德国对新占领区的统治非常困难,它只能由普鲁士来直接管理,而以德意志帝国为名义的任何直接监护或间接监护都不可行。此外,世界还必须适应另一个异乎寻常的景象,即信仰新教的霍亨索伦家族将成为教皇唯一的保护者,而教皇从此成为意大利王国的臣民。

聊了那么多政治已足够了!愿上帝赐予我们一段相当安静的时光。"哲学家"①的声望在最近几周又上升了。住在这里的是他的忠实信徒之一,②我时常和他交谈,尽量用他的语言来表达我的想法。

所以,祝你好运!我们必须在不止一个方面重新调整自己的精神方向。欧洲将失去一个有趣的、精致的法国。嚯!还有很多已丧失了的东西,这些东西在勒南③的工作中被强调了很长一段时间。

---

① [译注]此处指阿图尔·叔本华(Arthur Schopenhauer,1788—1860),非理性主义哲学和唯意志论的代表人物,被布克哈特视为精神导师,在其书信中总是以大写的"哲学家"指代之。

② [译注]此处指弗里德里希·尼采(Friedrich Wilhelm Nietzsche,1844—1900)。当时尼采刚来巴塞尔大学任教,与布克哈特私交甚密。

③ [译注]欧内斯特·勒南(Joseph-Ernest Renan,1823—1892),法国神学家、史学家和批判哲学领袖。布克哈特曾批判其关于中世纪的看法。

致弗里德里希·冯·普雷恩(Friedrich von Preen)
巴塞尔,1871年新年前夕

[145]……过去三个月内该发生的都发生了!谁能相信这场斗争会持续到一个可怕的冬天,而且在本年最后一天仍没有结束的迹象?我将终生铭记今年年终,而不是我自己的私人命运。欧洲大陆上两个伟大的知识分子群体正在彻底摧毁他们的文化,1870年以前让人感到快乐和兴趣的事物几乎不会再触及1871年之后的人。但如果新世界能从巨大的苦难中诞生,那将是多么壮观的景象。

德国精神的变化将与法国精神的变化一样大。起初,两个教派的神职人员都将自己视为精神解体的继承者,但很快就会有完全不同的东西从一边显现出来。"哲学家"的股价将急剧上升,而黑格尔很可能在今年的周年出版纪念日后正式退休。

最糟糕的还不是目前的战争,而是我们已进入战争年代,我们必须以新的心态来适应这个时代。唉,有教养的人要把所钟爱的精神奢侈品扔掉多少!未来一代的年轻人将与我们大不相同,在他们心目中,我们很可能就像那些一心追求享乐的法国流亡者在他们所抛弃的人民心目中所表现的那样。

想想看,有多少到目前为止被写出来的文本将会消亡!人们会看什么小说和戏剧?这些受到出版商和公众喜爱的作家,是否要满足并奉承本世纪的需求,甚至某年或某月的需求,才能继续生存下去?任何能够生存的东西都包含着永恒的美好部分,但若想创造出真正持久的东西,只能通过诗歌的强大力量才能完成。

对我这名历史教师来说,有个非常奇怪的现象已变得十分明显,那就是过去所有仅仅是"事件"的东西突然贬值了。从现在起,我在课堂上只强调文化史,只保留非常必要的外部脚手架。[146]想想那些 viri eruditissimi[学究]瘫坐在教席上,看着笔记本中的所有奋斗都已失效的情景吧!幸运的是,我从来没为这些事投入太多精力。但是,当时代可能会嘲笑我们所有个体的期望与行动时,我看到我又在谈论自己了。

我们无时不在期待着在邻近的贝桑松和贝尔福①之间的某地发生战斗,又无时不在期待着法国作出一个重大决定,但谁知道呢?无论我们恪守中立的决心多么坚定,瑞士都不会回到原来的立场了,哪怕今天就签署和平协议。剩下的就交给上帝吧。

"把你的房子整理好",这是我们身处中部欧洲所能做的最明智的事情。这将与过去有所不同。

尽管如此,我还是梦想着今年夏天到德国南部作一次短途旅行。在此期间,我可能会去布鲁赫萨尔拜访你;②我们的乐观主义多么不可救药……

致弗里德里希·冯·普雷恩(Friedrich von Preen)
巴塞尔,1871 年 3 月 6 日

我唯一的愿望是两国人民在思想和精神上产生深刻回应。我知道愿望常常会愚弄我们,当它只是我们眼中的闪烁时,我们自认为看到了光明,但它总有一天会真正到来。然而,在这两个国家,

---

① [译注]贝桑松(Besancon)位于法国东部,是勃艮第-弗朗什-孔戴地区杜布斯省首府,自古为军事要塞;贝尔福(Belfort)位于法国东北部孚日山脉与侏罗山脉之间,控制着法、德、瑞士三国间交通要道。

② [译注]布鲁赫萨尔(Bruchsal)位于德国西南的巴登-符腾堡州。冯·普林是当地政府的一名官员。

人们对家园的感觉越不自在,变化就越确定、越激烈。虽然绝大多数人会天然地满足于解脱之乐,但也有相当数量的人会要求一些更好的新东西。

与此同时,我们将看到在德国历史讲坛上的 viri eruditissimi[学究]重新整理他们在过去四五年间的面部表情。但若没有来自上级的督促,他们兴许也不会这样做。也许只有天赋和努力,而不仅仅是热情,才会再次让一个人渡过难关。对于观众来说,无论他们是否在现场,都会在这段时间经历一个完整的发酵过程。曾经的未来现已成为过去,比如现在的洗礼证书就与八个月前的读法大不相同。

有时各种疯狂的想法会涌上我的脑海……最近我在想,为了减少他的公民名单,[147]巴伐利亚国王是否会停止对理查德·瓦格纳①的资助,而后者随后会悲伤地前往柏林。

你对那个老犹太人克雷米厄(Crémieux)②怎么看?他带着十万法郎登上了认购名单的首位,声称要一次偿清五十亿法郎赔款。

致弗里德里希·冯·普雷恩(Friedrich von Preen)
巴塞尔,1871 年 7 月 2 日

今天,距你上次写信时的恐怖日期已有一个月了,你说的话又

---

① [译注]理查德·瓦格纳(Richard Wagner,1813—1883),德国音乐家、剧作家,古典-浪漫主义音乐盛期的代表人物,也在欧洲文学和哲学史上具有一定影响。

② [译注]阿道夫·克雷米厄(Adolphe Crémieux,1796—1880),法国政治家和犹太人领袖,在巴黎公社运动期间颇为活跃,后任司法部部长和国会参议员。

再度引发我的思考。

在你写上一封信的印象中,那些可怕的日子已经过去一个月,你说的话又使我想起。是的,卢浮宫地窖里的石油和其他宫殿中的火焰正是"哲学家"所说的"生命意志"的表达。① 这是疯狂恶魔想给世界留下深刻印象的最后遗嘱。从人们在截获的文件中读到的内容来看,这一切归根结底是黑若斯达特斯式的。② 现在他们正在重建学校。安排这些事情的人都是能阅读、写作甚至发表报刊文章和文学作品的人。而那些想做同样事情的德国人,他们的受教育程度肯定也不低。

但看看英国,那里虽充满财富,却被类似的因素秘密包围着!

近两百年来,英国人一直认为所有问题都可以通过自由来解决,人们可让对立的双方在自由的辩论中相互纠正。但现在如何?这种巨大危害始于上世纪,主要通过卢梭的性善学说来推动,无论平民百姓还是受过教育的人都可从中提炼出黄金时代的信条,并笃信假以时日这个时代必将到来。而妇孺皆知,其结果是大众心目中的权威观念彻底瓦解,这必然导致我们会周期性地沦为纯粹权力的牺牲品。与此同时,在欧洲的智识阶层中,人性本善观念已

---

① [译注]1871年5月23日巴黎公社失败前夕,公社当局下令焚毁包括卢浮宫在内的所有巴黎大型建筑。当晚,12名公社社员在卢浮宫旁边的杜伊勒里宫纵火,大火烧了两天后被扑灭。幸运的是,藏有大量艺术珍品的卢浮宫主体建筑未被损坏。但是,当时坊间流传的消息是卢浮宫所有物品都被焚毁,这一度令布克哈特悲痛万分。

② 以弗所人黑若斯达特斯(Herostratus)在亚历山大大帝出生当晚(公元前356年),放火烧毁了当地的阿尔忒弥斯神庙。他在审讯中供称,烧毁神庙的目的是使自己青史留名,但他的名字注定会被遗忘。布克哈特在此似乎确信冯·普雷恩知道这个典故。和其他地方一样,"哲学家"指叔本华。

转化为进步观念,即以不受干扰的赚钱和现代的舒适生活为标准,并以慈善事业作为良心的慰藉。[148]但是,前天获胜的普鲁士人发现有必要在克尼舒特①宣布戒严。

唯一能想到的拯救办法,就是让这种大大小小的疯狂乐观主义从人们脑海中消失。但我们今天的基督教不能胜任这个任务,因为在过去两百年间它一直和乐观主义混在一起。改变必将到来,但天知道是在经历了多少苦难之后。与此同时,你正在建设学校(至少你可以在上帝面前承担起这方面责任),而我在指导学生和听众。我对学生们并不隐瞒我的哲学,聪明的人会理解我,同时我也尽我所能去珍惜学术和知识给人的真正快乐——不管它本身有多微不足道。你看,我也能给予每个人一定程度的安慰。

致弗里德里希·冯·普雷恩(Friedrich von Preen)
巴塞尔,1871年10月12日

亲爱的先生,无论艺术还是学术研究都将继续处在病态和抱恙中。现在我们来看看哈特曼的无意识哲学,②我已订购并在痛苦中等待,看看它将会带来些什么。尽管有我们此前的"哲学家"就已足够了,但想想看,他还能在"权力意志"的增补章节中就最近发生的事说些什么!

---

① 克尼舒特(Königshütte)工业区位于哈尔茨山脉的巴德劳特贝格地区,19世纪欧洲最重要的冶炼业和铸造业基地之一。
② [译注]爱德华·冯·哈特曼(Eduard von Hartmann, 1842—1906),德国哲学家,以其三卷本《无意识哲学》闻名。他试图通过研究无意识精神的核心作用,来调和理性主义与非理性主义之间的冲突。

你到底是谁，竟渴望永恒的幸福？快告诉我！

四周后，我将在这里的大学礼堂作一个题为"历史上的幸运与不幸"的讲座。在演讲中，我将尽可能流畅地讨论"幸运"一词在大多数情况下的使用不当之处，并尽可能得出令人欣慰的结论，以便让人们与命运和解。如果我给公众带来了恐慌，就无法赢得其支持，这样那群油腔滑调、厚颜无耻的人只会嘲笑我……

致弗里德里希·冯·普雷恩（Friedrich von Preen）
巴塞尔，1871 年 12 月 23 日

我认为，我们一致认同本世纪 30—40 年代是个好年代，并不仅因为那是我们的青春岁月，还因为它确实代表了一段无比惬意的时光。[149]我们永远不能忘记勒南关于七月王朝的话："这十八年是法国最美好的时光，甚至可能是整个人类最美好的时光！"我们正在庆祝一场不确定的停战，这一事实在俾斯麦昨天颁布的法令中已明确得以宣布。

幸运的是，如果我想赶在 5 月初准备好明年夏天的新课程《希腊文化史》，我现在就得忙得不可开交了。我再也没时间在外面看书了，即使在喝咖啡以及随后的短暂午休时间中（它能奇妙地恢复我的体力），我都躺在沙发上读希腊悲剧，以便把每一秒都尽可能投入到日常的希腊语练习中。令人欣慰的是，我确信已逐渐从原始材料中直接汲取了相当部分的关于古代的独立知识，还能够把我想说的大部分观点作为我自己的内容来呈现。出于这种自豪感，我只能向专业化的头衔说"再见"。

我鼓励自己从明年 9 月底到 11 月初去意大利进行为期六周

的旅行。与此同时,我想象着上天对我的奖赏是如此美妙多彩,以至于最终能放弃它的实现。有时我会郑重地与自己讨论,是否干脆直接去里维埃拉(Riviera)或斯佩齐亚(Spezia),在阳光下躺个四周时间。又或者,在锡耶纳(Sienna)住一段时间会更好。然后我又突然想去巴勒莫(Palermo)。最后,或许我只需到莱茵费尔登(Rheinfelden)和罗拉赫玩一两趟就足够了,这还能省下一大笔钱……

致弗里德里希·冯·普雷恩(Friedrich von Preen)
巴塞尔,1872年3月17日

　　首先,非常感谢你让我注意到康斯坦丁的重要著作。① 当然,他是高高在上的,但也不得不让读者得出最严肃的结论。我非常担心这些结论会如下所示:如果人们越来越感到缺乏平衡和黑白颠倒,[150]事情将失去控制,届时新的对外战争将成为唯一的资源。当然,如你所知,我对这些事的看法不可救药且无法改变,因为我将最近三次战争的动机追溯到了处理内部困境的愿望……

致阿诺德·冯·萨利斯(Arnold von Salis)
巴塞尔,1872年4月21日

　　……你完全可以保留卡尔德隆(Calderon);事实上,今年夏天我根本不需要施莱格尔(Schlegel)或格里埃(Gries)的译本。只要

---

① 康斯坦丁·弗朗茨(Konstantin Frantz,1817—1891)从亲奥地利和反普鲁士的观点出发,写过几本关于欧洲和德国问题的书。

你一句话，我把五本书都寄给你。我还有其他烦恼，用法语说就是"我还有别的狗要鞭打"（J'ai d'autres chiens à fouetter）。不幸的是，人们对我的新课《希腊文化史》的期望远超出了我所能提供的，因此让我唯一感到欣慰的是，它（的准备工作）将于今年9月结束。除必要的最低限度的消遣外，我直到最后一刻都孜孜不倦地坐着，并看清了一件事：尽管我在学术上尽了最大努力，但整个系列看上去还是那么粗糙和业余……

B先生将告诉你尼采讲座的详情（其主题是关于我们大学的工作）。① 他最后仍然欠我们一笔债，我们期待着他以如此宏伟和大胆的风格抛出问题和哀叹后，能再给出一些解决办法，但他已去瓦德兰疗养十天，至今未归。他在某些地方很讨人喜欢，但人们又从他那里听到一种深沉的悲伤。而我始终不明白，那些 auditores humanissimi[有教养的听众]是如何从中获得安慰或解释的。但有一点很清楚：这是一位天赋异禀的人，他拥有一切原创事物，并能将其传承下去。

你说我们现在正处在一个但凡有思想的人都能感受到的过渡时期，但有一点我想提醒你：在未来的几年内，由于对物质增长的重视程度日益提高，所有精神事物都将面临忧虑和麻烦。生活成

---

① ［译注］指尼采受布克哈特之邀在巴塞尔大学礼堂所作的《论我们教育机构的未来》（Ueber die Zukunft unserer Bildungsanstalten）公共讲座。该讲座原定六场，但在第五场结束后，尼采突然称病去瓦德兰（Waadtland）疗养，导致最后一场讲座被搁置下来。据悉，在第五场讲座前，尼采曾写信给出版商弗利施（Ernst Fritzsch），准备把讲稿出版，但疗养回来后尼采又写信给弗利施中止了出版。其理由是讲稿内容不够深入，它引起了读者的"干渴"，但最后没能提供"甘泉"，因此可能需花数年时间加以修改。但自始至终，尼采未重启最后一场讲座，也未履行完善该讲稿的承诺。

本的上涨(至少一倍多)必将引起世俗事务的普遍变化。再者,我们正处在一系列战争的序幕,等等。目前事情已经发展到这样的地步:十年前,一流人才还在往学界、教会或公务员系统流动,而现在已有相当大一部分转向商界。[151]至于大学在填补人才缺口时会在多大程度上感到缺乏"栋梁之材"(即那些既不聋也不瞎、立志于在特殊领域中耕耘的受人尊敬的年轻学者),我从一位消息灵通的人那里打听到了令人难以置信的录取结果。

如果没记错,我在上次战争期间就已把我的基本信念告诉你——德国必须产生一种伟大、新颖和自由的东西,更重要的是要反对权力、财富和商业。它必须要有殉道者,且必须是某种本质上能够浮于水面,并在政治、经济和其他灾难中幸存下来的东西。但它究竟是什么?你问到我回答不出的问题了。甚至很可能,即使它已来到这个世上,我们也认不出来。

与此同时,让我们孜孜不倦地参与,在所关注的问题上不断学习,直到崩溃为止。

致弗里德里希·冯·普雷恩(Friedrich von Preen)
巴塞尔,1872 年 4 月 26 日

……我的看法并非不公平,俾斯麦只想把未来掌握在自己手中,并想看看在没有他或所有人都反对他的情况下将发生什么。他看到,无论通过民主党人自身还是通过政府,日益高涨的社会民主化浪潮都会以某种方式带来一种赤裸裸的权力国家。于是他说,"我自己来干",并相继在 1864、1866 和 1870 年发动了三次战争。

但我们仅仅只是处在一个开端而已。难道你不觉得,我们现在所做的每件事都多少有些业余和反复无常,这与精心设计的军事机器的高度目的性相比,越来越变得荒谬可笑吗?后者必将成为未来的生存模式。亲爱的先生,对你而言,观察国家和行政机构如何向军事化转型会非常有趣;但对我而言,学校和教育是如何对其治疗的才更有趣。在所有阶级中,工人们将会经历一段最奇怪的年代。就目前来看,我怀疑(尽管这听起来完全是疯狂的,但我无法摆脱这个看法)——军事国家将不得不转变为"工厂主"(industrialist)。物资的集聚,工厂大院堆积如山的产品,也不能永远满足对财富的需求和渴望。[152]随着生产力不断提升、纪律管理的整齐划一,以及(政府)对社会总体贫困程度的计划和控制,人们将在上下班铃声指令下开始和结束每一天,这应该是合乎逻辑的。(当然,我对历史有足够多的了解,知道事情的发展往往不会那么合乎逻辑。)不过,已开始做的事情就必须要做好,然后无论对上层阶级还是下层阶级都不要心存怜悯。在昨天和前天的柏林报纸上,你能很容易找到柏林木匠工会公布的计划。阅读并思考吧!

目前,一个精明而持久的主权国家仍处于襁褓中,它可能会在德国首次穿上托加袍(toga virilis)。① 在这个领域仍有广阔的未知海洋有待发现;普鲁士王朝的地位如此之高,以至于它和它的幕僚再也无法强大起来。但这条道路已不可能停止,拯救德国本身就在于不断前进⋯⋯

---

① [译注]罗马共和国时期,男性年满十四周岁时要领受一件宽大的白色衣袍,作为成年和获得市民身份的标志。布克哈特用它来比喻权力国家的成熟。

致弗里德里希·冯·普雷恩(Friedrich von Preen)
巴塞尔,1872年6月28日

凯瑟(Kaiser)博士告诉你的确是事实。看在柯蒂斯的份上,① 我把它埋在了深深的沉默中。但四周后,这件事在柏林和莱比锡传开了,并传到了巴塞尔这里。我向四分之三的学生否认了此事,这样就不用承受任何明显的奉承了。我无论如何也不会去柏林,离开巴塞尔会让我倒霉的。而且我也没什么功绩去配得上它。对于一个已年过五十四岁的人来说,如果他还不知道自己微薄的幸运(相对来说)来自哪里,那可真是昏了头了。

如果我接受了,我就会有想死的心情,因为我再也得不到这里人们的衷心感谢,也不会到处都有人和我握手。官方对这些一无所知,因为我想避免一切的大惊小怪。另一方面,这对特赖奇克来说是个巨大成功,②祝他好运!

为什么我会被我的课程压得喘不过气?因为暑假(从6月至8月中旬)我将不在书桌旁度过,而要去维也纳。[153]我的朋友吕贝克最近从维也纳过来,提醒我无论多忙都尽量趁着展览开始前先去看看,因为接下来价格上涨后可能就看不成了。所以,我要在平日人少的时候去维也纳,以便彻底地浏览贝尔维德庄园③的每个

---

① 恩斯特·柯蒂斯(Ernst Curtius,1814—1896),柏林大学考古学和历史学教授,他曾私下询问布克哈特是否接受兰克退休后所空出的历史教席。凯瑟是冯·普雷恩在罗拉赫的一个朋友。

② [译注]海因里希·冯·特赖奇克(Heinrich Gotthard von Treitschk,1834—1896),德国历史学家,代表作为五卷本《十九世纪德国史》。他后来接替兰克成为柏林大学历史系主任。

③ [译注]贝尔维德(Belvedere)庄园于1723年建造完成,最初是一位亲王的私宅,后改造为艺术博物馆。该地是维也纳的地标建筑之一。

角落。目前我的生活只剩下辛劳和工作,有时候我真想逃到山里的某个地方去。现在,我又必须赶紧去看看上一次演讲中的那些巨大漏洞了。无法痊愈的东西必须去修补,无法修补的东西也必须用苔藓堵住。请不要向我的学生揭穿我。到现在为止,在课堂名单上签了字的那六十位学生仍很忠诚。

夏天结束时,你肯定会在这里找到我。因为里维埃拉甚至巴勒莫的金色梦幻,与维也纳的计划自然是相冲突的……

致弗里德里希·冯·普雷恩(Friedrich von Preen)
巴塞尔,1872年10月3日

……维也纳,我想你知道的,非常美妙!三周不受干扰的享受,以及与许多陌生人的友好会面;我再次发现,如果空气和水都好,炎热天气不仅无害还令人振奋。我真没太多确切的话题要谈,日子一天天过去了,我勤奋地写下大量关于艺术与古物的观察报告或笔记,享受着舒适惬意的生活。在我与他人的交谈中,政治话题基本没被提及,因为当谈话正好转到这个方向时,我遇到了一种让人非常震惊的"无思性"(thoughtlessness)。

有件事非常清楚:人们对全能的犹太人和他们完全腐败的媒体越来越反感。发生在林茨的加百列事件(Gabriel Affair)①完全是维也纳犹太媒体的阴谋,他们的赞助人即使不顾自身安全也要炒

---

① 犹太媒体指责加尔默罗修会的一位牧师扰乱了忏悔室中一个年轻女孩的心智。

作这类事情。以色列人和"教皇绝对权力主义者"(ultramontanes)①之间经常发生斗争,很容易看出是谁在从外部支持它。

政治可能会让人厌恶,但只有政治才能在我们不愿听的情况下,仍把我们召唤到窗前。[154]最近让人恐惧的是,由于俾斯麦"预见到"巴黎公社会死灰复燃,他可能在三皇会议上获得继续对法国进行"试验"的全权。对此我补充一个事实:来自法国的许多又好又安静的工人申请到这里的一个大型工厂工作,明确表示他们已看到公社来了,但不想再经历一次。

还有不少人从阿尔萨斯恐惧地逃亡!很多人都在说,"如果普鲁士知道这一点,它就永远不会……"等等。但普鲁士只需询问任何一个了解阿尔萨斯的老巴塞尔人,就会发现即将发生什么。例如,1867年我遇到过一个普鲁士人"报道"阿尔萨斯人的情绪和状态,他并不是个令人愉快的人,一定把不少消息带回了柏林!他们曾想吞并波兰,又确实做到了;如果没有一场旷日持久的战争,南德意志就无法维持统治秩序。

爱德华·冯·哈特曼在报纸上"为一位哲学家"写了些文章,最近他在林道②的《当代》(*Gegenwart*)杂志上发表了一篇关于德国总体政治状况的悲观文章,这篇文章令人好奇。现在,老罗森克兰茨(Rosenkrantz)又发表了一些关于我们文明日益统一的言论。人

---

① [译注]"教皇绝对权力主义"是法国大革命后兴起的一股极端天主教派,主要拒绝现代自由主义神学和政教分离,强调罗马教廷的中央集权。ultramontane的字面意思是"在山之外",代表着对阿尔卑斯山南边梵蒂冈的向往。

② [译注]林道(Lindau)位于德国南部巴伐利亚州的最南端,康斯坦茨湖的一个岛屿上,著名的贸易城镇和度假胜地。

们开始觉得好像要在一个下雨的周末做晚间祷告,但眼下最谨慎的做法是尽量保持愉快心情,不要表现得好像天上有不祥预兆似的。如果恶行没有发生,那我们的态度就是有利无害的。

此外,我暂时发誓,再也不从事像上次系列讲座那样庞大而紧迫的工作,而只在现有的日常课程中继续努力。此外,如果此时我正带着所有行李走在去柏林的路上,将会感到多么痛苦。事实上,我想利用每个晴朗的下午到上阿勒曼尼亚(Oberalemannien)的一些不错的旅馆安静地沉思。前天我去看望了凯瑟,他向我说了很多你写给他的信。即将退休的女邮政局长正渐渐地恢复活力,因为还有十四天她所有的工作和烦恼都将结束。确实,随着岁月流逝,我们终将不再露面——[155]正如赫贝尔(Hebel)所说:"如果这是上帝的旨意,我们终将死去!"

致伯恩哈德·库格勒(Bernhard Kugler)
巴塞尔,1872年11月20日,星期三

……我衷心祝贺你在图宾根任职。亲爱的先生,像你这样有经济实力的人,在一百名听众面前做演讲时,完全可以不带讲稿,并对任何规矩一笑置之。无论你是不是"职工班子"中的一员,也不管北方有多少求职者在假装揣摩你的观点,他们肯定会让你继续干下去(因为你是不可多得的人才)。只要你在这件事上不再采取进一步行动,并对某些人表现出温和的蔑视,他们对你就会摆出礼貌态度。

最有趣的莫过于置身于派系和学阀之外,而不依附或仰视他们,并在必要的时候让他们知道:"你们既不能把我煮了,也不能把我烤了,而总有一天我会被抬到你们头上。"事实上,你的任职是相当出人意料的,因为那些学究都在仔细查阅他们的年历(almanacs),看看有人是否已年满七十五岁该领退休金了。

鼓起勇气,把更多的时间用于不写讲义的授课!你会发现,即使是首个学期,你的授课也可以完全不拘泥于书面!真正的思想创造与根据讲义授课完全不同,这能使一个人脱胎换骨!因为,每个人对原始资料的解读,以及每个人所创造的东西都是大不相同的……

致伯恩哈德·库格勒(Bernhard Kugler)
巴塞尔,1872 年 12 月 11 日

你的提议让我非常高兴,①我认为库格勒和布克哈特的名字再次出现在同一张扉页上是个非常好的预兆。我给你增补和修改文本的自主权,你可以在一个简短的序言中这样说:

> 由于其他作品的缘故,目前原作者与本书主题有些脱离。因此,不仅在参考材料方面,还在立场和对事物的判断方面,作者都给了后人自由编辑的空间。[156]在过去十三四年间,随着关于该主题的研究不断深入,以及南北双方的巨大变化,人们对该主题的看法在许多方面都发生了变化,但作者不应为此受到任何指责。

你觉得把这本书加长成两卷本(或两小卷)怎么样?当然,希曼(Seemann)在这一点上有最终决定权。希曼是这本书的唯一所

---

① 关于《意大利文艺复兴时期的文化》第三版的修改计划。

有者,我没有该书的所有权。我写这封信是为了请你在他编辑的第二版基础上增补大量内容,这是他欠我的,因为第二版是用草率和不正确的方式编写的。我重复一遍,最重要的是不要对我有所顾虑,因为从金钱角度看,这本书已与我无关了。

把我的书交到你手里真是太好了,这跟交给希曼完全不是一回事。这一定是吕贝克那个万事通安排的。

你要知道,我完全允许你将本书作为材料,重新围绕着新的主题进行编排,等等。对我来说,一个人不仅需要解放双手,还需要解放双肘,这样才能完全自由。

总之,祝一切顺利!

致弗里德里希·冯·普雷恩(Friedrich von Preen)
巴塞尔,1873年新年前夕

我刚刚又读了一遍你的忧郁篇章,并想向你宣讲以下训诫:如果你被忽视了,也就是如果人类让你明白他者已成为时尚,你应该感谢上帝;把你的信仰寄托在沉思中,而不是把你对世界和时代的看法集中起来放在书面观察上。你的职业生涯已足够活跃和多面,使你熟悉了无数的生活领域,但你没必要往公海走那么远,以至于一定会失去研究事物的乐趣。

我已经获得了格里帕泽(Grillparzer)①的全部著作,现在,通过阅读这位流亡者留下的戏剧、自传和各种笔记,[157]我惊讶地意识到,像他那样的隐居生活对子孙后代是多么有益和富有成

---

① [译注]弗朗茨·格里帕泽(Franz Grillparzer,1791—1872),奥地利戏剧家,其悲剧作品被誉为奥地利史上最好的作品。

果……

关于德国自发性的失败,你可能会在我两年前的一封信中找到关于这一点的预言(如果你不幸保存了它们)。事情只能由禁欲主义者来改变,由那些独立于极其昂贵的城市生活的人来改变,由那些远离公司宣传氛围的人来改变,由那些未沦为官方牺牲品的、从事可怕的奢侈文艺的人来改变,也就是说——要依靠能帮助民族精神和大众灵魂表达自身的人来改变。目前,理查德·瓦格纳占据了整个舞台的最前沿。人们试图把他提升到愚人的级别,但他并不是傻瓜,而是个大胆无情的人、一个以巧妙方式抓住时尚的人。他将愚蠢的人践踏在脚下,强迫他们毫无保留地崇拜自己。让我们回忆一下,俾斯麦曾经还被称为傻瓜呢。与此同时,有个非常重要的问题越来越清晰:事实上,我们可以远离他的音乐,远离一大群紧抓着他不放的神经质人群。相反,我在自己的房间里即使把非常漂亮的东西玩得很糟糕,也不需要向任何人交代。

为什么菲利乌斯(Filius)不该被征召去服兵役?这对我来说简直是个谜。但我祝贺这对父子的解放,这对高等教育来说是一个巨大而实际的好处。

我既没读过也不知道任何有关近代史的著作(毫无疑问,我们这个愉快的世纪就是以此标题命名的)。自格维努斯(Gervinus)之后,①我就对这类书失去了兴趣,而就这件事本身(即本世纪)而言,我是通过自己的片面眼光来看待它的。站在你的立场上,我应该选择第一本以某种肤浅方式处理事实的"好书",因为对这些事

---

① [译注]格奥尔格·格维努斯(Georg Gottfried Gervinus,1805—1871),德国历史学家和民族自由主义政治家,哥廷根学派代表人物之一。

实的解释正在经历一场完整而彻底的变革。在世界历史被描绘为从亚当到德国的胜利并指向 1870 和 1871 年之前,人们还得再等上几年。他们肯定也会赢得下一场战争,但与此同时,他们的民族自由主义观念的基础可能已开始出现一些发人深省的裂痕。

亲爱的先生,愿 1875 年能给你我带来和平、宁静和顺从命运的意志,以及观察世界的清醒头脑!

致弗里德里希·尼采(Friedrich Nietzsche)
巴塞尔,1874 年 2 月 25 日

[158]在此向你表示衷心谢意,感谢你把《不合时宜的沉思》最新部分寄给我。① 在快速阅读了你那沉重而有力的著作后,我暂时只能用几句话来回复你。其实我现在真的无权进行评价,因为这部作品需要一点一滴地享受,需要进行深思熟虑。只是这本书和我们这些人关系太密切了,以至于让人忍不住想立马说点什么。

首先,我那可怜的头脑从来没能力像你们这样思考历史的终极原因、目标和愿景,即便是站在远处观望都做不到。然而作为一名老师和教授,我可以坚称,我教历史从来不是为了所谓"世界历史"这一冠冕堂皇的称呼,而是将其本质上视为一种基础性的入门研习。我的任务是让人们拥有"脚手架"(Gerüst),无论他们接下来开展什么类型的研究,只要不想陷入漫无目的的状态,这个脚手架就必不可少。我已尽我所能去引导他们从过去中获得个人财富(无论什么形式),至少不让他们对过去感到厌恶。我希望他们能

---

① 即《历史学对于人生的利与弊》(*Vom Nutzen und Nachteil der Historie für das Leben*)。

够自己摘取果实；我从未想过培养狭义上的学者或门徒，只是想让我的每位听众都感受到并知道——每个人都能够且必须借鉴过去那些对他个人有吸引力的方面，这样可能会带来幸福。我很清楚，这种目标也许会被批评为助长业余主义，但这并没有使我太烦恼。如果有人能够在我这个年纪，在自己所属的教学工作中发现某种具体的原则，那就该谢天谢地了。

亲爱的同事，我说这些并不是为自己辩护（你最不希望我这样做），这只是对我迄今为止的期望和所作尝试的一个简要概述。你在本书第 29 页的友好引用令我感到不安，读到它时，我突然意识到结尾处的形象并不完全是我，而施纳塞也可能在某个时候以同样的方式表达过自己。好吧，我希望没人会提起这个。

[159]这次你会引起无数读者的兴趣，因为此书把一个真正悲剧性的"不平衡"（Mißverhältnis）摆在我们眼前：历史知识与行动能力，或者说与"存在"（Sein）之间的对立，然后是广泛积累的知识与这个时代的物质主义动机之间的对立。

再次致以最诚挚的谢意……

致弗里德里希·冯·普雷恩（Friedrich von Preen）
巴塞尔，1874 年 5 月 31 日

我衷心祝贺你从布鲁赫萨尔（Bruchsal）解放出来，①这是一个非常有趣的地方，但真的不适合你和你的家人……

去年我离开之后，又花了两个小时在卡尔斯鲁厄散步。在平原上能做的事我肯定都做了，而且很多东西（比如新澡堂）确实很

---

① 冯·普雷恩此时被调赴卡尔斯鲁厄任职。

不错。从社会角度来看,你肯定会找到你渴望的一切。你知道几年前我曾可能代替沃尔特曼(Woltmann)去理工学校吗?那时我们就该成为同一部门中的同胞和同事。从那以后,我不得不多次做出同样的决定——我绝不离开巴塞尔。多年来,我一直预见着这里的发展,尽管这些发展并不一定都令人愉快。我也知道,对我来说不会有"安享晚年"这类事情,但我从未想过发出移民的信号。不管巴塞尔发生什么,我都会待在这里。

四月,我花了十六天在巴黎购买雕刻、版画和照片,为我任职艺术史教授后的新工作做准备。那里的人们拥护"诚实的人民共和国",赞誉梯也尔,但私下却叹息"我们需要强大的政府",尤其商界人士发自内心这样想。目前,我每周上五小时的历史课,三小时的艺术史课,还有四小时文科高中(Pedagogium)的课。现在没有人敢说我在懒惰和罪恶中吃饭。[160]虽然我每周只上三小时的艺术史课,但我发现我需要润修的课程比我想象的多得多。我在苏黎世(1855—1858年间)写的笔记对现在的听众来说已不够好了(它们也不能满足我自认为已达到的更成熟境界)。我必须采取非常笼统的观点、简明扼要地加以呈现。如果这里的情况不太麻烦的话,我得去意大利度六个月的假,再到雅典远游一趟。这意味着要花一笔可观的钱。

感谢你对我那本被遗忘的老书《君士坦丁大帝时代》的关注与赞誉。如果我不是在1852年失去了工作(这把我强行推入了艺术史),在完成这本书后不久,我应该写出一系列描述中世纪文化史的作品,其中"文艺复兴时期的文化"将作为最后压轴。但事实上我没有这样做,而是忙于他事了。而我现在已经老了,且一直有足够的生活来源(因此也就没动力去做了)。

致伯恩哈德·库格勒(Bernhard Kugler)
巴塞尔,1874年6月14日

为了赫伦(Heeren)和乌科特(Ukert)学习西班牙历史需要多年繁重的专业工作,它与一种不容忽视的奴役联系在一起,这很容易对你的教学产生有害影响。当然,我不知道你怎么看待这些事。任何像我这样过于重视教学的人,也许都不该指手画脚。如果出版社留出一定时间,你可以把它写成一部传记,让一切顺其自然地成熟起来(没有比这更好的结果了),而不是把它仅作为某个系列的一部分出版。像佩特斯·琼(Perthes Jun)这样的出版商,每年都希望出版很多卷书。

此外,最重要的是:你必须有特定的写作风格和一定数量的材料,必须把一定数量的关于西班牙的知识带入德国学界的大门,而这些都需要精心准备。现在,对于像我这样任性的人来说,这是完全不能接受的。在我的书中,我只谈论我感兴趣的东西,并根据我认为的重要性来对待它们,而非跟从博学人士或专业教授的看法。

[161]现在我尝试按自己的个性并设身处地替你说话:"出版社向我征求相应的作品,如果我按照专业学界的标准来完成这项工作,在接下来的六到八年内我将片刻不得安宁。但作品主题本身很好,很吸引我。于是我突然想到个主意!我生活在如此丰富多彩的世界中,不能让自己汗流浃背地累死。我要把佩尔特斯的西班牙野猪皮历史留给别人去写,并在安全的情况下独自前去西班牙实地考察,并随心所欲地写两卷而不是六卷。"

现在,我希望你原谅我的无礼。我绝不是想消除你的一切精神负担和压力,只是不想让你被他人强加的规范所奴役而不采取任何行动。

那可怜的"康斯坦茨会议"呢？好吧，如果你不需要，我就劝别人去写。如果别人不愿写，我最后就亲自来写这个绝妙的主题。

我祝你逃离图宾根的周年出版项目。这种事是为长满青苔的脑袋和老战马准备的，而不是为那些仍要驶向公海的人准备的……

致伯恩哈德·库格勒（Bernhard Kugler）
巴塞尔，1874 年 10 月 5 日

至于我，我已经把自己的作品卸在别人肩上，不再写书了。现在我的健康状况良好，但已经不再有权拥有它。我随时准备看着它逐渐衰弱下去，并将耐心地默许。但无论怎样，根据我的经验，有学问的作者是最不健康的，只有教学（无论多麻烦，也无论学习和备课多艰苦）才是世上最健康的工作之一。要一直站着、走着、讲着，无论天气如何，每周一次远足，偶尔来瓶最好的葡萄酒，冬天房间不要过热、敞开衣领——这对一个人才是好的。

有件事我非常在意，那就是弄湿自己的脚。看看我的《向导》！在完成第二版后不久，出色的闵德勒去世了。在第三版行将结束时，扎恩付出了生命的代价。[162]我希望博德（Bode）接手第四版，但他也病了，而我作为这一切的始作俑者还很健康。我目前面临着一个繁忙的冬天，每周有八节课（其中一些是新的），外加四小时的课堂教学，还有六个晚上的公共讲座。但这份工作必须如此……

致弗里德里希·冯·普雷恩（Friedrich von Preen）
巴塞尔，1874 年 12 月 30 日

……有件事我很羡慕你：你在成熟的年纪才开始阅读兰克的

《教皇史》,而我在学生时代就狼吞虎咽地读它,熟记了其中一些内容,现在已感受不到那古老的魔力了。在我看来,他的《宗教改革时期的德意志史》第一卷也是杰作,而相比之下《法国史》则乏味很多,《英国史》甚至有些沉闷和颓废,因为在那里他失去了普遍历史的意义和尺度。另外,我发现他的《普鲁士史》中有很多被滥用的内容,自华伦斯坦以来,① 最近的事情确实让他在这么大年纪作出了惊人举动,但我发现他一定程度上对奥地利众议院怀有反对情绪,并在某些问题上不再信任他们。据说,他在谈话中表现出了让人难以置信的活跃。今夏,他给告诉我这件事的那个人安排了一次晚上10点至12点的会面,让后者仍然沉浸在过去那种完全令人惊叹的状态中。

致弗里德里希·冯·普雷恩(Friedrich von Preen)
巴塞尔,1874年12月31日

这篇著名的电讯② 惊动了许多不易受惊的人。从另一个角度看,这只是菲利普二世的政策——他认为除非周围一切都绝对软弱无力,否则不能继续现行政策。我并不反对新闻界被一种前所未有的、明确建立的机构收购和控制,也不反对以任何义务的名义,甚至免费为媒体提供文章(无论在罗马、伦敦还是巴黎)。[163]这只不过是19世纪权力的一种表现罢了。但我在某些文章

---

① [译注]阿伯莱希特·华伦斯坦(Albrecht Wallenstein, 1583—1634),三十年战争期间波希米亚(今捷克)的杰出军事家,哈布斯堡王朝天主教阵营的军队总指挥。

② 俾斯麦关于阿尼姆案件的报告。

中发现,他们在其主子执行监察任务时所表现出的那种过分主动热情的奴性,实在是令人难以忍受。最重要的是别过分热情!正如拿破仑的一位部长所说的……

致罗伯特·圭宁格(Robert Grüninger)
罗马,1875 年 4 月 1 日

  我昨晚才抵达这里,今早又去看了拉斐尔的湿壁画、梵蒂冈美术馆和西斯廷大教堂,所以我想在晚上参观斗兽场前给你写信,因为在未来几天里,我可能没时间履行诺言。尽管阿尔贝戈中心酒店可能很优雅,但我房间的桌子有些摇晃,所以你必须忍受这潦草的笔迹……

  如果你有一个好司机和一轮满月相伴,在塞尼(Cenis)山的夜间旅行就会变得不那么困难。凌晨 5 点一刻,我从都灵的一个清爽梦乡中醒来,就像奥德修斯从舍里亚到伊萨卡那样,①我从睡梦中降落到了意大利(也就是说,我错过了路途的风景)。我在都灵城里漫步了两个半小时,微弱的煤油灯、明亮的月光和灰蒙的晨光交相辉映,就像《唐璜》中的三个管弦乐队一样。我径直走到卡普契尼(Cappucini)露台等待日出,从那里可以看到波河上方整个阿尔卑斯山脉和壮丽的城镇,我有足够的时间等到群山变红并闪闪发光。不过,在亚历山德里亚一带到处都是冰雪。当你潜入热那

---

  ① [译注]舍里亚(Scheria)是荷马史诗中奥德修斯回乡前途经的一个地方,学界一般认为是今天的克基拉岛(伊奥尼亚群岛中面积最大的一个岛,位于希腊西部阿尔巴尼亚海域)。伊萨卡(Ithaca)是克基拉岛附近靠近阿尔巴尼亚海岸线的一个小岛,传说中奥德修斯的故乡,也是伊奥尼亚群岛中面积第二小的岛。

亚温暖的春季空气时,你会觉得它无比美丽,这里的植被以常绿植物为主,给人一种春天的真实印象。尽管人们很清楚,即使在这里,真正新鲜的绿色也很罕见。

……教堂里人山人海、熙熙攘攘,其中有非常漂亮的女性,在一年中的其他时间里很难见到。不幸的是,几乎所有人都穿法国时装。过去整个中产阶级都穿民族服装,而现在只有穷人会才穿。[164]从热那亚到斯佩齐亚的路线与其说是风景,不如说是隧道,但某些地方很美妙,让人想起了索伦托和阿马尔菲。另一方面,斯佩齐亚不如我记忆中和期望的样子,尽管我花了一个非常愉快的晚上与三位意大利人谈论政治。我真得赞美我作为旅人的运气,因为我从未缺少交谈对象而独自度过一晚。

致马克斯·阿里奥斯(Max Alioth)
罗马,1875年4月5日

……我对巴洛克的尊重与日俱增,我几乎倾向于将其视为重大建筑的正确目标和主要成就。它不仅拥有服务一切目的的手段,还能创造出美丽的外观。这一点我们见面时再详谈。

尽管经常到处跑,我身体仍然很好。除此之外,我很高兴不必知道是谁在未名的小祈祷堂里画了这些屏风。我四处探了探鼻子,才意识到罗马和热那亚有多么不同。与罗马相比,热那亚看起来就像孩子们在每块岩石上斜插了一些四流的戏剧布景。我在路途中看到的文艺复兴的早期建筑深深地打动了我,比如锡耶纳的圣凯瑟琳教堂及其立面、小楼梯、庭院、大厅和室外建筑等。另外,马尼菲科(Magnifico)宫完全把我愚弄了。过去我只从远处看到过它外面的青铜火炬架,想象着里面肯定遗留着僭主时代的东西。

结果呢,什么东西也没有,只有一个臭气熏天的小院子,里面连着一个拱形回廊。这大概是已故的僭主沿着去壁橱的通道。

……罗马的变化很大,傍晚的科尔索(Corso)街区有种巴黎的感觉。每走一步,人们都能注意到带着各地方言的意大利人聚集在这里。我在街上听到不少人用米兰和那不勒斯方言交谈。这里有些东西卖得很贵,但没我想象中那么贵。在这里生活明显比以前更便利了,食品饮料也一如既往的好。即使是在特雷拉多尼和阿奇托这样的小餐厅里,去年新产的红酒也像勃艮第葡萄酒一样炽热而华丽。[165]如果我独自大喝一场,很容易变成醉鬼。在咖啡摊上,你花十五生丁就可以买到一杯咖啡,这让我们可怜的巴塞尔咖啡馆相形见绌,因为那里连一杯洗碗水都要三十生丁。值得注意的是,意大利也不产咖啡,且这里的关税毫无疑问比瑞士还高!我现在经常坐在小咖啡馆里向外张望,看看食品店柜台上方的壁龛有什么。一般来说,里面放着圣母玛利亚雕像,面前摆着一盏小灯,但有些地方圣母像旁边摆着的不是小灯而是一些精选的旧利口酒瓶。在一些开明的咖啡馆里,你看到的不是圣母像,而是维托里奥·埃马努埃莱的半身像,①他的前额、眼窝、巨大的鼻子和翘起的小胡子上通常积满了灰尘,看起来很滑稽。顺便说一句,直到我回来前,我将在意大利彻底过着物质的小日子。

在我看来,目前罗马最突出的特点是居住着大量德国人。今天,在恺撒宫的观众中,德国人占了大多数。几天前在梵蒂冈,我也跟在一群德国人后面游览,他们中有位年长的奥地利导游,你真

---

① [译注]维托里奥·埃马努埃莱二世(Vittorio Emanuele II, 1820—1878),意大利统一后的首任国王,被称为"祖国之父"。

该听听这位导游给他们讲述的一切！今天,在铸立着半人马座像的卡皮托里诺(Capitolino)博物馆大厅里,发生了一件趣事:一位带着孩子的好心老妇人非常惊慌地问我,在哪里能找到这样的生物。我不得不安抚她说,这个雕塑只是想象的产物。"但是,人的智慧和马的力量结合在一起,会出现意想不到的效果。"我补充道。一个人能将最大胆夸张的雕塑视为真实存在,这不是件很美妙的事吗？或许今天还会有人把女性寓言中的人物视为圣人？当然,在北方,每个孩子都预先被告知艺术只是一种玩笑。

……我已生活在照片的泥沼中,但这才刚刚开始。某些疑虑在我脑海中逐渐形成,这不是为我自己,而是为我们的后继者:照片总会褪色,而与之相反,即便是最微不足道的平版印刷画都会流传下去。现在每个人都热衷摄影,他们会说,如果照片褪色了我们可以复制出上千张新的——但这种东西本身不是永恒的！我发现比萨的许多公墓受损严重,锡耶纳的市政宫也是如此。

致罗伯特·圭宁格(Robert Grüninger)
罗马,1875年4月13日

[166]你无法想象你的信给了我多大快乐。昨天,在我结束长途旅行回来时,我收到了《瑞士联合报》(Allgemeine Schweizer Zeitung)的抄本,同时还有阿里奥斯的一封信。我必须回信并向他表示感谢。

你描绘了一幅多么理想的意大利图景,而我在罗马的行为是如此商业化和轻浮。我没去蒙托里奥(Montorio)的圣彼得罗教堂,甚至没去苹丘(Pincio)。我唯一去过的是圣保罗教堂:前天(星期天上午)我先去看了些较远的教堂,其中包括圣萨宾娜教堂。然后,我在两边都是花园围墙的阿文丁(Aventine)山道上走了一段路,突然看见面前有大片平原(坎帕尼亚)向西一直延伸到大海,圣保罗教堂就在我的脚下。于是我继续蹒跚前行,第一次完全意识到圣保罗教堂内在比例是如此巨大,并在脑海中记下了一些对我有用的、关于巨型建筑的一般性问题。你看,我变得多么无聊。

这一切的悲哀之处在于,目前我完全没有真正沉思所必需的绅士闲暇(就像在 1847—1848 年冬天所享受的那种),我必须以最快速度捕捉我的观察对象。从圣保罗教堂回家路上,我在坎帕格纳区看见一名十七岁女孩站在一家高级餐厅门口。她衣衫褴褛、肮脏不堪,却有一种难以形容的、动人心魄的美。总而言之,我必须说,自我第一次来这里的二十九年间,人们的身体素质并没下降,尽管农民般的健康肤色越来越少。另一方面,外国游客比过去糟糕多了,西班牙广场现在的景象简直让我绝望。我能容忍英国人,但有些国家的人着实有些让人受不了。

博德在这里,我们时常在不同地方见面,然后一边参观各个画廊(如梵蒂冈美术博物馆和波吉亚家族宅邸),一边批判性地讨论这些作品的真实性和创作条件等。他的眼力真是好得惊人,当我想到他可能会死在第 N 版《向导》上时,[167]我忍不住想说:亲爱的博德,闵德勒死在第二版上,扎恩死在第三版上,省省吧!——但这位信奉启蒙理性主义的北德意志人只会当面嘲笑我。更重要的是,这不仅是他的学识所造成的,还出于这位亲爱的家伙的自身性格,这实在令人遗憾。他来自布伦瑞克(Brunswick),是我在这里唯一认识的德国人,尽管我在画廊等地见过成群结队的德国游客。这些游客大都是现代式朝觐者,他们不会脚踩豌豆、背着伤痕去参观特许祭坛,而是在一无所获的艺术品前无聊透顶地忏悔。在画廊里,意大利人从不会给我留下这样的印象。他们要么走开,要么认真观赏。现在我可以自诩掌握了许多以前隐藏在艺术品中的东西,并大大提高了观察力,要不然才真令人担忧!如果我有三个月时间就好了!目前我无法把所有事情都考虑周全,而是一家家地联系照相馆并向其讨价还价。这其实非常违背我的初衷,即便我从此行中获得些许成就,也不值一提。

……晚上我要么去奎利诺·切·普尔奇内拉(Quirino chez Pulcinella)剧院,要么去密涅瓦附近的罗西尼剧院。在那里,我特别喜欢佩特里拉(Petrella)的《预防措施》(*Precauzioni*)、菲奥拉万蒂(Fioravanti)的《普罗科皮奥先生》(*Don Procopio*)以及罗西(Rossi)的《伪钞》(*Falsi Monetari*)。最后一部剧的作曲家被请来了现场,观众们认为他不在舞台上,而是在前排包厢的中央……那里有两个身材高大、涂着彩妆的妓女坐在那里,在众人的嬉笑中接受掌声。《阿依达》(*Aida*)①上演了两次,但每次票都一扫而空,于是我不得不放弃。有个很少被注意到的细节:除尼科利尼(Nicolini)外,音乐厅和剧院老板不允许任何人唱男高音部分。由于我看戏必须选在心情恰好的时候,因此总在开演前半小时才决定去不去,然后就得准备好忍受站三个小时这种事情。

意大利始终是意大利人的永恒之地,他们仍像二十九年前那样不坐马鞍骑马。这不仅因为他们有平衡和牢固的抓地力,还因为他们被牢牢地烙在了野兽身上的泥土里,这在所有地方都是如

---

① [译注]意大利剧作家朱塞佩·威尔第(Giuseppe Verdi,1813—1901)于1870年创作的一部四幕歌剧,描写了距今约3000年前古埃及法老王时代的一段爱情悲歌。

此。与意大利人会面和交谈总是很有趣,因为他们仍然是人,并且将继续保持人性。此时,我正站在阳台的窗前,[168]望着美第奇别墅和德蒙蒂修道院,代表罗马向你致意。

我向你和身处"工厂"中的先生们及其所有同僚致以最美好的祝愿。如果有兴趣,你可以把这封信拿给他们看。

致马克斯·阿里奥斯(Max Alioth)
罗马,1875年4月16日

……至于其他地方,除圣玛利亚·马焦雷(St. Maria Maggiore)教堂附近的街区外,罗马在各方面都完好无损,仍拥有世界上任何一个城市都无法比拟的建筑景观。对此起决定作用的不是单个建筑的古典美,而是不同时期的整个建筑群仿佛按照同一个伟大计划组合在了一起。当然,如果人们把唾沫吐在手中并工作二十五个世纪,就很可能创造出伟大事物(在我看来,用这个比喻并不能描绘出事情的全貌,但至少它没有比"金字塔等待法国军队到来已有四十个世纪"更为夸张)。

这里的新事物即使不比其他地方更好,本身也相当不错。上帝知道,与新希腊风格的巴黎北站相比,我更喜欢罗马老火车站。波德斯蒂在梵蒂冈的壁画比考尔巴赫的大部分作品都要好。① 西班牙广场的圣母纪念碑除了它本身的意义外,也值得从艺术角度

---

① [译注]弗朗西斯科·波德斯蒂(Francesco Podesti,1800—1895)意大利画家,被誉为19世纪上半期意大利最伟大的画家之一,以其在梵蒂冈宫殿大厅的壁画而闻名。威廉·冯·考尔巴赫(Wilhelm von Kaulbach,1804—1874),德国浪漫派插画家和壁画家,尤以历史画著称,其作品带有明显的民族主义历史观。

观赏。关于预言家的雕塑也绝不是糟糕之作。毫无疑问,我在旅途中看到的最可笑的历史遗址是坎贝里(Chambéry)的喷泉,四头巨大的大象从方尖碑的四个侧面冒出来,这意味着它们都在方尖碑内被连在一起,想想其关节是如何"移动"的吧!另外,在都灵我看到了所有骑马雕像中最辉煌的一具,即菲利贝托的雕像。①

到目前为止,除博德外,我一直在避开德国人,尽管前往那不勒斯的长途客车一开始就被他们挤满了。摄影师们日夜忙碌也无法提供足够的纪念品。我的主要供货商克里帕(Crippa)是米兰的一位喜剧演员,他坚持认为,[169]尽管至今摄影技术还十分初级,但很快会有巨大突破。

致马克斯·阿里奥斯(Max Alioth)
德累斯顿,"维也纳城市"酒店,1875年7月24日

通过与你闲聊,告诉你迄今为止我的见闻,我就可以在辛劳之后休息并恢复体力了。我很幸运有了一张与椅子高度正合的桌子,而在罗马我不得不趴在一张可怜的小矮桌上写作,它比椅子只高两英寸。但罗马始终是罗马,德累斯顿再好也只是德累斯顿。

上周六早上,我在开往法兰克福的特快列车上睡了个好觉。犹太人和其他建筑商在此疯狂地建造大厦,然而更重要的是,我们的朋友吕贝克在其"德意志文艺复兴"研究中创造了这一时尚。诚

---

① [译注]伊曼纽尔·菲利贝托(Emmanuele Filiberto,1528—1580),萨沃伊公爵,著名政治家和军事家,其主要功绩是从法国手中收复了包括都灵在内的大片领土,并用意大利语取代拉丁语作为官方用语,为意大利民族主义兴起做了铺垫。

然,各种各样拙劣的装饰都是在这个标题下被偷偷带进来的。不能创造美的人,无论借助什么风格都无济于事,世上所有的"动机"和"主题"都无助于一个不具幻想的人。以现在的眼光来看,即便是丰富多彩的意大利文艺复兴时期的建筑,大多数都丑得吓人。例如,不加任何底座的支撑的、由突出的壁柱和三角形楣饰构成的巨大窗户。你应该多看看那些古典建筑!

富有的以色列人

用女像柱建造……

当卡勒(Kalle)、希克赛尔琴(Schikselchen)和帕帕(Papa)带着他们著名的鼻子出现在阳台上,站在从潘德罗塞翁神庙[①]那里借来的妇女中间时,这些雕像一定会非常精美。另外,有些立面被分割成一大堆粗糙交替的小场景,就像瓦格纳歌剧中的某些场景那样。我所说的可能没人承认,但至少是真实的幻想!然而这不意味着形式上缺乏技巧。在这里,人们偶尔会看到一些非常精彩的东西,但其主要效果正如我上述那样。

当天下午,我去马堡(Marburg)走了三个小时,参观了圣伊丽莎白教堂,[170]这使我对13世纪的人更加崇敬,他们的建筑就像从地下长出来的鲜活植物一样。深夜时分,我抵达卡塞尔(Cassel),在那里待了五天,直到昨晚才回来,期间研究了当地的画廊。我一回到酒店就把我旅途中用铅笔写的笔记誊写在几张不同的纸上,这是我最忙碌的一天。我必须这样做,因为我回巴塞尔后再也

---

① [译注]潘德罗塞翁(Pandroseion)神庙是以古希腊阿提卡首任国王塞克罗普斯的女儿的名字命名的,位于雅典卫城。

没时间把笔记抄出来。下次我再和你详谈画廊中那些令人惊叹的藏品。不过，我认为你根本不了解卡塞尔，你应该去亲眼看看……

今晚《龙居莫的邮局》(*Pastillon von Longjumeau*)将上演，我决定不惜任何价钱去看。但可以确定的是，临时剧院容量有限。在某些方面，我对大森佩尔剧院相当怀疑，不是因为建造问题（它的外部已基本完工），而是担心尽管它面积更大、剧目更丰富，但永远无法取代之前的剧院。

致弗里德里希·冯·普雷恩(Friedrich von Preen)
巴塞尔，1875 年 9 月 19 日

凯瑟告诉我，你发现"哲学家"在奥地利受过教育的人中与其他地方一样受欢迎，我越来越确信他对我们这个时代负有特殊使命。自 1830 年代起就占据支配地位的"进步"幻想逐渐破灭之时，必须有人站出来，告诫我们这群囿于空想王国中的人如何及时放弃那些徒劳的希望——这一点至关重要。我们只需将其与这个世界上的可怕王国对比一下就知道了：无情的乐观主义情绪无处不在，甚至那些工人也疯狂地相信能够过上舒适生活，而这种生活与社会状况毫无关系。最终，一场激烈的战斗将会在乐观主义和（不是悲观主义而是）"恶意主义"(Malismus)之间爆发。请原谅这个愚蠢的词。

所有这些都不仅仅是梦想。在公元 3 世纪和 4 世纪的大部分时候，如果不考虑民族大迁徙的影响，悲观主义至少在理论上已成为一种近乎被普遍认可的态度。如果有一天我们真的实现了 1830 年代以来的各种"进步"，那将是怎样的面貌？首先，(通过铁路网)把人们聚集在一起。[171] 然后，组建一个拆迁队，使一种完全不同的类型能在已被清扫干净的地面上建造起来。但是，我顶多只能看到它的开始,当然也没有很大意愿来协助这项工作。

致弗里德里希·冯·普雷恩(Friedrich von Preen)
巴塞尔,1876年2月27日

……除了自己在钢琴上弹奏外,我再也听不到太多音乐了。我完全赞同你对优美舞曲的鉴赏,其中一些音乐(特别是维也纳的)让我神魂颠倒。而事实表明,剩下的维也纳作品不过是对既有音乐的摹仿。至于奥芬巴赫,①我只想说:给这个罪人以怜悯吧。他的一些东西很有趣也很诙谐。只有一个我完全不想听,那就是当今的歌剧杀手。你知道我指的是谁……

致弗里德里希·冯·普雷恩(Friedrich von Preen)
巴塞尔,1876年11月17日

提出任何保守党意义上的想法或提议,在实践中都不会有结果。只有具备解构性和摧毁性的思想才能产生真正的力量。你会在《瑞士联合报》中发现,我们在观念上已达到这种地步,但在现实中却无能为力。我们联邦和州议会的全民公投,有时会挫败霍迈斯先生②及其朋党的阴谋,有时又会陷入困惑和混乱之中,因为它

---

① [译注]雅克·奥芬巴赫(Jacques Offenbach,1819—1880),德国作曲家,长期居住在巴黎。他曾发明一种轻喜剧歌剧(operetta),成为当时的流行音乐之一。

② [译注]霍迈斯先生(Monsieur Homais)是福楼拜小说《包法利夫人》中的虚构人物,表面上是正人君子,大谈理性进步、遵守礼仪道德,但实际上野心勃勃、善于欺骗,为谋私利不择手段。极具讽刺的是,小说中的正面人物大都以悲剧收尾,而霍迈斯先生却平步青云、蒸蒸日上。

本身就是一种更大的"溶剂"(solvent)。再多的担忧也无法堵住病根——即群众的领导，他们很容易被激进主义牵着鼻子走，并表现出对一切事物都缺乏尊重的态度。他们不仅对过去的、保守的政治形式不尊重（我不指望他们在这方面表现出虔诚），也对自己制定的法律法规不尊重。这就是目前局势如此令人不安的根源。

与此同时，我们的职责和生活原则告诫我们，尽管不能对任何事情都面带微笑，但至少不要愁眉苦脸。就我而言，我早就简化了自己的观点，把每个问题都与巴塞尔大学关联在一起，并简单地询问这样或那样对巴塞尔大学究竟是好是坏。[172] 只要我不犯下任何罪行，也不参与任何损害大学的事情，我就会满足于在地球上的外部生活。目前，本学期已经过去四周，额外的公共讲座也开始了，其中有两场已结束，还有两场在后面。此外，我已经去过歌剧院六次，一切都很好。12月2日，我们简朴而美丽的音乐厅将举行开幕典礼，届时将演奏《第九交响乐》等乐曲。我一定要设法弄到个座位，因为这个大厅的一千五百个座位已几乎被订满。现在还有人能感受到众神美丽火花般的喜悦吗？这样的人一定还很年轻。尽管如此，我们的音乐厅还是比你们的节日大厅更讨人喜欢，因为它可能会提供不少好演出。

致弗里德里希·冯·普雷恩(Friedrich von Preen)
巴塞尔,1877年4月13日

……这位伟人(俾斯麦)的退位和回归，让我察觉到他并不知道下一步该怎么办。他在所有重要的内部问题上都做得太过火。当他说自己健康受损时，人们也许会相信他。他当然可以再度掌权，但真能帮上大忙吗？如果土耳其战争迫在眉睫，他仍可能会为一场欧洲大危机定下基调。但从内部来看,他已无法挽救帝国……

在最新出版的书中,泰纳①的《现代法国起源》(Les Origines de la France Contemporaine)无疑最值得推荐,尤其是第一卷《旧政权》(由巴黎的阿歇特出版集团出版,长达五百五十页)确实值得一读。作者有两个伟大品质——既能看清精神的轮廓和色彩,又能出人意料地写得又好又简练。按预计(根据序言第五页),本书将出版三卷:《旧政权》《大革命》和《新政权》。

致弗里德里希·冯·普雷恩(Friedrich von Preen)
巴塞尔,1877年5月30日

……自上次写信以来,每逢周末和节假日,我都在孜孜不倦地探索奥伯兰(Oberland),但这无法与你从欣赏风景和详解历史所获得的对自然的感受相提并论。[173]年轻时的我总是向往遥远的东西,直到最近几年我才变得完全本土化。不幸的是,我对植物学一窍不通。我喜欢每一朵美丽的小花,但对它们的本质却一无所知,所以我必须或多或少把大自然视作一个整体。即便是奥伯兰最高贵的植物,我对它的了解也很粗浅,这导致上周日在哈尔廷根(Haltingen)的"赫希葡萄酒展"上,我无意中犯了个错误,即当着贝克的面把伊斯坦纳(Isteiner)评为比施林格纳(Schlingener)更好的葡萄酒。这让我手指伸进了马蜂窝,从而不得不恭领了一番教导,

---

① [译注]伊波利特·泰纳(Hippolyte Adolphe Taine,1828—1893),又译丹纳,法国著名文艺理论家和史学家,历史文化学派的奠基者和领袖,其艺术哲学对19世纪的文艺研究产生了深远影响。

说伊斯坦纳葡萄酒并不高级,只是它在巴塞尔被高估了。这种错误来自一个共同的前提标准,而在意大利,某些老绅士也以同样的前提高估了皮西阿特洛(Pisiatello)。

写完信后,我又去拜访了里尔(Liel),不禁对那里的旧图书馆老板产生了兴趣。安吉莉卡·考夫曼①的这幅画也许是那一代虚弱的古典模仿者中最让人喜欢的之一。只是我怀疑这里的友谊可能会让我失去部分自由,而对于将来而言,我只是个匆匆过客……

当晚连绵不绝的雨停了,阳光温暖而亲近地照耀着。虽然雨很快又要下起来,但人们怀着感激的心情享受每一个小时的阳光。毫无疑问,这里的总体感觉与你们或西方任何地方都没什么不同。地面虽然还未像苏黎世那样因破产而摇摇欲坠(在那里恐慌正在肆虐),但情况看起来也不太好,再加上目前我们大多数人所作出的不负责任的承诺,以及被广泛利用的"工人阶级"的情绪。(如果我们能彻底摆脱这个臭名昭著的不公正术语,就算有所前进了。)当然,我们正在为一场庆典作准备……

致马克斯·阿里奥斯(Max Alioth)
慕尼黑,1877 年 8 月 7 日

路德维希一世时期的慕尼黑老城已非常陈旧。如果有人像我一样在二手书店四处环顾,[174]看着那些旧版的、温柔虔诚的线条版画和浪漫主义肖像,看到低级的浪漫主义建筑、绘画和雕塑在

---

① [译注]玛丽亚·安吉莉卡·考夫曼(Maria Anna Catharina Angelica Kauffmann,1741—1807),瑞士早期新古典主义风格画家,以其为罗伯特·亚当设计的住宅装饰壁画而闻名。

眼前掠过,就会发现一切都是多么过时!有天晚上,我去了路德维希教堂(Ludwigskirche)。科尼利厄斯①还是给我留下了一定印象,唯一问题是,这所教堂无论内部还是外部都建得很糟糕。与之相比,特埃蒂娜教堂(Theatinerkirche)和圣迈克尔教堂是多么雄伟辉煌!它们使这里所有的现代建筑都显得沉闷无力,让人觉得是"相对病态"的。而且,我也不喜欢凯旋门、②希腊柱廊门和老绘画陈列馆。事实上,这些新事物并没什么了不起,而圣母教堂(Frauenkirche)的哥特式风格已被"净化"了——我在二十一年前就去过圣母教堂,当时它的侧堂前有一扇精美的巴洛克式锻铁大门,位于中堂中央的路德维希皇帝陵墓上放着精致的凯旋门雕塑(它以最轻盈美丽的方式打开着)。而如今,教堂拱顶已被涂上蓝色油漆,上面还有金色的星星(这使它看上去还没原来的一半高),八角形的柱子被漆成了奶油色,等等。老天瞎了眼,让这座非常朴素的哥特式建筑被一种欢快的巴洛克风格所取代。

致马克斯·阿里奥斯(Max Alioth)
慕尼黑,1877 年 8 月 11 日

不幸的是,你对马克西米利安博物馆的看法太准确了。这是一座做作的混合设计物,当你看到另一面时,它其实十分脆弱。不过我还是很感谢这座建筑,因为至少从表面上看,它引领了文艺复兴时期的形式,使人们的精神摆脱了马克西米利安大街的那种悲惨的哥特式风格……

---

① Cornelius,拿撒勒画派的一名画家。
② 位于慕尼黑北部的施瓦宾街区。

你肯定知道,今天我和一群人游览了慕尼黑王宫的各个房间。① 那些壁画我就不提了。当我看到路德维希一世的两幅"美人画廊"(Schonheitskabinette)的作品时,②我不得不承认,尽管斯蒂勒③和那些沉闷的宫廷画家用年历风格来画肖像,[175]但这本身就是王室的想法,只有国王才能实现。即使是最富有的私人画家,也不可能说服公爵夫人与鞋匠的女儿坐在一起画像,也不可能说服公爵夫人参加一场完全中立、不依赖于地位的选美比赛。王宫管家告诉我们这些女士分别住在哪些房间,以及她们分别嫁给了谁,这真是太棒了。其中一个房间的壁柱镜上挂着洛拉·蒙特兹④的肖像(日期是 1856 年),她的眼睛羞怯而美丽。现在,这幅画被出生于达克塞尔伯格的一个铜匠家庭的 X 夫人所持有,管家继续介绍道。

坐拥十二尊金像的王座厅是唯一有华丽装饰的大殿,尽管这些金色的维特尔斯巴赫家族雕像是从背后被灯光照亮的。然后是最重要的东西(也许你还没看过):建于 1730—1740 年代的查理七世皇帝的房间,这是世界上最可爱的洛可可风格,在设计感、自由和优雅度上甚至超过了凡尔赛宫那些最豪华的房间。事实上,我

---

① [译注]慕尼黑王宫(Residenz)是 16 世纪至 20 世纪初巴伐利亚王室的官邸和政府所在地,也是德国最大的城市宫殿。

② 有两个房间挂着当时著名美女的肖像。

③ [译注]约瑟夫·卡尔·斯蒂勒(Joseph Karl Stieler, 1781—1858),德国画家,以巴伐利亚王室的新古典主义肖像画而闻名,其大部分作品都在"美人画廊"展出。

④ [译注]洛拉·蒙特兹(Lola Montez),原名伊丽莎白·罗珊娜·吉尔伯特(Elizabeth Rosanna Gilbert, 1821—1861),爱尔兰女冒险家和"西班牙舞"演员,因与巴伐利亚国王路德维希一世的交往而享誉国际。

是被人流赶着看完这些房间的,但我会让自己多跑几趟,以便在脑海中留下深刻印象。更重要的是,从前厅到卧室的华丽程度是不断增强的,甚至连橱柜和洗手间的装饰都精美绝伦……

致马克斯·阿里奥斯(Max Alioth)
慕尼黑,1877年8月15日

今天是圣母升天节,商店都关门了(包括我所在的赫尔根区的商店)。与此相反,歌剧院却开幕了。我不知道二者之间的理想关系是什么,但我还是去了歌剧院。二十八年前,我在那里听过几部剧[包括查拉德(Chalard)的《麦克白》、拉赫纳(Lachner)的《卡特琳娜·柯纳罗》和《利马地震》等],至今它们一直沉睡在我的脑海深处。顺便提一句,我就是在那里初次听到《唐豪瑟》(Tannhäuser)的。①

今天上演的是威尔第的《阿依达》,②地点在一间富丽堂皇的、有埃及风装饰的大厅里。第三幕中的棕榈林和月光下尼罗河畔的小寺庙非常迷人。纳奇鲍尔(Nachbauer)饰演的拉达梅斯嗓音优美,两位女演员都很漂亮。本剧的三位男低音中有位叫金德曼(Kindermann),我在二十一年前就听过他唱戏。[176]还有位叫沃尔夫拉姆(Wolfram)的演员,他的容貌与二十一年前演戏时完全没

---

① [译注]《唐豪瑟》全名为《唐豪瑟与瓦特堡的歌唱大赛》(Tannhäuser und der Sängerkrieg auf Wartburg),瓦格纳于1845年写成并上演的一部三幕歌剧,主要讲述了中世纪德国游吟诗人唐豪瑟因爱而堕落,又因爱而获救赎的故事。

② [译注]朱塞佩·威尔第(Giuseppe Verdi, 1813—1901),意大利作曲家,《阿依达》是其代表作之一。

变化,以至于我不得不向邻座询问他是不是之前那位老演员的儿子,结果竟是本人。很多配乐都是复杂而紧张的,其灵感来自威尔第对名家作品(如瓦格纳歌剧和斯波尔①的《耶松达序曲》)的模仿,但也有一些非常精彩的灵感迸发。在第二幕和第三幕中,威尔第还是老样子,只是形式化更严重了。虽然在这部剧中,威尔第早期作品中那些迷人的旋律和节奏已不复存在,但它仍然有很好的灵魂,尤其从第二幕结尾到第三幕都很美。阿摩纳斯洛和阿依达的二重唱如此美妙,它与威尔第其他作品一样让我感动得落泪。威尔第充满了独创的新鲜事物,他在六十多岁高龄时仍可以奉献给世人很多意想不到的东西。第四幕有一些美好的片段,但没第三幕那么持续。

你在任何时候都可以去看这部剧,但尽量不要在巴塞尔看,因为它需要慕尼黑舞台的巨大空间。毫无疑问,那些在各种芭蕾舞剧中跳滑稽舞的小黑人们,是因戴上了绿色眼镜才有了猫眼般闪闪发光的眼睛。周五将上演《菲德利奥》(*Fidelio*),周六是《洛亨格林》(*Lohengrin*)……

致弗里德里希·冯·普雷恩(Friedrich von Preen)
巴塞尔,1878年新年前夕

……你告诉我的那块青铜牌匾非常有趣。我们这里也有人想尝试那种永生的形式(但我不知道是什么),但他们仍然害怕公众嘲笑。总有一定数量的"公众人物"试图从纯粹的内心空虚和孤独

---

① [译注]路德维希·斯波尔(Ludwig Spohr,1784—1859),德国作曲家、小提琴演奏家和指挥家,其作品体现了德国浪漫主义音乐的早期特征。

中解脱出来,只不过为了相信自己还活着罢了。当他们想不出别的事情时,就会鼓动建造纪念馆,因此接下来一定还会发生什么。去年,当地一个最具灾难性的激进人物建议我担任赫贝尔纪念馆建造协会的负责人,并为拟建场地命名(这是可以想象的最荒谬之事)。我当即拒绝,并给他写了一封诚恳的道德信函,指出在不吉利时刻提议建纪念馆所需承担的重大责任,这些纪念馆可能会长年甚至永远一无所获。于是那家伙平静地离开了我,又鼓动别的事去了。

致弗里德里希·冯·普雷恩(Friedrich von Preen)
巴塞尔,1878年2月21日

[177]……你那令人钦佩的孩子不得不在学校里适应过度的长时间学习,这引起了我极大同情。我们这个民族一定会被学习压垮。有时我会产生最异端的观点,这是任何老师都不应该表达的——从纯粹商业角度来看,学校是目前报酬最低的事业之一。从最基础的A、B、C到最高的学术等级,我们所学的东西被保留下来并真正使用的少得可怜。在文理初中(Gymnasium)的高年级中,肯定会有大量不必要的、过度的辛劳,而唯一重要的是用寓言和象征的方式向年轻人预先展示(在大多数情况下)生活的真实情况。然而,后者的重要性并没有作为一种规则被理解或意识到,因为大学诱人的自由作为一种补偿在学生们眼前闪闪发光,这导致他们往往只看到了最后一学期的痛苦。中学经常找不到老师来教那些较难的科目,且这些老师的水平都很一般,因为真正的好老师并不常见……

致弗里德里希·冯·普雷恩(Friedrich von Preen)
巴塞尔,1878年7月7日

就在最近,一位改革教会的牧师被那些不去教堂的人以及那些去教堂感到痛苦的人所选中。如你所知,我不属于后者;曾几何时,我怀着极大的兴趣研究了四个学期的神学,然后发现我没有登上讲坛所必需的信仰,于是转向历史一边。但我不能理解的是,一个改革派如何能占据讲坛进行着连自己都不相信其意义的仪式?又如何能因为一个误会而得到此职位?这是否说明,投票给他的每个人都假设自己属于这个会众,但事实上却并不存在这样一个会众?……

致马克斯·阿里奥斯(Max Alioth)
格拉韦多纳,科莫湖畔,1878年7月30日

[178]昨天一早,在一场怡人又急需的细雨中,我乘坐马车来到了科莫(Como)湖。驯马师把毯子盖在我膝盖上,这样我撑着伞就不会被淋湿了。然后,我从科里科乘轮船至格拉韦多纳(Gravedona),在那里,我发现,所谓的"好旅馆"确实关门了,但我找到一家由伦巴第企业促进会经营的旅馆,非常舒适。坐在房间的床上,我至少可以透过窗户看到四座山间小教堂,其中最高的一座简直令人目眩。到目前为止,我在意大利唯一吃过的荤菜是小牛排,这家酒馆烹饪的小牛排已达到炉火纯青的程度。我和当地人一起品尝美味的 minestra di paste[一种口感有点像栗子的黄油烤大豆],喝着温暖的巴博拉(Barbera)葡萄酒。在这里的任何一家普通的小咖啡馆里,我都能看到售价二十生丁的黑咖啡。因此,在意大利这样一个需缴进口税的

国家,怎么能煮出如此价廉物美的咖啡,对我来说真是个谜。

实际上,在格拉韦多纳有两座奇形怪状的罗马式教堂,此外还有其他一些东西。但与红衣主教托罗梅奥和蒂巴尔迪①在湖中心岩石上建造的别墅相比,它们又算得了什么?这栋别墅呈正方形,四个角分别建有四个坚固的凉廊,中间是一个巨大的房间,占据了两层楼,经过三扇窗户通往面向湖泊的门廊。两根承重柱之间的门廊都有红色大理石壁柱,在这里可以看到只有在科莫岛上才能看到的景色。观赏蒂巴尔迪别墅最好的角度是花园正面,因为花园位于更高的位置,而湖边的主要楼层变成了底层。我知道我把它画得太难看了,建筑的中央敞开部分显得太窄了,另外我画的爱奥尼亚和托斯卡纳式圆柱就像细长的香肠一样。我想你应该不会介意的。

这栋别墅的内部从未真正完工,粉刷和装饰这些各式各样的小圆顶和灰泥拱顶是一项艰巨的任务。整座建筑至今被保存得完好无损,红衣主教将它交给那不勒斯的维托公爵家族后,由于疏于管理,它的一楼经常被该国的某些绅士占据并举行无休止的狂欢。[179]直到1819年,最后一任维托公爵才把这栋楼卖给现主人佩罗(Pero)律师的祖父,现在整栋楼里都是用于丝绸生意的蚕茧,还有我曾在那不勒斯安诺街46号闻过的那种熟悉气味。这种蚕茧,我在波尔蒂奇(Portici)附近一座宫殿里的贸易会上看到过,那场贸易会是在一位少校的主持下进行的,他不久前好不容易才把某某

---

① [译注]托罗梅奥·加利(Tolomeo Galli, 1527—1607),被教皇庇护四世任命为红衣主教,米兰大主教博罗米奥和教皇克莱门特七世手下的得力助手。佩莱格里诺·蒂巴尔迪(Pellegrino Tibaldi, 1527—1596),意大利画家、雕塑家和建筑师,16世纪末将意大利的矫饰主义绘画传入西班牙。

公爵的最后一位女主人从这里赶了出去。

在一间宽敞的房间中央,摆着一张巨大的桌子,旁边坐着四个缫丝的妇女。其中一位是别墅现主人的母亲,一位身材高大的伦巴第女性,有一双让人印象深刻的、一度令人眼花缭乱的美丽眼睛。她所坐桌子的旁边还有一些桌子,都坐满了缫丝的人。当我正在花园画画时,一阵庄严的歌声正从她们那个工作间里传来,其中可以辨识出一种低沉的女中音,这是你打着灯笼都很难找到的。晚上,佩罗先生来到我下榻的旅馆,我们坐在厨房里一边聊天一边喝着非常好的葡萄酒。这款酒与巴博拉葡萄酒相比丝毫不逊色,还不会像后者那样把人的神经撕裂得那么厉害。在我漫长的一生中,这还是首次和一座伟大的古典建筑的主人一起喝酒。这家伙在我看来确实很值得尊敬……

致马克斯·阿里奥斯(Max Alioth)
博洛尼亚,1878 年 8 月 13 日

昨天乘坐敞篷马车驶入博洛尼亚时,我不得不承认,与意大利其他四五个大城市相比,这座拱廊之城拥有更多美丽如画的街景,尽管其他城市可能在个别建筑上更胜一筹。昨晚,我发现了一座崭新而朴素的巴洛克宫殿,看上去和那些辉煌的古老宫殿一模一样。一位富有的侯爵夫人[好像是兰伯塔乔(Lambertazzi)家族的]将其建造成一个投机项目,要以高价租售,而她自己住在附近一座又小又旧的宫殿里。这种事只有在当今的博洛尼亚才可能发生,因为这里的官员和富豪比其他地方更多。[180]许多过去用鹅卵石铺成的街道,现在都铺上了更好更光滑的石头,当然监狱和市政将耗资巨大,直至破产为止。我喜欢装潢华丽的建筑,但像新银行

大楼这种愚蠢的建筑已超出人们的忍耐极限。这让我想起苏黎世那座漂亮的火车站，它沉重地压在已破产的东北铁路局肚子上。（上周佛罗伦萨的银行也破产了，它们已有五天付不出款了，除非有人来救它们。）

意大利人还是老样子。昨晚天气很好，《诺玛》（*Norma*）在一个巨大的露天剧院上演，站票售价五十分，座票售价一里拉，至少有一千名观众到场。演唱歌手都是些三流人物，但还是相当受人尊敬。

此外，你可以看到小工匠、力工和商贩在昂贵的高级剧院里的表现比中产阶级要好得多。他们平时喜欢叽叽喳喳、用棍子乱打节拍并凑在一起唱他们喜欢的小曲，但在这里除了适时地鼓掌外，他们保持着绝对安静。这些谦逊的民众真的很想听听他们最喜欢的老歌剧。唯一的遗憾是，当诺玛开始唱那首伟大的咏叹调《圣洁女神》那一刻，明亮的满月选择了躲在一朵云身后。剧院里大约有九十个煤气灯，可以不依赖月光保持充足照明。

这里有件事很令人讨厌，那就是人们不停地吐痰。在火车上，我数了一名男子边抽烟边吐痰的次数至少有不下五十次。在教堂里，人们做祷告时一直随地吐痰，每条裤子下面都有或湿或干的水坑。事实是，这些开朗愉快的人会不时变成一大群吐痰的人，我倒是很羡慕他们美丽的牙齿，像这样的人会发自内心地用爱来筛选所爱之物，一个都不会漏下！甚至，看他们打哈欠也是一种积极的快乐……

致马克斯·阿里奥斯（Max Alioth）
博洛尼亚，1878年8月15日夜晚

……今天是圣母升天节，因此，唉，我去看了圣萨尔瓦多

(S. Salvatore)教堂,这本是我最喜欢的教堂之一,但里面却布满了令人厌恶的装饰。柱子上包着肮脏的红紫色裤子,[181]带着蓬乱的金色流苏,就像马戏团里的小丑在表演走钢丝。教堂是用砖砌的,是我所知的最美丽简约的巴洛克风格,里面本没有奇奇怪怪的颜色——都怪那些裤子!更早些时候,我还去了浴池。雷诺(Reno)河的一条支流流入博洛尼亚,在其中一个岛屿上,奥古斯都、安东尼和雷必达于公元前42年签订了后三巨头同盟。这项染血的协议,是用四千名保守党、进步党、中立派和民族自由主义者的性命换来的。现在我们在一间用小石头砌成的房间里洗澡,河水带着泥浆流进来,恐怕我洗完后比进来前更脏。甚至,我还担心恺撒-奥古斯都时代的老古董会从洞口漂进来,而我对古代的崇敬还没达到觉得该欢迎它的程度。

目前意大利和其他地方一样,煽动者正努力制造同样的分裂。这里有份叫《星星》(*la Stella*)的报纸发表了一篇实属恶意的宣扬社会革命的文章。事情已到了这样的地步,即使所谓体面正派的报纸也不得不提前承认几乎所有的事情,仿佛这是不言而喻的——这本身就是个严重的问题。报童们高喊着:"准备好!迎接'星星'!"他们尖锐的声音穿刺着我的耳膜。自社会党的候选人在德国主要城镇都获得认可以来,隐藏在城市群众中的"多数派"就已经不是什么秘密了。

今天气温很高,空气中没一点风,但天空是如此清澈和美丽!我只希望有一种测量蓝色的方法,让那些不愿相信意大利天空的人折服。快到晚上七点的时候,那奇妙而柔和的淡绿色开始与地平线混合在一起。透过窗户,我可以看到远处圣佩特诺里奥(S. Petronio)教堂巨大的上层建筑,它的屋顶在夕阳余晖下闪耀着火红的光芒。但我期待着去亚得里亚海，在那里我可以洗掉雷诺河的淤泥。里米尼（Rimini）和法诺（Fano）是当之无愧的游泳胜地。

曾几何时，有一位名叫特吕卜（Trublet）的神父写了篇论文叫《论〈亨利亚特〉无聊的真正原因》，激怒了伏尔泰。① 而我现在正在研究卡拉奇画派无聊的真正原因——但不是所有的！我已经发现卡拉奇②堕落的节点，那就是当他只知道散布自己的一般知识，而对个体人物及其行为感受不到任何心理上的挣扎之时。[182]最终，在圣彼得大教堂后殿上方的巨型圣母像（Annuziata）身上，③卡拉奇本人也注意到了这一点，从而陷入忧郁而死……

致马克斯·阿里奥斯（Max Alioth）
博洛尼亚，1878年8月25日

我比预计时间提前了一天回到这里，先给你准备了一封信。自上周四在这里写了这封信以来，我已经走过铁路线上每一个可悲的小镇——伊莫拉、弗利、切塞纳、里米尼、佩萨罗、法诺、安科纳和洛雷托等（当然不完全是按照这个顺序，有的地方来回经过了两次），只剩下西尼加利亚（它太惨不忍睹）和法恩扎没去，因为我实在看够了这些可悲的小镇，迫切需要一个更大、更舒适的环境。到

---

① ［译注］《亨利亚特》（*La Henriade*）是伏尔泰于1723年写的一部关于法国国王亨利四世的史诗，在当时很受欢迎。

② ［译注］卢多维科·卡拉奇（Ludovico Carracci, 1555—1619），意大利画家，博洛尼亚画派的创始人之一。他以文艺复兴时期的古典主义风格为样板，开创了近代学院派美术。

③ ［译注］Annunziata，圣母玛利亚的别名。该词本义为"报信"，通常指童贞玛利亚得到天使报信，得知她将生下基督，后逐渐用来指得到天使报喜后的圣母玛利亚。

处都有很多值得观看和沉思的地方,甚至最悲惨的伊莫拉(Imola)也有些东西,还有令人厌恶的、廉价的粉饰形式。而且天气又逐渐热起来,不过还可以忍受。那些可悲小镇上的咖啡馆里不可能交到朋友,因为那里的咖啡通常不加冰,不能坐下慢慢品。幸运的是,我一直都能喝到产自安科纳(Ancona)的桑娇维塞(Sangiovese)葡萄酒。一个人坐在一条狭窄街道上,享受着美妙的晚风,一边啜饮一边和人聊天,真是棒极了。

事实上,在这段旅程中我从未缺乏过交谈。甚至前天在法诺(Fano),我还与一位来自博洛尼亚的富商从晚 8 点一直聊到午夜。这位商人去过德国和欧洲各地,是个狂热的瓦格纳追随者。已故的博洛尼亚歌剧院导演马里亚尼(Mariani)是他的密友,并设法让他参加了《洛亨格林》①在博洛尼亚的所有排练!我生平第一次听到一位受过教育的意大利人极其客观地谈论罗西尼、贝利尼和威尔第,这使我毛骨悚然。他从神秘心理学角度看待瓦格纳,认为只有把自己完全交给他,让自己沉浸在音乐中才能欣赏其作品,这与意大利人通常所说的戏剧欣赏方式截然相反。听到这话,我又重新燃起了希望,想到意大利人永远不会同意把这种预设强加给他们。当然,他也向我指出,当今几乎所有年轻的意大利作曲家都在拜罗伊特(Bayreuth)上学。[183]当时我心想:难怪他们一年都不会出一部像样的作品,因为这些未来之星在一次"成功的广告宣传"后就迅速陨落了,最多也就能写出一两部喜剧。无论如何,我内心深处还是有个护身符,使我免受这位富

---

① [译注]《洛亨格林》(*Lohengrin*)是德国作曲家瓦格纳创作的一部三幕浪漫歌剧。

商雄辩口才的影响。因为，在上周四给你写信那天，我再次听到了《诺玛》，并在至少一千四百名安静观众的陪伴下度过了圣母升天节。

　　由于壁画的缘故，我不得不去了趟弗利（Forli）。在里米尼（Rimini），圣弗朗切斯科教堂和奥古斯都拱门是最让我叹为观止的，即便我早看过了你关于它们的画作。我拍了许多圣弗朗西斯科教堂的照片（纪念碑、柱子、礼拜堂等）。此后我还洗了海水浴，并意识到中午在美丽的水中洗澡是一件非常严重的事，它会让人在一天剩余时间里变得慵懒怠工。顺便提一下，里米尼镇花费了上百万建造豪华浴场和酒店，但这些场所都是免费的，人们每天都能在当地小报上看到这些广告。安科纳也曾这样过度建设，现在正后悔不迭。在安科纳，我像1847年那次一样再度被图拉真拱门和梅尔坎蒂长廊迷住了。要不是我已对素描失去了兴趣，我会向你描绘出阿森纳（Arsenal）的两座宏伟的巴洛克大门。其中一座叫克莱门蒂诺（Clementino），绝对无与伦比。在安科纳的某个地方还有一座类似于罗马那样的皮亚门（Porta Pia），但我只从别人那里拿到了它的一张照片。在这么炎热的天气里，我真的不想强迫自己从一个门走到另一个门。你似乎没去过洛雷托（Loreto），它是最具有教益的地方：首先是宜人的山丘、凉爽的空气，还有流动的喷泉，然后是哥特式教堂，上面叠加了各种可以想象的风格，最后是雕塑！在圣卡萨教堂，照片便宜得离谱。关于十五先知和预言女神像的照片只需花十五生丁就能买到。

　　我从佩萨罗（Pesaro）往帝国山去看了看，我不想错过（那个正在建造的花园）。而且正如你所知，仅就风景而言就值得去。如果它已全部完工就更好了！的确，人们应该尝试建造一些奇观，但自从塞弥拉弥斯女王①建造空中花园之后就没人敢再尝试了。但我不打算再去那个国家探险了,因为太不安全。就在前天晚上日落后一个小时,阿德罗万蒂(Aldrovandi)伯爵乘坐小马车行驶在博洛尼亚郊区时,被两个蒙面盗匪挟持到他的别墅,抢走了一千多里拉。[184]这里发生了一些非常奇怪的事情,这都归因于罗马涅的旧秩序被国际化给破坏了。在意大利其他地方,系统性的自由放任也引发了一些非常奇怪的"毒疱"。今天,热那亚的《时代》(Epoca)周刊刊登了一幅悲剧性漫画——一个人把他被砍下的头举给三个可怕的"王冠",说:"无知之徒,你们以为这样就能砍掉社会革命的头吗?相反,你们应该强迫富有的资本家把钱分给他们的工人。"当然,要让这个国家根深蒂固的乐观主义唱一首 Pater peccavi[忏悔曲],②还需要一段时间。

要是他们对动物不那么残忍就好了!例如,有些肥胖的老头坐着驴拉的两轮大车到处跑,并不断鞭打他们的驴(显然这些动物不够强壮,否则肯定会通过死于非命来给主人一个必要的教训)。周日晚上,侯爵先生赶着一群马沿着博洛尼亚大道疾驰而下,途中不停地用鞭子抽打那些可怜的动物,好让镇上的所有妇女都看到他耀武扬威。可以说,这样的场面在北方任何地方都不可能出现。然后,在一家商场里有巨型陆龟展,我想这可能是一只保养完好的

---

① [译注]传说中公元前9世纪统治两河流域的亚述女王,新巴比伦城的建设者。Semiramis 是希罗多德在《原史》中对其名字的希腊文翻译,后成为其固定称呼。

② [译注]Pater peccavi 直译为《圣父,我有罪》,是文艺复兴时期尼德兰作曲家阿德里安·维拉尔特(Adriaan Willaert,约 1490—1562)所作的一首经文歌。

动物,于是付了十生丁去看。这只陆龟是7月6日在科西嘉岛被捕获的,它的头有一个小孩的头那么大。但是,在被捕的时候,它背上挨了一枪。正如它的持有者向一名男子所解释的那样,它的伤口被感染并长了坏疽,已经活不了多久。我想起叔本华的那句警告,真想给那家伙一记耳光……

8月26日,星期一

博洛尼亚是神圣而迷人的。昨天我参观了加列拉(Galliera)街上的宫殿和教堂,花了整整两小时把它们逐个浏览了一遍,而且是不做笔记的参观。我最喜欢的是位于意大利大酒店背后的祖奇尼(Zucchini)宫,它有一个非常梦幻的庭院和现存最精美的楼梯之一,装饰是路易十六时期的风格,上面还带着一个椭圆形平台和浅色彩绘天花板。

致马克斯·阿里奥斯(Max Alioth)
米兰,1878年8月30日,星期五下午
一家马路边的咖啡馆

[185]这是一个愉快的雨天。不是毛毛细雨,而是真正的乡村雨。太阳曾做了一两次无耻的徒劳尝试来愚弄我们,但都完全失败了。

意大利建筑之歌

站在美丽的门廊中,
走在美丽的天桥上,

我增强了自身的艺术感,
这是真正的赐福。

我在韦尔斯兰①广为人知
如今却满身汗水、晒得黝黑,
并且毫不掩饰,
勾勒这残垣断壁的草图。

因为与你相比,一切都无关紧要,
哦,你,一半污秽一半神圣之地
一切既高贵又轻浮。
(尽管人类有时略显卑劣)

我的计划很快就能呈现,
探索和捕捉一切漂浮和屹立的事物
屋顶、梁柱和拱门
将它们彻底描绘出来

这样我还有多余的呼吸,
当我在巴塞尔汗流浃背时,
那紧凑的房屋排列
不会让我倍感压抑。

---

① [译注]Welschland,瑞士法语区。

致弗里德里希·冯·普雷恩(Friedrich von Preen)
巴塞尔,1878年12月9日

……在意大利的将近六周时间(从7月底到9月初),我度过了一段最快乐、最愉悦的时光。但是,空气中弥漫着浓重的革命瘴气,人们几乎可以抓住它们,而且不确定性也在增加。在那之后,我无论对已发生之事还是对将发生之事都不会感到惊讶。[186]意大利想要成为一个强国、一个中央集权的军事国家,这是天大的谎言,必将招致一步步惩罚。罗马目前的局势是,在梵蒂冈坐着一名自愿的囚犯,在奎里纳尔(Quirinal)坐着另一名非自愿的囚犯,这无疑是历史上最大的讽刺之一!由于两人所在的屋顶之间只有半小时路程,他们甚至可以互相看到对方并交谈——所谓"来自远方最诚挚的问候"!这个王朝能否维持下去只取决于很小的因素,一个人再也不能仅通过驱逐同类和继承土地来获得安全了!

我以三场面向公众的特殊讲座开启了今年的冬季学期,内容是关于塔列朗的。① 据说公众对此高度赞赏,不时发出欢快的音符,但我已受够公开讲座。我即将六十一岁,我认为关于塔列朗的讲座是我在公共场合的一首非常合适的绝唱。作为一名"讲师",我所感受到的麻烦和分心对于其他工作来说实在影响过大……

随着年龄增长,我越来越不喜欢口味浓烈的东西,而更喜欢那些无害的和人们习惯的东西。昨天我带着孩童般的喜悦,听到玛莎(Martha)从首个音符弹到最后一个音符。当然,它有肤浅的时

---

① [译注]查尔斯·德·塔列朗-佩里戈尔(Charles Maurice de Talleyrand-Périgord,1754—1838),法国大革命时期的政治家和外交家,后人对其评价呈褒贬不一的两极化。

刻,也有非常普通的东西,但也有很多动人和美丽的东西。渐渐地,我拥有了一个钢琴乐谱库(歌剧、清唱剧、曲目等),它们高耸在我周围,占据了我晚上8点后不想工作的孤寂夜晚。如果有人要写一本19世纪的品味史,那么我想得知,在过去二十年里,许多动听曲目(尤其是彼得斯版本)的贬值是否会被证明是显而易见和值得赞赏的……

12月10日

顺便说一下,你注意到尼采在他上一本书①中完成了乐观主义的半转向吗?不幸的是,他的健康状况(视力很弱,经常头痛,且每隔几天猛烈发作一次)并不是促使这一改变的原因。他是个与众不同的人,几乎对每件事都有自己独特的观点……

致弗里德里希·尼采(Friedrich Nietzsche)
巴塞尔,1879年4月5日

[187]……我从施梅茨勒(Herrn Schmeitzner)那里顺利地拿到了《人性的、太人性的》增补本,仔细读了又嚼,对你那充实而自由的思想再度感到惊奇。众所周知,我从未进入过真正的思想殿堂,但我一生都在佩里博洛斯(Peribolos)②的大厅和前院里感到快乐。

---

① 即《人性的、太人性的》,见下一封信。
② [译注]Peribolos(希腊语 περίβολος,意为"围绕、环绕"),具体指古希腊建筑中围绕着神庙区域的环状边界地带。起初 Peribolos 只是一面简单的围墙,后来逐渐发展为装饰着精美雕像的柱廊的前厅,并设有通往神庙中心大厅的通道(象征着通往神圣的入口)。在中世纪时,Peribolos 被用于表示有围墙的古墓群的边缘,它意味着世俗世界与神圣空间的分界线或中间地带。

在那里,广义的形象统治着一切。而现在,你的书在各方面都非常充分迎合了我这类粗心大意的朝圣者。因此,我在不能跟随你的地方,就怀着既恐惧又高兴的心情注视着你,看看你是如何坚定地漫步在最令人眩晕的悬崖边缘,并试着给自己塑造一些关于你必将在深渊和远处看到的图景。试想一下,如果把你的书交到哈得斯(Hades)①手里,那将会发生什么?拉罗什富科、拉布吕耶尔和窝王纳会怎么认为?老蒙田又会如何说?② 与此同时,我还从中发现了一些箴言,即便拉罗什富科在世都会非常羡慕你的……

致马克斯·阿里奥斯(Max Alioth)
伦敦,1879 年 7 月 31 日,星期四
莱斯特广场前的"巴黎与欧洲酒店"

  这趟旅程很顺利,没发生任何灾难。前天(周二)早上我在巴黎待了三个小时,从前天中午至昨天上午,我在亚眠(Amiens)停留了一会,然后去了加莱(Calais),再从多佛(Dover)乘坐了九十三分钟的渡船,最后于昨晚六点抵达了下榻的酒店。
  今天,从上午十点半至下午五点半,我一直在南肯辛顿博物

---

  ① [译注]希腊神话中掌管地狱的冥王。
  ② [译注]拉罗什富科公爵(La Rochefoucauld,1613—1680),法国作家,代表作为《道德箴言录》(Réflexions ou sentences et maximes morales,1665)。拉布吕耶尔(Jean de La Bruyère,1645—1696),法国作家,代表作为《品格论》(1688)。窝王纳侯爵(Marquis de Vauvenargues,1715—1747),法国作家,代表作为《关于人类的精神知识和反思格言的导论》(Introduction à la Connaissance de l'Esprit Humain, suivie de Réflexions et maximes,1746)。蒙田(Michel Eyquem de Montaigne,1533—1592),法国思想家、作家,代表作有《随笔录》(Essais,1572—1592)等。

馆。如此充裕的时间安排让我在中午很好地享用了博物馆里的餐厅,餐毕在外面抽了一小支雪茄,然后继续参观。

我真该再好好看看伦敦。如果一个人不知道这些令人惊叹的收藏品迷宫,那么他的艺术教学就会落后。这幢博物馆本身(仅就已完工部分而言)豪华得令人难以置信:整个建筑的柱子(以及靠外面的部分)都装饰着三层图案丰富的浮雕,而相应的内部展厅可能隐藏着来自黑森林地区的彩色瓦炉。[188]事实上,展厅中有不少劣质品,其中包括施利曼①的整只靴子,以及一个完整的日本花瓶艺术展。楼上是拉斐尔的漫画,包括《烛台旁的圣母》(*La Vierge aux Candélabres*)等作品。米开朗基罗的作品非常多,包括丘比特雕塑和其他一些金属模型。这里的雕塑几乎和佛罗伦萨一样多,其中包括许多佛罗伦萨雕塑家的精选原作。比如,布鲁内列斯基圣器室的完整屏风,整个用石膏打造的祭坛和坟墓,最后是圣地亚哥·德·孔波斯特拉(Santiago de Compostela)展览馆大门处的巨型石膏模型等。这附近正在修建一座巨大的自然历史博物馆,其风格为诺曼-罗马式,外观像莱茵大教堂那样有四座塔楼。当然,现在是时候把大英博物馆的自然史藏品移走,把空间全部腾给古代文物了。

这里的物价涨幅不大。一旦我购足日用,并安排好基本用度,我希望每天能维持二十法郎的开销,也许还能买得起半瓶所谓的波尔多葡萄酒。但伦敦不是适合你的地方,因为一天中你必须忍

---

① [译注]海因里希·施利曼(Johann Ludwig Heinrich Julius Schliemann, 1822—1890),德国考古学家,发掘过特洛伊、迈锡尼和梯林斯,被誉为史前希腊的现代发现者。

受很多不适。

今晚6点从南肯辛顿回来的路上,我偶然在拥挤的海滨大道中央发现了一家名叫"克利奥帕特拉"①的餐馆。在那里,穿过一条窄窄的小街俯视泰晤士河,就能看到新建的克利奥帕特拉方尖碑。我喝了美味的牛尾汤,吃了份比目鱼,便走下去近距离观察这个方尖碑。据我所见,他们一边费力地破译象形文字,一边在上面写:(第一面文字)在埃及,除了做国王或总督外,做其他任何事都是不值当的;(第二面文字)我过着放荡堕落的生活,这是历史上的众多谎言之一;(第三面文字)在亚历山大里亚,狗能跷二郎腿,但在伦敦就不行,尽管埃及的史密斯先生、霍奇森先生和多布森先生等比这里的人有趣得多。(第四面文字)尚未破译。

致马克斯·阿里奥斯(Max Alioth)
伦敦,1879年8月1日

昨天我累坏了,现在必须凭记忆来填补些东西。巴黎北站的外观就是个丑闻——[189]大小不一的爱奥尼亚壁柱,从小屋顶的装饰顶部上升到高屋顶的斜坡,以及从中间切入墙面的、看上去跳来跳去的巨型圆顶窗户。总之,这是本世纪最臭名昭著的建筑,它说明了一些问题。

亚眠大教堂的内部让人惊叹不已。如果没有这个如此壮观的模型,科隆大教堂将在哪里?从教堂中殿到唱诗班,壮丽的景色延

---

① [译注]克利奥帕特拉七世(Cleopatra VII,前69—前30),埃及托勒密王朝最后一位女王,一生伴有诸多传闻逸事,其人物形象长期被后世各种文艺作品所塑造。

伸到两侧走廊,让人似乎感到胸腔和肺部都在扩张。这里的任何角落都具备提升事物高度的能力。

在亚眠至加莱的火车上,有个人很健谈。他与巴黎附近的富裕农民来往甚密,直到他在布洛涅(Boulogne)下车前,我都觉得时间过得很快。当别人知道我是瑞士人时,我感受到了一种发自布尔巴基(Bourbaki)①时代的真诚同情。事实上,我不止一次注意到,从那以后我们一直受到人们的好评。

在其余时间里,我在一名干练的女佣陪伴下旅行,她是由纽卡斯尔公爵夫人雇来的。我相信她会在英国闯出一番事业。

从加莱到多佛这艘船是一种新型船只,它实际上是由两艘船组成的,发动机位于中间,这能大大减少运动幅度。我们坐在船上几乎没有感到摇晃,尽管看到附近的小船颠簸得很厉害。大家都在谈论建造中的海底隧道,认为它的完工是板上钉钉的事。当然,届时票价会很贵,但这些庸众肯定会答应他们的妻子不再坐船去英国了。他们也许会抱怨票价,但仍会支付。更明智的人已在提前哀叹,现有的优质船舶服务将被大大削减。

一抵达伦敦,我就叫了一辆出租车在各大酒店附近转悠,直到找到想住的地方。司机是个"相当诚实的人",一点小费就能让他心满意足。我看着他的眼睛,觉得认出了一个卫理公会教徒,或是某种严格敬畏上帝的人。我下榻的酒店是法国人开的,但酒店的服务员是来自提契诺、阿奎拉和瓦尔布莱格诺等地的瑞士人。

昨晚我发现,在这家酒店餐厅,花两先令就能买到一瓶(容量差不多有一升)上好的法国葡萄酒,还可以抽雪茄,[190]这在更高

---

① 1871年在瑞士边境指挥法国军队的一位将领。

档的"葡萄酒商店"是不可能的。简而言之,我对此很满意。

要是我能破译克利奥帕特拉方尖碑的第四面文字就好了,但这是一项艰巨的工作。不过,所有的希望都还在。

致马克斯·阿里奥斯(Max Alioth)
伦敦,1879年8月2日

我昨天本计划去大英博物馆,但包括埃尔金大理石在内的所有希腊展厅都关门了,于是我立刻决定乘公共汽车去市中心,看看圣保罗大教堂和其他一些东西;若非迫不得已,我不愿意再和这么多人一起挤车了。然后,我到十九年前去过的一家古老的城市酒吧(店名叫"老贝利的时钟")临时吃了顿饭,接着又乘地铁去了南肯辛顿博物馆。

我的好奇心大大增加了。如果人们继续以现有速度进行收藏,却没人试图对其进行真正的概括,那我们的艺术史将把我们带向何方?如果我能有一年时间花在这里,我将卷起袖子,吐唾沫在手上,在别人的帮助下尽可能清晰地制定出形式的生命法则。然而,我不能为了这种"丰功伟绩"而改变自己的人生轨迹。

这些伟大的审美激励对伦敦人有什么好处?这座城市的面貌仍被出于纯粹功利目的的巨大恐怖力量所破坏,而相比之下我们那座新桥①简直是小巫见大巫!一座令人恶心的、又高又直的铸铁桥穿过市区的主要景观,一条铁路干线横亘其中,桥上还盖着一个丑陋的大圆顶女式车厢(查令十字车站)。昨天晚上,当我漫步在月光下的滑铁卢桥,看到国会大厦、威斯敏斯特教堂和兰贝斯宫等

---

① 巴塞尔正在修建的一座铁路桥,遭到了布克哈特的强烈反对。

如画般的风景被切成两半时,差点没哭出来。傍晚的灯光和满月的升起使它更加令人痛苦。朝着伦敦桥方向继续往下走,还有一个类似的铸铁怪物,也通向一个巨大的终点站。上帝啊!为了19世纪的实践意义,他们什么都可以牺牲![191]如果这些越来越多的可怕决定都与人口增长息息相关,那么一百年后,甚至十年后,伦敦会变成什么样?与此同时,让我每天都惊讶的是,人群并没把彼此挤成碎片,这座城市的供给和维护是如此有序。

我希望明天天气会好转,然后去汉普顿宫。

维多利亚女王轻装退位了。她的容貌在邮票和硬币上仍和继位之初一样,但实际上,目前她的容貌看上去一定有些粗糙。

日记

伦敦,1879年8月6日上午

在哪本关于命运的奇书中,人们只能对意大利雕塑和绘画在伦敦的一些最重要发展产生看法?让我告诉你:在国家美术馆的《目录大全》(*Catalogue Raisonné*)中,可以看到哪些贵族和官员私底下把他们收藏的画作卖给了英国人,其中大多数交易都是1859—1860年意大利王国成立后进行的。这份目录对于有爱国心的意大利人来说,读起来一定很痛苦。毕竟,我还可以追踪到伦敦这里,但也无法触及那些被俄罗斯人和美国人拐走的东西。

在伦敦,我至少能感觉到,主导购买的大人物们有着非常广阔的视野,南肯辛顿博物馆的馆长们尤其如此。他们必须认识到:这个才华横溢、仍然相对充满活力的民族精神总有一天会觉醒,将这些美好的东西收为己用,并以自己的方式对其继承和发展。啊,要是每天不需耗费那么多劳动来糊口就好了!我们缺少的是沉思之母——闲暇,以及由此产生的灵感。艺术在其伟大时期从未放弃过努力,但是这种强烈的努力必须与内心回忆交替进行。在这个岛上,这只能是"少数幸运之人"的特权。

与此同时,艺术也有了一些收获,至少人们又开始装修房屋了,而不用担心在九十九年后,房子会回到威斯敏斯特侯爵或贝德福德公爵手中。据说不久前,侯爵在大量租约到期时增加了自己的巨额财产,[192]或者说,他在自己仍能看到的范围内看到自己的财产越变越多。然而他除了吃饭还能干什么呢,或许他的消化能力比我还弱。我所住的酒店床铺很舒服,因此他也不可能比我睡得更好。那么,剩下还有什么？也许他必须小心身体,不能抽雪茄,而我现在还可以抽雪茄。毫无疑问,他在最好的剧院里有个包厢,但待在里面不会无聊吗？他所拥有的最好的东西应该是那些华丽照片,但我不知道他是否从中获得了真正的乐趣。然后是上议院的会议,但在某些情况下,它会令人感到非常乏味。天知道他主持了多少体育赛事,这可能会让他恶心到反胃的地步！

1879 年 8 月 6 日晚间

我刚从伦敦最豪华的咖啡厅回来,名叫"斯皮尔斯和庞特"(Spiers and Ponts),大概应该拼成 Spears and Punts。不,应该叫 Spiers and Pond。一进门,首先是完全用马约利卡(majolica)珐琅器①装饰的大厅,上面写着"一切均可洗"——要是那该死的天花板不是用纸糊的就好了！自助餐厅有我们圣马丁教堂的两倍长(虽然远没有那么高),都是用马约利卡珐琅器装饰的。旁边还有

---

① [译注]19 世纪英国产的一种仿意大利式的锡釉陶器。

个你能想象到的最迷人的小侧厅——难道你不羡慕吗？整个侧厅上面五分之二的空间都挂满了漂浮的马约利卡女神像，还有一道同样的楼梯从那里通向外面。不管花多少钱，我明天都要去那儿吃饭。再加上隐藏煤气灯的魔力，谁能抵抗它的诱惑？

……我终于看到了鲁本斯的精彩画作《草帽》(le chapeau de paille)。只不过画上是一顶带羽毛的毡帽（原名叫 le chapeau de poil)，画名是某个喝醉的英国艺术爱好者误取的。毡帽下面是鲁本斯的第二任妻子海伦·福门特(Hélene Fourment)，她可能被画成了新娘姿态。除了右脸颊边缘外，她的样貌隐藏在宽边帽的阴影里，但同时整体又处于一片苍白的光线中，鬼知道怎么回事！但一切都被那双不同寻常的深蓝眼睛照亮了。

1879 年 8 月 7 日，星期四晚间

我又去了斯皮尔斯和庞德的马约利卡咖啡厅。吧台大约有六十英尺长，由六名"女士"服务，她们穿着统一的黑色连衣裙，头发做成少女式的齐肩长发。[193]这次我见到了餐厅，它很漂亮，但最美的还是咖啡厅和餐厅之间的前厅。一位友好的副厨师长把设计师的名字告诉了我，并用法语拼写给我听。设计师名叫咸利蒂(Werity)——我立刻就想到这应该是比利时人或佛兰德人。我一回住处就向酒店经理打听，得知该咖啡厅的一个老板（庞德）是比利时人，也是整个咖啡厅的真正经理。而斯皮尔斯据说是个傀儡（大概是投资人）。

除了这家对他俩来说不过是小菜一碟的豪华咖啡厅外，他俩还是英国最大的葡萄酒进口商之一，此外还拥有一个庞大的肉类销售链，以及从伦敦到爱丁堡、阿伯丁的列车上的所有自助餐厅，

另有一些其他生意。人们只能惊讶地问:还有谁能比这类人更会赚钱?

但我还是要回到"女士们"这个话题上来。如果一个人有非常发达的下颚骨(或咀嚼器官),而且脸的上半部分比下半部分短,那么留齐肩长发就很难看。这件事一直压在我心上,如果她们中的一两位能把额头上的头发往后梳,立马就会显得漂亮许多。

伦敦的不幸之处在于(我现在仅作为游客而说话)——这是少有的那种人们可以在桌底下伸伸腿,想待多久就待多久的地方。上面提到的这家咖啡厅就有这种特点,尽管大多数人都站在吧台前,但对面也有舒适的长沙发椅供需要的人使用。

……唯一的问题是,既然雪茄如此昂贵,我是否至少在一段时间内不必像其他人那样,在自己的房间里将它们与土耳其烟草一起混合使用。来自塞浦路斯的烟草已经能买到了,这是最近征服战争的结果。我知道威尼斯的市场上充斥着许多低劣的塞浦路斯酒,但我不会去买来喝。

我要是能从报纸上得到真正有益的消息就好了!每当我买到那种宽大的烂纸时,我发现它代表的是英国激进主义。不能向一位受过良好教育的伦敦人请教真是太不幸了,所以我还得结交一些熟人。我的翻译肯定外出旅行了,[194]否则我就会到俱乐部去找他,在那儿能得到他的住址。不过我再重申一遍,现在是我来伦敦的最佳时机,也许再晚一年我就不会再冒这个险了。

1879年8月12日,星期二上午

"我会说一点英语"——我认为英语可能是最好翻译的。但它对我来说太难了,我真没意愿去掌握这种语言的口音,而对于法语和意大利语,我却尽了最大努力去正确发音。此外,即使在懂法语的情况下,也很少有英国人说法语。这可能是出于一种厌恶心理,因为他们即便学会了这门语言,在说的时候也会遇到像我一样的发音问题。这导致了英国人普遍不喜欢学法语,而且在说法语时也十分笨拙可笑。然而,在意大利我听到过不少英国游客把意大利语讲得很好,甚至挺优雅。

在国家美术馆,人们甚至可以见到摩尔人。昨天,一个黑人和一个咖啡色皮肤的人站在一幅英国画面前激动地交换自己的观点,我猜他们肯定是被英国绘画的"现实"所吸引,但我很想知道他们会在拉斐尔面前发表什么言论。皮翁博的大作——《拉撒路》(*Lazarus*)一定会让他们满意,①因为东方人已经接近于"我们中的一员",只不过要比这两位优秀的摩尔人更自命不凡。

另一方面,我突然想到,这里几乎没有来自德国的语文学者或考古学者,因为我在大英博物馆里肯定能远远地认出他们。明明那帮人现在已经放长假了。但我想,到处都有这样一些德国考古学家,他们表现得像去过伦敦一样,但实际上却从未跨过河流。对我来说,没有他们我可以做得更好。

1879 年 8 月 13 日,星期三上午

……要是我能写些更有趣的东西就好了!但是,当一个人只与部分事物有关,而几乎不与人打交道时(正如我在这里的状态),

---

① [译注]塞巴斯蒂安·德尔·皮翁博(Sebastiano del Piombo,1485—1547),意大利文艺复兴时期的画家,其作品试图将威尼斯画派的丰富色彩与罗马画派的纪念形式结合起来。《拉撒路的复活》(*The Raising of Lazarus*)是其 1519 年创作的一幅雕版画。

他就只能描写一些事物,而不能对真正有趣的方面(人)进行刻画。尽管来自过去的声音确实也能透过一些无声的艺术品向我们说话(比如克利奥帕特拉的方尖碑),[195]但我几乎不敢靠近它们。昨天我精神非常清醒(因为我整个白天都没喝酒,而是推迟到了晚上),终于把方尖碑第四面那些清晰而可怕的词汇破译了。这些词汇还不是一般的埃及语,可能是来自尼罗河三角洲下游地区的方言。上面写着——"'离这里远点!'我鼓起勇气问:'陛下,您是指我吗?'但我把低着的头转向别处了。"

1879 年 8 月 16 日,星期六深夜

……今天我参观了国会大厦。现在议会复会了,允许外人进入。我仍然记得 1860 年这幢大楼给我留下的印象,以及人们对它津津乐道的事实。但从那时起,对哥特式建筑的研究,尤其是对英国哥特式的研究取得了相当大进展,以至于当下人们认为即便是那些最丰富的木制结构建筑都存在很大不足。一言以蔽之,他们对此完全缺乏感情。在这幢楼中,有一两样东西是永远壮丽的,尤其是位于中央的八角厅。事实上,楼里的采光完全来自房间和走廊上方,这产生了一种很好的庄严效果。大楼墙壁是非常坚固的实体墙,上面只有窗户而没有多余装饰。女王所在的维多利亚塔下面有个非常宏伟的大厅,但整幢楼里的走廊都很狭窄,可能是因为哥特式风格的缘故。我想听听意大利人对这一点的蔑视。

昨天我还去了威斯敏斯特大厦。当时他们赶着一群人穿过唱经楼和回廊,进入了亨利七世的教堂(事实上是一个相当宏伟的第二唱经楼)。这幢楼的最后面是英国王室安葬他们的宾客的地方,比如突然暴毙的法国国王路易·菲利普的兄弟。因此,最后一个

壁龛被封闭了,工人们正在那里凿锤——为了早点将鲁路(Lulu)①完成。所有正派的英国人都知道,当有人在对王室进行正式访问时倒在命运之轮下,这是善后的最好方式。但是,激进的写手们只会胡编乱造,而公众不会立马就问"他们的说辞在多大程度上可信"……

1879 年 8 月 17 日,星期日上午

终于下了一整天雨,而且还是在周日,更何况在伦敦!如果天气能稍好点,今天下午我也许会强迫自己第三次去汉普顿宫,[196]结果我只能窝在房间里整理笔记和照片。这里的照相馆的工艺要比慕尼黑或德累斯顿的好得多!所有原始照片的尺寸都比柜式照片大很多,每张只卖一先令,而在慕尼黑和德累斯顿,柜式照片每张都需要三到四先令,还通常是从版画和石版画上翻拍的。原因很简单,因为这里没有垄断。

至于皇家水族馆,我必须说的是,我此前见过的所有咖啡厅、音乐厅和舞厅与之相比都相形见绌。水族馆不是光鲜亮丽的"娱乐场",而是一个真正的水晶宫,否则我肯定不会专门提到它。我们伦敦人只会对那些鸡毛蒜皮的小事视而不见。

昨天的食物很美味!我一生中还从未吃过如此完全符合口味的东西,而且午餐和晚餐加在一起才花了六法郎。如果我所住之处消费都这么低,我有理由认为这里的生活成本在现代大都市中算很低的。这里的饮食体系很接近维也纳,我知道维也纳在你的榜单上名列前茅。主菜有汤和肉类,这让我吃得很饱。然后是黑咖啡。重要的是,这里的餐厅不需必点葡萄酒或啤酒。想喝啤酒

---

① 路易·菲利普为他兄弟订购的石碑。

可以从马路对面最近的酒吧里买，因为英国人只喜欢喝新酿的鲜啤，这比餐厅里的上等咖啡更受欢迎。而葡萄酒我只在晚上喝。我在马约利卡咖啡馆里遇到了一位可敬的但有点醉意朦胧的牧师，他想让我皈依他的教会，但这是我无法接受的。

1879年8月21日，星期四早上

……淡啤酒固然很好，但原则或习惯上，我只在晚上喝烈酒。醉醺醺的牧师找到了一些新朋友，显然都是半神职人员。我很高兴能不再与他做伴了。

过去几天你可能觉得巴塞尔很冷，但自周日以来的连绵降雨，这里肯定比巴塞尔更冷。感谢上帝，尽管昨天雨仍没停，但气温至少还算暖和，今天（上帝保佑）将会保持干爽。其实，我真心希望南肯辛顿博物馆能有一些阳光，这样我就能立即拍摄拉斐尔的漫画和《烛台旁的圣母》。[197]这是你从未感受过的——伦敦的阳光如此吝啬，以至于人们需要时刻注意到每一缕微弱光线，以便在天空再次被封印前抓紧时间去做些工作。

1879年8月30日

我刚看见斯塔赫林（Stahelin）下了车，他打算今晚在怀特（Wight）岛游泳。在过去三天里，我们通过他成功做了件事。我有责任揭示这件事的所有伟大之处，因为他可能只会非常谦虚地写下它。

聆听并惊叹吧！周三的时候，牧师（斯塔赫林）凭借出众的英国外表和大胆策略，使我们得以参观著名的布里奇沃特（Bridge-water）画廊。在那里，我们被至少两幅拉斐尔的真迹和几幅提香的一流作品弄得眼花缭乱。① 周四,他带我去了威灵顿公爵的博物馆(想进去那里非常困难),里面有大量贵重物品和价值惊人的画作,其中包括柯勒乔的《客西马尼》(Gethsemane)。然后是达德利-沃德(Dudley-Ward)勋爵的藏馆,在那里我们看到了拉斐尔的《智慧三女神》和《传说中的圣母》、提香的《人类的三个时代》、穆里略的大量画作及其他许多令人难以忘怀的作品。然后我们到了格罗夫纳(Grosvenor)画廊,这里有提香的《朱庇特和安蒂奥普》、十幅克劳德·洛兰的作品、②一些西班牙绘画和一幅独特的鲁本斯作品等。

周五,他带我去了诺斯布鲁克(Northbrook)勋爵(以前是巴林银行家)家里,我们又从头开始感到惊奇。那里有拉斐尔的早期圣母像、穆里略与"猎犬"的伟大自画像,③以及至少两幅扬·凡·艾克的真品(价值不可估量的微缩画)和波德诺内④的《希罗迪亚斯》(Herodias)等等。其余的藏品也都是出自雷斯达尔、霍贝玛等众多名画家之手。⑤ 午餐后,我们参观了兰斯顿(Lansdowne)伯爵的藏

---

① [译注]提香·韦切利奥(Tiziano Vecellio,约 1490—1576),意大利文艺复兴后期威尼斯画派的代表画家。

② [译注]克劳德·洛兰(Claude Lorrain,1600—1682),法国风景画的实际创始人,印象主义光色画的先驱。

③ 安德烈斯·德·安德拉德(Andres de Andrade)的肖像,穆里略画于 1672 年。

④ [译注]波德诺内(Pordenone,1483—1539),原名乔瓦尼·安东尼奥·德萨基斯,意大利文艺复兴时期的画家,以宗教题材壁画而闻名。

⑤ [译注]雅各布·凡·雷斯达尔(Jacob van Ruisdael,1628—1682),荷兰风景画家,留有许多乡村林景作品流传于世,对 18—19 世纪欧洲古典主义、现实主义、浪漫主义和象征主义等画派均有所影响。梅因德尔特·霍贝玛(Meindert Hobbema,1638—1709),荷兰风景画家,雷斯达尔的继承者之一。

品(不过这是"二流"的),其中有两件穆里略的作品、一幅皮翁博的巨幅肖像画。还有一整间古董雕塑展馆,其中有座购自柏林的克雷斯拉斯雕像,①保存得相当完好。

我确信如果有更多的时间,他会带我去参观白金汉宫里女王的著名私人收藏,他掌握着一些与展馆主人和收藏家名流打交道的魔法艺术。还有个原因是,议会正在召开,这些王公贵族们只能暂时待在他们的乡下别墅里。[198]因此这是个有利时机,可以在照片被灰尘覆盖之前再去城里短暂参观一下,你可以想象当我看到那些宝藏时的表情。有牧师在,也许周日我还能再去一趟格罗夫纳画廊。

但我很快就要收拾行李了,如果海况不太糟糕,我本周三就动身去加莱。我还没决定是先去比利时,还是直接回巴黎。我一抵达欧洲大陆就给你寄信。

现在我必须停笔了,因为我还得再去趟南肯辛顿博物馆。因为安息日的缘故,如果我今天不把信扔进邮箱,那么它只能等到下周一才被运走了。

我的脑袋像被塞入了一栋房子,最后这几天真是不可思议。昨晚我们从兰斯顿去摄政公园看了看动物,让精神恢复一下。我发现动物有许多地方与人类相似,但这没办法探讨了。

---

① [译注]克雷斯拉斯(Cresilas,约前6世纪初—前5世纪末),雅典雕塑家和肖像画家。

1880 年代

致弗里德里希·冯·普雷恩(Friedrich von Preen)
巴塞尔,1880 年 1 月 2 日

……我顺利度过了 1879 年,既没有造成严重不便,也没有犯下太大过失。说到底,最丢脸的还是从 3 月底开始戴的假门牙。在我的家庭圈中,不仅没有任何损失,还发生了一两件称心如意的事。在我的朋友和熟人中也没发生不好的事,只有持续的友谊,我希望能有一个坚实的未来。在 1880 年我将放弃旅行,取而代之的是一项严肃的工作(倒没多繁重),它得以开展的前提是目前整个世界仍像以往那样蹒跚前行,至少今年看上去是如此。

总的来说,前景无疑令人沮丧。一场金融危机肆虐着我们,就像曾在你们身上发生的那样。即使今年我们的境况不会变得很糟糕,但与去年相比也不会有改观。因为占据了某些指标和阶层的人,不可能对信贷风险一无所知,但他们仍乐此不疲地卷入其中。唉,为了这群凡人自身的利益,应将他们置于监护之下!传统的法律体系和宪法可作为监护人,虽然它们在行使方式上很糟糕,但至少能起到一定监督作用。

[199]目前,我建议犹太人保持高度谨慎和节制,我自己都不太相信这场反犹骚乱会完全平息。迄今为止,自由主义一直在为犹太人辩护,但无法摆脱这种特殊仇恨的煽动和诱惑。如果保守

党人和天主教徒掌握着当下最受欢迎的王牌,并将其用于与自由党人对抗,那么目前(相对稳定)的局面将维持不了多久。一旦国家介入比隔岸观火更为安全,一切都会发生改变。届时,犹太人将不得不为他们对一切事情的不正当干预而受罚,而报社若想继续生存下去,就必须动员它们的编辑和记者。因此,这种事很容易一天一天被扩大化。

当我在伦敦的污秽中散步时,你却在赫雷纳布森林的新鲜空气中度假,这十分明智。8月17日是一个冷得发抖的日子,我度过了这次旅行中最可怕的一个周末。然而,出于工作我必须去,而且也得到了很多收获。如果再等一年,我可能永远不会下定决心去旅行……

如果说新年前夕有什么令人愉快的吉兆,那就是早至的融雪和南风。事实上,我和你一样在寒冬中也感觉良好,但一想到那普遍的巨大匮乏又感到痛苦,然后某种灾祸也会临到我头上,那就是某个管道被冻住了。你知道,我现在和两位不再年轻的老姑娘住一起。外交官们可能会出席我们关于这个问题的联合会议,并赞赏我们在清晰和微妙的感觉之间所保持的平衡。现在气温上升了七八度,一切都恢复了正常。

在这里,慈善事业也有很大规模,但如果把所表现出的巨大同情隐藏一部分,也许会更好一些。毕竟,减少捐款尚无必要。奇怪的是,最近阿尔萨斯附近的村民急需食品和衣物,却没被纳入募捐范围内。

在马德里发生的暴乱造成了可怕的后果,因为类似的事很快就在莫斯科再度发生。(据小道消息,一位斯拉夫虚无主义者在几天前说,人们将在接下来的二十天内听到更多——也许这只是反弹。)[200]我只知道历史上有个类似的例子,那就是刺客行会曾在一个半世纪内威胁着近东所有统治者,并杀死了许多塞尔柱土耳其人和苏丹人。任何代表或拥有财产地位的人,都应该清楚地告诉自己:那些目前像猎物一样被跟踪的王公显贵只是这群人中的先行者。近两个世纪以来,彼得大帝强加给这个国家的西化制度正在报复着这个国家。其实,俄罗斯的民族性在一种可容忍的野蛮状态下会好很多,也会健康很多。西欧亦如此。我不是说西欧应回归自身的野蛮状态,而是说假设俄国的野蛮状态持续下去,那将对西欧产生怎样的影响。

致弗里德里希·冯·普雷恩(Friedrich von Preen)
巴塞尔,1880年12月3日

我觉得有必要再次给你一些生命的迹象,同时在其中隐藏一个自私的愿望,希望在新年前收到你手中的东西。我们像往常一样慢跑着——这个学期的出勤率更高,有将近二百五十名学生!这种情况即使在弗莱堡也不多见。

就我而言,我开始感到老年的烦恼,尤其是哮喘病。我非常信任的医生却说:"有了它可以活很长。"这不是我想要的。最使我烦恼的是不得不大幅减少周末的远足,而且哮喘很容易使人出汗,也就是容易感冒。简言之,我已开始了人生中必须注意的章节,因此我非常乐意放弃写书。

巴塞尔到处都是音乐。鲁宾斯坦[①]有两个晚上都在捶胸顿足,

[①] [译注]安东·鲁宾斯坦(Anton Grigoryevich Rubinstein, 1829—1894),俄国作曲家,19世纪最伟大的钢琴家之一。

但我两次都没见到他。我逐渐允许自己形成一种偏见,不愿听任何名家演奏。我最后听到的是萨拉塞特,①现在回想起来,我对他无话可说。嗓音是另一回事,在接下来一段时间里,我将牢记沃格尔(Vogel)扮演的浮士德,我在三周前听了他唱戏。今天本有一场音乐会,但由于明天《阿米德》(Armide)要上演,②我今天就不去了。四十年前我在柏林听过两次,但自那以后就再没听过。我很钦佩我们的剧院经理:[201]他一定非常期望这几场表演,甚至吹嘘自己有一场新的即兴演出。

致爱德华·绍恩堡(Eduard Schauenburg)
巴塞尔,1881年1月12日

接到你的便条后,我立即进行了询问,得知安娜小姐将住在我一个熟悉的朋友家里。我收到了他们的邀请,周六晚上去拜访。我第一个去排练,听到了如风琴和钟声般的《艾尔王之母》(Erlkönigs Mutter),这让我对表演完全放心了。接下来在晚上的拜访中,我遇见了你美丽的女儿,并对她的某些语调和表情与你如此相似而感到惊讶。接着是周六的演出,她以不同寻常的自由、力量和美感演唱了圣萨恩斯③的咏叹调,紧接着相当多的观众爆发出三

---

① [译注]帕布罗·德·萨拉塞特(Pablo de Sarasate, 1844—1908),西班牙著名作曲家、小提琴演奏家。
② [译注]《阿米德》是意大利裔法国作曲家吕利(Jean-Baptiste Lully, 1632—1687)于1686年创作的一部五幕歌剧,也是其最具代表性的成果,其脚本来自塔索写于1575年的长篇叙事诗《被解放的耶路撒冷》。
③ [译注]卡米尔·圣·萨恩斯(Camille Saint-Saëns, 1835—1921),法国作曲家、钢琴家,以其独特的交响诗和歌剧而闻名。

次整齐的掌声。我必须指出,我们这里的观众通常是冷淡的,此前对许多相当知名的艺术家几乎不给掌声。后来,您的女儿在《艾尔王之母》中唱得比排演时好多了。

简言之,从这里的情况来看,我保证一切都会顺利。不久安娜小姐会成为德国大型音乐会上不可或缺的专家,无论哪里都需要一位训练有素的、有力量和天赋的女低音。①

致弗里德里希·冯·普雷恩(Friedrich von Preen)
巴塞尔,1881年2月19日

……关于政治,你已说得很清楚了,只是我觉得有些阴暗。未来可能出现一个"强大而严厉的政府"吗?无论如何,如果我们城市的放任自流者所产生的无限制、无底线的不负责任得到坚决解决,那将会使世界震惊地缩回角落里。在我们当中,少数卑鄙小人不负责任的恶意使正派人士感到厌恶,前者准备在执政期间让别人做出牺牲,[202]我们或许应该秘密地让他们上不了台,使其活动仅限于慈善之类的事。哦,关于这一点,我有很多话要说。

因此,这位柏林伟人已经发出声明,无论如何都将留任。也就是说,即使国会和州议院的大多数人反对,他也必须再战。这场伟大考验只能以某种物质形式出现,而不像1863年后那样。只有当科隆有目的的社交盛宴被推迟,整个事情才能暂时解决。正如你所言,"每个人都在蚕食权力",并发现小奶瓶很甜。

尽管各党派需求大不相同,但他们却大胆地相信这位伟人所承诺的经济利益不需其帮助也能实现。这一情况自然对他有利。

---

① 绍恩堡的女儿不久后去世了。

正如你所言,这是"不了解约瑟夫及其先祖的一代",他们不以历史或纯政治的方式来思考和感受,而是无休止地分裂成更小的党派。总体上说,这帮人百无一用,甚至对他们自己也是如此。这样的议会机构将日复一日地作出最出人意料的多数派决定,就像小女孩和婴儿那样……

致弗里德里希·冯·普雷恩(Friedrich von Preen)
巴塞尔,1881年5月1日

过去几天,激进主义在瑞士各地又迈进了一步。除非所有的事都欺骗了我,否则在它身后必将有一场欧洲运动,而你的国家很快就会经历类似的事。我内心直觉告诉我,一旦俄罗斯被暴行弄得不知所措,西方就会爆发什么事来。这将是一个时期的开始,每个混乱阶段都必须经历,直到最终出现一个建立在真正纯粹的无限暴力之上的权力为止。它将很少考虑投票权、人民主权,而是致力于物质繁荣、工业化等等。这就是以法律为基础的宪政国家不可避免的结局——一旦权力被少数人控制,这就是必然的后果。亲爱的先生,如果我强求你发表些我不愿在此说出的观点,请一定要原谅我。

致马克斯·阿里奥斯(Max Alioth)
巴塞尔,1881年6月14日

[203]……我想看看贵公司的沙龙。我不怕在众多老艺术品中无人陪伴,反而独自面对新作品时会感到恐惧。在我们时代最重要的画家面前,我通常在对他们高超能力的钦佩和对他们的实

际表现的厌恶之间摇摆不定。自德拉克洛瓦以来,①在法国和欧洲的许多画家中,人们首先不得不忍受对自身美感的侮辱,同时又不得不在不带面部表情的情况下表现自己的才能。也许除伦勃朗外,②没有哪位大师以这种方式冒犯过我。

6月15日

今天天气很暖和。如果我的健康状况能保持下去,我将在意大利度过8月和9月。在离世前我一定要再去那里看看。如果运气好的话,我会在9月抵达罗马,像我们这样的人应该经常去那里。

幸运的是,巴塞尔周边环境仍然很美。上个周末,在一次漫长的独自散步中,我再次为这样的美景而感到高兴。相比之下,巴黎近郊真的很贫乏。

致弗里德里希·冯·普雷恩(Friedrich von Preen)
热那亚,1881年8月5日

我来意大利的真实原因是什么?主要是为了在我无法再进行这样的旅行前,再次刷新对某些伟大艺术的印象。这次一切都很

---

① [译注]尤金·德拉克洛瓦(Eugène Delacroix,1798—1863),法国画家,浪漫主义画派的典型代表。他继承和发展了文艺复兴以来的威尼斯画派、荷兰画派(尤其是鲁本斯和约翰·康斯特布尔等)的成就和传统,并对印象主义的兴起影响较大。

② [译注]伦勃朗(Rembrandt Harmenszoon van Rijn,1606—1669),荷兰巴洛克画家和版画家,艺术史上最具代表性的人物之一。其风格以现实主义为主,肖像画、神话及历史题材画是其主要作品。

顺利:我严格限制自己,忽略了很多我只能以过度晒伤和日盲症为代价去观察的东西。我到以前跑过的地方爬来爬去;饮食方面我很节制,但会为乡下的葡萄酒而欢欣鼓舞。

多么令人印象深刻的民族啊! 简直是欧洲的长子! 在他们身上发生过什么并不重要;政治上,他们可能邪恶和幼稚。阿尔菲利(Alfieri)的话仍然正确:"意大利在创造和平方面比任何地方都成功。"任何不相信这一点的人,[204]只需看看在奔跑中呼啸而过的"神枪手步兵团"(Bersaglieri)就知道了。① 昨天,在我第三次乘坐的从萨沃纳(Savona)到这里的火车上,一位丰满但极漂亮的女人拿着小提琴上了车,在自己伴奏下用清晰的嗓音唱了首流行歌曲。哦,我真羡慕! 人们可以看到她的三十二颗牙全都完好无损。

天气又很热了,但热那亚还可以忍受。这里有高高窄窄的街道,到了夜晚是无比的美丽清新——温度变得非常凉爽,甚至可以在床单上铺层薄毯。当然,前提是窗户必须全部敞开。也许没有什么比在炎热南方感受到早晨的凉爽空气更美妙的了。有次我在萨沃纳的梦中醒来,看见一颗燃烧的星星。起初我认为是流星,后来才意识到那是古老的金星,只有在地中海的夜晚才会看得清。

现在我要爬到证券交易所去,不是为了做生意,也不是为了阿利西②的高贵而美丽的建筑,而是因为附近有一家照相馆,我得去

---

① [译注]"神枪手步兵团"是19世纪上半期撒丁王国创立的特种部队,以高机动性、射术精准和意志坚韧而著称。该部队在意大利统一战争中作出了突出贡献,后成为意大利皇家陆军(Regio Esercito)的一个特殊编制。

② [译注]伽利拉佐·阿利西(Galeazzo Alessi, 1512—1572),意大利建筑师,一生设计了众多精美的府邸建筑,将府邸造型艺术提高到了文艺复兴时期的最高水平。

那里付钱。我将在科斯坦萨(della Costanza)附近一家咖啡厅用一杯冰沙来奖励自己的伟大牺牲,我昨天怀着激动的心情重返了这家咖啡厅。在那里,作为一个1830年代的年轻学生,我第一次接触到贝利尼,是通过听竖琴手和单簧管演奏的《罗密欧》(*Romeo*)中的杂曲来实现的。而昨晚,从附近酒吧又一次传来《罗密欧》相同曲目的声音。在1845年,德国音乐评论界曾宣称它是不可再现的。

8月6日

自16世纪以来,通过几次联姻来到我身上的几滴意大利血统是否在血管里奔腾?不管怎样,我所看到的一切都是如此自然、如此与我息息相关。我对自己的命运毫无怨言;我已成为一个并非完全无用的巴塞尔人,却是一个非常不合格的意大利人。尽管如此,我很高兴在这里不再有陌生的感觉,而是和在法兰克福或德累斯顿一样有宾至如归之感。我发现与人见面和交谈更容易了——你只需赞扬热那亚人的新建筑和城镇的发展(这些事实上也是令人惊叹的),他们就会对你敞开心扉。

目前意大利人对法国的反感非常强烈,除非法国放弃对突尼斯的权利,否则这种反感很难改善,[205]但法国不太可能这么做。据我愚蠢的估计,法国真应该感谢上帝,另一个欧洲国家(当然是个富饶之国)准备占领整个突尼斯,并逐步驱逐阿拉伯人。法国人没有足够的人力来恰当地管理殖民地,他们的目的是"教育和教化"生活在阿尔及利亚的阿拉伯人。因此,对法国人来说,没什么比意大利人在突尼斯彻底破坏伊斯兰教更为有利了。然而事实却是——法国人在脖子上套了一个阿尔及利亚,又在脚上系了一条镣铐。这让德国非常高兴,因为法国正在激怒一个在某些情况下至少会掩护德国侧翼的国家。

致马克斯·阿里奥斯(Max Alioth)
巴塞尔,1881年9月10日

……意大利的情况和法国一样——商业和物质持续增长,并因这种商业和享乐而导致政治安全感显著下降。善良的自由主义者,甚至那些激进的生意人,可能会在"人民领袖"面前跪倒,恳求他们不要做出任何愚蠢行为。但是为了再次当选,人民的领袖即那些煽动者必须让群众站在他们一边,并反过来要求总要发生一些事,否则就没人相信"进步"正在进行。只要普选持续下去,人们就不可能摆脱这种恶性循环。一件接一件的东西都必须被牺牲掉,比如职位、财产、宗教、文明礼仪、纯粹学术等等。但只要群众能对他们的领袖施加压力,只要某些当权者不高喊"闭嘴",情形也许就会有所改观。但是,目前尚无任何这样的迹象,而且正如我很久以前向你们哀叹的那样——权力只能从邪恶深处产生,其效果将令人毛骨悚然。

今天,我又开始了我的高中教学(每周四节)。虽然我有权享受完全自由的假期,但必须给别人树立一个好榜样,且这份工作量并不大。另外,我还有照片要整理,按系列把它们串联起来交给装订机,然后贴上标签,最后整理成作品集。这就是我要在秋天重复几遍的工作,都是些非常愉快的小事。[206]不幸的是,学校的演讲是强加给我的,因为米亚斯科夫斯基(Miaskowski)教授在担任校长期间去了布雷斯劳,而斯特芬斯(Steffens)又病了,我现在是所有教员中年龄最大的一个。这不需要做太多工作,但会带来很多忧虑。

致马克斯·阿里奥斯(Max Alioth)
巴塞尔,1882年3月6日

……《费加罗报》(Figaro)最近刊登了一篇关于猫画家兰伯特①的间接报道。那简直是个灾难,这个好家伙竟然不得不这么卖力,这么快就把自己的画猫天赋耗费枯竭了。假如他是一个生活在二百五十年前的荷兰人,他的猫灵感恐怕就是在一生中均匀和缓地、一个接着一个地展现出来的,直至他相当年老的时候;他也就能看到那时候居住在荷兰的三十多位真正的艺术之友耐心等待着,按次序接受服务。而且,他的最后一幅画可能和中期的一幅画具有同样价值。但现在情况完全不同了……

我第一次见萨莫色雷斯的胜利女神像,是它被放在女像柱大厅和中央大厅之间的过道上一个非常不起眼的陈列展之时。在那里半明半暗的环境下,几乎看不清。无论如何,这都是"继承者"(Diadochi)时期②一位国王创作的极其重要的作品。我正在观察同时期的其他雕塑,它们属于佩加蒙(Pergamon)祭坛,非常强大又充满活力,我留了几份照片。考古学家们已忙着将其与菲迪亚斯③

---

① [译注]路易斯·兰伯特(Louis Eugène Lambert,1825—1900),法国动物画家,以对猫和狗的专门观察和描绘而闻名。
② [译注]即从亚历山大大帝去世至罗马共和国末期(前336—前31);"继承者"指瓜分亚历山大帝国的几大将领。
③ [译注]菲迪亚斯(Pheidias,约前490—前430),雅典雕塑家,帕特农神庙的造型指导,监督设计了所有的雕塑装饰,首次确立了宙斯和雅典娜的一般形象和概念。

进行比较并加以诋毁。除非能证明这些雕塑是堕落的,否则他们是不会高兴的。你一开始就看到了普鲁德翁所关注的光明,①这多么美妙!他是帝国统治下的绿洲。而与他同时代的那些令人厌烦的无聊之人,有时也会对自己的内心世界略知一二。有一次,大卫和他的一个门生在列奥尼达面前安静地坐着,后者终于站起来说:"看,还是这条老狗!"

致弗里德里希·冯·普雷恩(Friedrich von Preen)
巴塞尔,1882 年 4 月 13 日

……坚持你轻浮的快乐!我也将竭尽全力这样做,从而不让未来前景(它已相当明晰)把我战胜。[207]每一种愉快心情都是真正的收获,你有了一个儿子,可以把这世上的东西转化为青春和希望。我的朋友圈只对快乐的人开放,因为从那些闷闷不乐的人那里什么也得不到;我也不认为邻居会抱怨我挫伤了他们的兴致。然后,就像老人们习惯的那样,我真心开始喜欢独处(伴随一点音乐)。

每个人都有权随心所欲地思考局势,无论和平还是战争。当然,在这个问题上仍有未知的外交机密,但它们已不再是决定性的。危险就在众目睽睽之下,每个人都能看到。目前与前几年的一个主要区别是——大国政府(如法国)不再有能力进行秘密谈判,因为内阁成员经常变动,无法保证任何形式的自由裁量权;意

---

① [译注]皮耶尔-保罗·普鲁德翁(Pierre-Paul Prud'hon,1758—1823),法国绘图员和画家,其作品融合了 18 世纪末的新古典主义精神和 19 世纪浪漫主义的个人表达。

大利亦如此,谁会幻想着信任曼奇尼先生①及其朋友,或向他们倾诉任何事情?

但这种难以置信的"绝缘"(insulance)在俄罗斯到处蔓延,远超出了内阁所能控制的范围。这一现象意义重大——最危险的不是虚无主义者,而是那些身居高位之人的傲慢。我对一切都指向你们的直接选举并不感到惊讶。世界各地的政党都认为,这场幸运的低谷也许会带来些收获。而无论如何,我们已没什么可失去。因此,在绝望情绪中全速前进吧!

长期以来,我都很清楚:世界正走向彻底民主和绝对无法无天的专制之间的两难抉择,而后者肯定不会由心软的王朝统治,而是由所谓的共和国军事司令部统治。只不过,人们不愿意想象这样一个世界——其统治者完全无视法律法规、经济繁荣、丰富的工作和工业信贷等,而是以极端残暴的方式进行统治。而这个世界正是在各方为群众参政而进行的斗争中,逐渐被这些人所掌控。许多保守派的最后通牒在这里早已耳熟能详:"它一定会来。"也正如你所说:"抵抗是徒劳的。"我指的是彻底的民主化。

同时,老一辈的工人阶层已经过时了,[208]办公室里的高层人士也越来越少——这是我们早已熟悉的现象。任何想真切看到它的人,只需看看法国现在的执政人员就知道了。

亲爱的先生,你在地方政府的职位使你能够洞察真正的时代精神,这是许多"人民领袖"完全缺乏的,且他们无论如何也不允

---

① [译注]帕斯卡莱·曼奇尼(Pasquale Stanislao Mancini,1817—1888),两西西里王国复兴运动领袖,意大利统一后历任司法部部长和外交部部长等职,是1882年意大利加入三国同盟的主要推手。后由于未能实现诸多承诺,失去了广大民众的信任,被迫于1885年辞职。

许自己这样做。你强调的一个主要现象在瑞士也表现得同样清楚：人们正从有商业风险的国家投入到能稳定支付薪酬的国家的怀抱。这表现在一个显而易见的事实上——在农业不景气时，想要进入课堂当老师的人大大增多了。但是，究竟何时才能结束教学与研究并行的巨大奢侈呢？在巴塞尔，我们现在又面临着二百万元的新校舍拨款！这与一系列政策紧密相关：免费的义务教育、每班最多三十名学生的限额、每个孩子最少多少立方米的空间、开设多少科目、教师必须对多少学科有所粗略掌握，等等。结果自然就是，每个人对一切都不满意（就像你一样），都想争夺更高职位，而这些职位数量非常有限，更不用说女子学校对奖学金的疯狂坚持了。目前，城镇是那些没有资源的父母都想搬去的地方，因为他们的孩子在那里能够接受各种浮夸的教育。就像许多其他已破产的单位一样，学校总有一天也会破产，因此整个事情将变得不可能。它很可能伴随着其他灾难，但目前最好不要去想这些。甚至很可能，现存的教育制度已达到顶峰，正在走向衰落。

致弗里德里希·尼采（Friedrich Nietzsche）
巴塞尔，1882 年 9 月 13 日

三天前我收到了你的《快乐的科学》（*Die fröhliche Wissenschaft*）。正如你能想象的，这本书给我带来了新的惊喜：首先是书中诗歌的那种不同寻常的、清晰的歌德式基调，这是没人预料到的；然后是整本书，最后是结尾处的 Sanctus Januarius[神圣的一月]！[209]是我在自欺欺人，还是最后这段话确实代表了对南方最后一个冬天的特别纪念?① 它是如此完整。但我总是在重新思考一个问题：如果让你来教历史，结果会怎样？当然，从根本上说，你一直都在教历史，在本书中你已经开辟了一些惊人的历史视角。但我的意思是，如果以你的独特眼光和专业视角来阐释历史，那么与当前的 consensus populorum［大众共识］相比，一切都将以最辉煌的方式从头开始！我很高兴的是，我能把这种惯常的一厢情愿抛得越来越远，并满足于在没有太多赞扬或抱怨的情况下报道那些已发生之事。

至于其他的，你写得太多了（当然恐怕是最好的东西），它们已远远超出了我这可怜的老脑袋所能理解的范围。但只要在还能跟得上的地方，我就会对其中蕴含的巨大财富感到敬佩，这不亚于对那些汇聚了艺术才能的形式的敬佩。这使我感到振奋并能清楚地看到，如果人人都能具备你这样的慧眼，那将会对我们的科学带来多大益处。遗憾的是，我必须服老了。在这个年纪，如果一个人还能收集新的资料而不忘记旧的，如果一个年迈的司机还能在日常街道上继续开车而不出事故，直到最后的解脱为止，他就已经很满足了。

我需要一段时间才能从匆忙一瞥转为仔细阅读，你的书一贯如此（难读）。你在第 234 页第 325 节泄露的，在某些情况下"可能成为专制的附庸"并没改变我对你的感情。②

---

① 这本书是尼采在那不勒斯的冬季写成的，而且书名也是根据他在希尔斯·玛利亚（Sils Maria）所得的"启示"而来的。

② 尼采在第 325 节说，"导致痛苦的能力"比"承受痛苦的能力"更高级，这是"伟大"的标志。"专制的附庸"是布克哈特对其的含蓄表达。

致马克斯·阿里奥斯(Max Alioth)
罗马,1883 年 8 月 23 日夜

  我只是想给你展示一下罗马的生活。在过去八天里,我所看到的简直难以言喻,但是当一个人独处时,这些又有何用? 我愿意付出一切来换取你奔赴我身边,并带上你的狂喜和讽刺,来到圭多、圭尔奇诺和卡拉瓦乔的作品前。① 像我这样的人根本无法独自处理这些事,[210]尤其是关于多梅尼奇诺的作品,②我急需一位实践艺术家的帮助。

  你们中的任何人都不可能再做出像威尼斯画派那样高超绚丽的作品,比如多利亚画廊里波德诺内的《希罗迪亚斯》,它胜过了提香所有的空洞作品。此外,在今天下午的炎热天气中,我受良心驱使试图进入卢多维西(Ludovisi)别墅再看看那些雕像。但这是一次徒劳的尝试,所有东西都被密封起来了。于是,我沿着萨拉里亚门和皮亚门溜达出去,把上衣搭在胳膊上,又来到了科斯坦萨和阿格尼塞教堂。时隔三十年,我又请到一位好心的老修士带我参观这两座古老的教堂。然后是壮丽的坎帕尼亚,那是来自利古利亚的东风和来自北非的南风之间的战场,非常有特色。我走出诺门塔诺(Nomentano)桥,又看到了瓦罗内河,与我年轻时

---

  ① [译注]圭多·雷尼(Guido Reni,1575—1642),意大利早期巴洛克艺术的代表画家,作品多为古典风格的宗教、神话题材作品,生前在罗马、那不勒斯和博洛尼亚等地颇具影响。圭尔奇诺(Guercino,1591—1666),博洛尼亚画派的重要人物,与圭多·雷尼和卡拉瓦乔等画家风格相近。米开朗基罗·达·卡拉瓦乔(Michelangelo Merisi da Caravaggio,1571—1610),意大利著名画家,对巴洛克艺术的发展有很大的推动。

  ② [译注]多梅尼奇诺·赞皮耶里(Domenichino Zampieri,1581—1641),意大利画家,罗马和博洛尼亚地区巴洛克古典主义的主要实践人物。

所见一模一样。在回去的路上,我被一家乡村酒馆附近集市上的、来自维莱特里(Velletri)的美味西红柿给救活了。除了从人民门延伸至弗拉米尼亚街的那条该死的大道外,这里一切看上去与我年轻时相比似乎都没改变。人民门右边那些可爱的洛可可赌场大都被拆除了,只剩下了几家,取而代之的是一幢又一幢比四层楼还高的恐怖建筑!

永恒不变的罗马依然有说不出的美丽。至于那些新街区,你只需闭上眼睛别看就好了。一旦到达皮亚门附近,你就只会看到古老而宏伟的东西。昨晚我在阿文丁山上散步,看到他们已开始在那里进行(现代化)改造,所以我还有幸能够在它行将结束时,享受它崇高的孤寂⋯⋯

拉斐尔现在给我的印象大不一样了,我从他身上看到了很多以前从未发现的伟大之处。

致马克斯·阿里奥斯(Max Alioth)
巴塞尔,1885 年 3 月 20 日

今天是星期五,我在 X 先生家的晚宴上喝了几杯,非常愉快。由于明天我不讲课,所以我直到凌晨两点才回家。而平时,我一般在晚上 11 点半上床睡觉。

我们的当地事务仍掌握在你知道的那群人手里。在过去一些日子里,《人民之友》(*Volksfreund*)和《巴塞尔要闻》(*Basler Nachrichten*)经常暗地里攻击大学,这成了一种流行。[211]但在这件事上,我是一个坚定的宿命论者——大学是否注定要消失,取决于更高的决定,还轮不到报刊来指手划脚。但如果我们想存续下去,还得让这些报刊文章不要进一步对我们造成负面影响。有个改善的小迹象是，激进分子也开始抱怨这里的铺张浪费，并对随之而来的税收前景大声疾呼。

关于你对巴黎女性的盲目崇拜，我还得跟你谈一谈。她们不管多么优雅，毕竟也只是一个居住在大城市的、身体衰弱的族类。如果你想要被说服，只需观察她们微弱的声带，就可以得出这个族类身体有所缺陷的结论。我故意暂时不去引起你的注意，因为这应该会立刻向你揭示她们在肩膀方面的缺陷等等。我的建议是：去那些有大量农村妇女的地方看看，或者多观察那些来自世界各地的成熟模特——也许这还不足以让你放下对巴黎女性的崇拜，但其他民族对巴黎的尊重从整体上看可能已走到了尽头。我知道这样说具有诽谤嫌疑，但我不吐不快。

3月21日

直至今日我也无法在这方面做得更好。人们对巴黎时尚的追求过高了。对于未来的艺术史而言，用描述性的文字和生动的插图，把整个现象当作过去的历史性事物来描写（如果在即将到来的野蛮时代有可能这样做的话），将是一项令人振奋的事业。

我左脚踝的风湿病已经得了好几个月了，现在必须等着看医生为我的假期开什么处方。假期从下周五开始一直持续三个星期，其中肯定有很多舞会。

致弗里德里希·尼采(Friedrich Nietzsche)

巴塞尔,1886年9月26日

  我已顺利收到你的最新作品。① 首先,我衷心感谢你所做的新工作,同时对其中所蕴含的源源不竭的力量表示最美好的祝愿。

  唉,你太高估我的能力了,这从你给我寄那么多信就能看出。[212]我从来都没能力去研究像你所思考的那些问题,甚至都不能准确理解它们的前提。在我一生中,我从未有过哲学头脑,甚至过去的哲学史对我来说也或多或少是本闭合的书。我远不能提出你在第135页所描述的一些学者提出过的主张。在考察历史的过程中,无论遇到什么更普遍的知识事实,我也总是只能做一些不可避免的必要工作,并建议人们向更好的权威求助。

  在你的作品中,我发现比较容易理解的是你的历史判断,尤其是你对当代的看法——关于国家意志及其周期性的瘫痪、关于经济繁荣带来的巨大保障与对风险教育的需求之间的对立、关于勤奋工作是宗教本能的毁灭者、关于当前的"畜牧人"②及其主张、关于作为基督教继承者的民主,特别是关于未来地球上的强权!在这些方面,你应该以能够引起最大关注的方式来定义和描述它们可能的形成过程及其存在条件。相比之下,像我们这样的人谈及当今欧洲人的普遍命运时,他们的想法多么令人尴尬!这本书已远超出我那可怜的老脑袋所能想到的,每当我想起你对当今一切精神和智识运动的惊人洞察力,以及对某一特定事物的刻画中所表现出的力量、艺术性和精微玄妙之处,我就深切感到自己有多么愚蠢。

---

  ① 即《善恶的彼岸》(Jenseits von Gut und Böse)。
  ② [译注]指极权主义下的统治者,把民众视为畜群,自己则作为畜牧人。

我很想从信里听到一些关于你健康的情况。至于我,由于年事已高,已不再担任历史系教授,只保留了艺术史的教职。

致马克斯·阿里奥斯(Max Alioth)
巴塞尔,1886 年 11 月 17 日

谢天谢地,我在大礼堂的两场表演结束了。我真的无法形容晚年不愿在公众前露面的心情。我最同情的是那些为了糊口而不得不走上舞台、不断消耗其功绩的老演员们,因为我多少可以设身处地为他们着想……

理想主义还是现实主义?当我想重新开始思考时,[213]我发现自己在生活艺术上的智力已经完全枯竭了。但有一点我仍能感受到,我可以预见在不久的将来,人们会对相当粗糙的现实主义感到憎恶,不管它表现出多么伟大的才能;摄影在再现冷漠或令人厌恶的事物方面有更多天赋。

坚持旧的理想主义路线——从长远看,只有以某种方式赢得艺术家喜爱的场景才能赢得大众的喜爱。这些是人们唯一可以沉思的作品,而现实主义则会彻底扼杀其客户。没有人会对那些令人厌恶的物品长期感到惊奇,而厌恶感却会持续存在。当然,成为一个理想主义者,并不一定要把天使描绘成长着翅膀的人。

致弗里德里希·冯·普雷恩(Friedrich von Preen)
巴塞尔,1887 年圣灵降临节

有趣的是,我之所以迟迟不回复,是因为过去两周法国发生了权力争夺危机。我本想等待这一切结束(无论布朗热是否参

与)——但它仍然没有结束。① 与此同时,有传言称陆军部存在严重财务不端行为,但如果法国人仍把这个人强加到自己头上,那么任何事情都可能发生,甚至宣战。我们非常清楚民主制在对抗不敬的派系时的内在弱点。但我认为,这次德国可以放心地让战争爆发,因为在过去许多年里,法国一直小心翼翼不让有能力的人(比如梯也尔,在某种意义上甚至包括法夫尔②)担任决定性的职位。如果布朗热的固执最终使他在巴黎街头起义的帮助下进入陆军部,那么他就不得不继续宣战。但很可能,在对德国采取进一步行动前,整个机构就会崩溃,因征召动员暴露出来的无休止混乱也会随即结束。

致弗里德里希·冯·普雷恩(Friedrich von Preen)
巴塞尔,1887 年 10 月 15 日

当你在巴登享受暑假时,我从 7 月底开始在洛迦诺(Locarno)独自度过了三周美妙而炎热的时光,[214]并尽可能将自己融入壮丽景观和南方的植被中。现在我要向你揭示除了对南方的偏爱外,驱使我翻越阿尔卑斯山的其他动机。在阿尔卑斯山北麓,"酒店套餐"(*table d'hôte*)③霸道地支配着所有的酒店和养老金,这种

---

① [译注]乔治·布朗热(Georges Boulanger,1837—1891)时任法国陆军部长,企图通过宣扬民族沙文主义、利用群众普选机制上台施行军事独裁,险些成功推翻第三共和国。

② [译注]儒勒·法夫尔(Jules Favre,1809—1880),法国陆军将领、自由派政治家,长期致力于维护共和、反对帝制,曾作为《法兰克福条约》谈判代表结束普法战争。

③ [译注]以固定的价格和时段供应给旅客的餐食,旅客不能自由选择菜品。

制度完全破坏了我良好的健康和精神。如果要在酒店用餐,那可既昂贵又糟糕,而且还不是任何时间都有。另一方面,在宜人的意大利北部,每个人都可以完全自由地点他喜欢的东西,当然前提是厨房碰巧有相应食材。我很高兴每天都能享用固定的食谱,尤其是以"干拌意大利面"(*fedelini all'asciutto*)为主食。估计你到了我这个年纪也会养成同样的习惯。

三周过去后,一些好心人从巴塞尔和米兰赶来,带我徒步穿越了诺瓦拉、韦尔切利、瓦拉洛、米兰和科莫等地,就这样我又愉快地度过了两周。我再次登上瓦雷泽(Varese)附近的圣山,从那里再次俯瞰伦巴第平原,就像摩西在尼波山上一样。① 如果明年我还活着且身体允许,我会再次去洛迦诺的那家酒店安顿下来,每天做点工作后吃一顿干拌意面……

遇到你曾在红十字会工作中遇到的那种法国人总是好的。毕竟,一位真正有修养并善于控制激情的中老年法国人,是欧洲人性最完美的产物。但如今这样的人只是少数,甚至在品味方面他们也被完全压制了,而在路易·菲利普时期情况肯定不是这样。现在群众已开始表达他们对美学的看法了,这从雨果②的葬礼上就能看出。

政治上,群众内心无疑向往和平。但当街头开始拉票并呼吁

---

① [译注]尼波山(Mount Nebo)位于今约旦的马达巴(Madaba)地区。据《旧约·申命记》第32章记载,摩西(Moses)在临终前受耶和华召唤登上此山,看到了赐给以色列人的应许之地(迦南)的全貌。

② [译注]维克多·雨果(Victor-Marie Hugo, 1802—1885),法国诗人、小说家和剧作家,法国最具代表性的浪漫主义作家,以《巴黎圣母院》《悲惨世界》等小说闻名于世。

开战时,每个人又都感到羞愧并积极响应,以便不惜一切代价让别人(尤其是妇女同胞)认为自己是勇敢的。因此从各方面来看,战争随时都有可能爆发。而克里斯皮的来访,①总体上只让我们看到了一个事实:在洛林(Lorraine)和孚日山脉发生交战的同时,地中海也将爆发一场大战。克里斯皮如今在意大利当然很受欢迎,这仅仅是因为他在北方讨价还价,[215]尽管人们对其详情一无所知——"1858年加富尔去普罗米埃尔时,我们得到了伦巴第;1866年戈沃内去柏林时,我们得到了威尼托河;这次我们肯定能得到更多!"接下来是与布朗热的冲突将公开化,因为如果布朗热只是咆哮着退回其巢穴,他就永远完蛋了。② 然而,欧洲避免战争、维持和平的最大保险是德国军队,我知道你对这次秋季军演有良好印象,而你们的选举也是如此;文化斗争(Kulturkampf)的终结创造了奇迹。③ 我们刚刚也看到了修宪方案正在讨论中,尽管激进分子仍对此不满意,但出于对工人阶级的恐惧还是支持这样做。可怜可怜老巴塞尔吧!我们的处境很糟糕。当然,我也试图将视线从那些"令人不安的事情"上移开,但似乎不太成功。

---

① [译注]弗朗西斯科·克里斯皮(Francesco Crispi,1819—1901),意大利政治家,两度出任意大利王国首相,在任期间镇压社会主义运动,鼓吹建立强权帝国,因在北非殖民扩张与法国交恶,最后因入侵埃塞俄比亚失败而下台。

② 布朗热一声不吭地退休了。在一次宴会后,警察局长格雷维(Grévy)送他回家,他向前者保证不会再有起义——"我躺平了"(Je l'ai couché)。这句话标志其政治生涯的结束。

③ [译注]俾斯麦为将罗马天主教会置于德国控制之下,于1871年至1887年间与教会展开的一系列斗争,最终确保了国家对教育和公共生活的绝对控制,但也造成了德国被排除在天主教世界之外。

致弗里德里希·冯·普雷恩(Friedrich von Preen)
巴塞尔,1888年3月17日

你写的关于德皇威廉一世的文章,反映出你对他的了解程度及主观印象比许多同样认识他的人深得多,这是让我最感兴趣的。这样一个人,仅因其存在,就代表了对一种观点的抗议(尽管全世界都持此观点)——人们可以忍受那些来自底层但被"多数者"和群众意愿提拔起来的人,并与之和平共处。如你所言,威廉一世是个例外。但民主是没有"例外"意识的,如果它不能否认或消除例外,就会从心底里憎恨它。民主本身是平庸思维及其嫉妒心的产物,它只会把庸众当作工具,而普通的野心家给了它所能渴望的一切保证。这时,一种新精神无疑开始渗透到群众中,使他们又开始产生一种寻找特殊例外的朦胧冲动。在这一点上,他们可能受制于惊人的错误建议,任性地选择一个布朗热。

德国人若有心情关注法国发生的类似事件,可能会受到无限的启发。但人们的目光正从一具历史悠久的尸体转向另一具早逝的尸体。① [216]在整个世界史上,我找不到任何类似情况:在所有其他案例中,当统治者由一个垂死之人接替时,几乎不依赖于这种变化,世界也不像现在这样狂热地估算与之相关的可能性。

致路德维希·冯·帕斯托尔(Ludwig von Pastor)
巴塞尔,1889年5月12日

很长一段时间以来,我都很感激你在《教皇史》第一卷中对我

---

① 这指的是威廉一世和他的儿子腓特烈三世的死亡,腓特烈三世的皇位在一年后由威廉二世继任。

作品的多次引用。但最重要的是,我要感谢你这部著作本身的权威性,以及第二卷有望在今年问世的良好前景。此外,我还要高度赞扬你在书中与你所处教会的那种对文艺复兴的偏见(至少在德国是如此)作斗争。当听到虔诚的天主教徒采取敌对语气时,我总是感到痛苦。他们未能看到,在意大利文艺复兴时期,无论其他潮流如何涌动,仍有一股强大潮流促进了对宗教的尊重和对圣洁的赞颂。在我此前的工作中,这种现象给我留下的印象至今仍记忆犹新,我只对自己没有更积极地讨论这一点而感到惋惜;但在三十年前,有这样想法的人会受到排挤,而我对新事物的印象是如此之多,以至于不可能在每件事上都保留一定精力。然而,与你的工作所取得的广泛成果相比,我所知道的又是那么少。

致弗里德里希·冯·普雷恩(Friedrich von Preen)
巴塞尔,1889年6月5日

再次通知你,我将于今年7月底抵达巴登-巴登(Baden-Baden)。同时我还很无礼地想象:如果你仍住在那里,或像去年一样不时出现在我身边为我打气,那将有多么愉快。[217]只是我的运动能力已大不如前——尽管双腿和肌体能力还与以前一样,但除非走得像钟表指针一样慢,否则我就会立即喘气和出汗。医生说我的心脏目前还未受影响,但肺气肿已经出现,危及心脏只是时间问题。我很清楚心脏病将随之而来,我的两个姐姐已死于这种病,我那亲爱的二姐也在遭受它的折磨。其他与年老有关的疾病也来了,它们接踵而至,非常平静地向我打招呼:"哈罗!晚上好,我在这里。"幸运的是,我那每周五节的艺术史课还能讲得下去,只要我不必同时上两门课,就能毫无困难地讲话。

当然，我所谈论的巴登-巴登之旅建立在边境在近几周内不会关闭的假设上，就好像在那之前，一个截然不同的历史事件不会出现在地平线上。否则，与我们截然不同的那些人将不得不放弃他们的温泉疗法。此外，如果你能从你那知识宝库中给我捎几句话，用你那抚慰人心的笔对我稍加安抚，就太好不过了。

我还在继续工作、没有停歇，只是不像以前那么卖力了。我正在仔细修改讲稿和笔记的各个段落。这不是为了出版，而是为我的最后方案作准备。从各方面来看，我依然是位老作家，但真不能奢望再做点别的了，比如向公众发表演讲。我还在为我的艺术课程购置照片和其他复制品，这足以证明我还打算继续活着，也确实是我长期以来唯一需要大量花销的兴趣点。也许我还应该告诉你，昨天我再次提前喝完了一年的酒量，喝的是你儿子沃尔夫冈（Wolfgang）了解的那款特伦蒂诺（Trentino）葡萄酒，因此我这种行为还是以爱护身体为前提的。有位酒友说，即使我不喝这些酒，我的侄子们也能把它们喝光。这款酒产于位于特伦托和罗维列托之间的卡利亚诺（Calliano）附近，得到了一位名叫马蒂尼的伯爵赞助。他把这款酒吹得十分珍贵，仿佛纯粹是出于慈善才出售。

现在每逢天气好的周末，我会下午去莱茵费尔登、弗伦肯多夫（Frenkendorf）或哈尔廷根（Haltingen），在附近散步一小时，吃完晚饭就回来。[218]大多数时候，我在晚上 9 点至 11 点会一边弹钢琴、一边喝前述的卡利亚诺利口酒。要是保罗、沃尔夫冈或你在哪天晚上出现在我面前就好了！我已很久没见过凯瑟，也有一整年没去罗拉赫，尽管"百灵鸟"别墅的女主人——森恩夫人［原名芭贝丽·利希特（Babeli Richter），来自格林策巴赫（Grenzbach）］仍那么美丽动人。如果我有足够的钱,我应该去罗拉赫娶了森恩夫人,然后搬进那所漂亮的房子,让她照顾我余生。但这完全是我们之间的事!我知道这些不过是闹着玩的想法,也许根本不会得到森恩夫人的同意。(虽然不同意,但她应该不会生我气。)

致弗里德里希·冯·普雷恩(Friedrich von Preen)
巴塞尔,1889年7月11日

我继续从最意想不到的地方收到众多来自艺术史、历史尤其是诗歌领域的稿件。我想知道为什么会收到这些,也许因为外面的人都以为我身体还很健康,就毫无顾忌地把东西打包寄给我。我现在想出了一个通用的退稿信模板——"我年事已高,无法对你那精妙的书提供任何帮助……诸如此类。"寄回包裹不会给我造成麻烦,只要我不必用那双老手把它们捆起来,再用我的老腿跑去邮局就行了。此外,来稿作者中有些身居高位的人,因此直接把书退回尚不合适,还必须把感谢信写好,至少对有问题探讨的书要如此。我们正在面临的世界危机将对巨量出版的印刷业产生什么影响?什么样的文学将平静地死去?这是我不时会思考的一些附加想法。

致弗里德里希·冯·普雷恩(Friedrich von Preen)
巴登,阿尔高,维内那-霍夫酒店,1889年7月24日

所以你也注定要加入那些心脏病患者的行列。不过和我相比,你有十岁的年龄优势。[219]只要你小心谨慎、不要过度工作,就会享有健康。对我来说,人生的冬季已至。我很容易疲倦,但谢

天谢地还能睁大眼睛和耳朵,还能舒适地进行阅读。我打算最迟在下个月20日或22日回到巴塞尔,我所有的希望都寄托在我们9月的再次会面上。上帝保佑一切顺利!

我对阿尔高-巴登(Aargau-Baden)的偏爱有其特殊原因。我有个亲爱的姐姐,她已在生死之间徘徊了很长一段时间,我可以在两个小时内赶到她那里……但我们来谈谈别的吧!喝完咖啡,我沿着镇上的街道慢慢走着(走得很慢,以免出汗),来到一家真正不错的书店,在那里我可以躺在"被回收的环球图书馆"的书架上。我买了本罗赫霍尔茨①的《阿尔高传说》,我必须承认,神话越来越吸引我,把我从历史中拉了出来。我从巴塞尔带走的唯一一本书是泡萨尼阿斯的,②这并非没有原因。我正在一点点地获得真正神话般的眼睛,也许那是一位老人再次接近童年的眼睛?当我想到我过去常常在一堂课上讲完二十场战役或战争,以及如此多的领土变化和整个系列家谱时,我不禁笑出了声。关于这个,沃尔夫冈能为我作证。

我所关心的不仅是古老的传说。像你一样,我也不时回顾自己多变的过去,只是也许我比你更有理由感到惊讶,因为我做了那么多愚蠢的决定,以及那么多愚蠢的事。谁能描述我在决定性的事情上多么盲目,把无关紧要的事看得那么重要、还那么情绪化!总的来说,我真的不能抱怨一切可能进行得不那么顺利。至少从

---

① [译注]恩斯特·路德维希·罗赫霍尔茨(Ernst Ludwig Rochholz, 1809—1892),瑞士历史学家和民俗学家,神话故事和传奇研究者。

② [译注]泡萨尼阿斯(Pausanias, 143—176),罗马帝国时期的希腊旅行家和地理学家,其代表作《希腊概览》(*Periegesis Hellados*)是关于古希腊遗迹的宝贵指南。

某年开始,我俩尘世之旅的共同之处在于,都需要通过工作来满足当下的需要,更重要的是拥有一份丰富多彩、令人振奋的工作。压扁了那么多人的铅辊并没有从我们身上碾过。

年轻一代如何生存、如何筑巢,这是件无常的事情,其实我们不必太担心。无论如何,我家里的年轻人和我们那时候一样厚着脸皮看待这个世界,我的原则之一是向他们完全隐瞒我对未来的恐惧。[220]四十岁的人当然开始注意自己的事了。我对那些即将降临到可怜的旧欧洲头上的、可怕的"简单化者"（simplificateurs）的印象并不十分令人愉快。在脑海中,我已清晰地看到这些人在我面前的样子。当我们在9月份见面时,我会一边喝酒一边向你描述他们。有时我也会预言性地思考,当这些事情还处于早期阶段,且此间文化还只是沉没了一两颗螺丝钉时,我们的学术和研究将会如何发展。然后,我也给自己描绘了这场"伟大革新"的光明一面——对死亡的苍白恐惧将如何笼罩在所有野心家和攀登者身上,因为真正赤裸裸的权力再次占据了顶峰,并普遍要求人们:"闭上你的嘴!"

与此同时,目前最值得感激的事务是什么?显然是尽可能集中地消遣大众。我们这里有个自行车马戏团,直到今晚为止,它已经完全吸引走了两座剧院的观众并使其演出陷入瘫痪。其中一个是科萨尔剧院的轻歌剧,另一个是大剧院的戏剧,这使当地小报陷入巨大的审美尴尬。从文化史的角度看,我还不太清楚这种表演会对动物马戏团造成多大冲击,也许有可能将其逐出这个行业。人的奇观真的比马更能受到青睐吗?再加上与购买马匹相比,投入在钢轮子上的资金简直微不足道,这还不包括马匹的饲养与医疗,以及干草、稻草和燕麦等成本。你也许会说,这只是我多管闲事的想法。

我参加了温泉疗养地的社交活动,和几个人有点头之交,并在午餐桌上与邻居交谈。但我要格外小心,别把自己束缚在任何事情上。晚上的消遣,就让我一个人喝杯酒吧。在攀登阿尔卑斯山的季节,巴登是空寂的,现在却人满为患。

总有一天下午我会去苏黎世,在那儿租辆车逛几小时,看看所有的新建筑,特别是码头、音乐厅附近和一两处别的地方。这些事情都在巴塞尔进行讨论,我必须能和其他人一起表达意见。但我更愿意联想到卢塞恩,我打算结束治疗后去看看。唉,要是我的健康状况允许我到洛迦诺待两周就好了!我的经济状况可以承受,我也不会后悔。[221]据我所知,我要在巴登待到 8 月 12 日或 14 日。首先按照规定要洗二十一次澡,然后休息几天。顺便说一句,真正的巴塞尔人总要洗二十二次澡——"这样以后就不会有遗憾了"。

我想,你应该没听过"金魔杖"(Goldwändler)吧?在这个地区游荡的不是流浪汉或鬼魂,而是一种淡红色的葡萄,它生长在浴场以西陡峭高地的"黄金墙"上。这是一种优秀无害的葡萄酒原料,病人也可以喝。毫无疑问,自罗马时代以来它就一直在那里生长着。我住的地方叫作温泉城堡,塔西佗①都曾提到过这里。我们的巴塞尔还在老普林尼②的书中被提到过,这是美丽的卡尔斯鲁厄所不及的荣誉。

---

① [译注]普布里乌斯·科奈里乌斯·塔西佗(Publius Cornelius Tacitus,约 55—120),古罗马史学家,继承了李维的叙事史传统,并开创了罗马史的编年史书写范式。

② [译注]老普林尼(Ammianus Marcellinus,约 330—395),罗马帝国后期最重要的史学家,继承并发扬了塔西佗的编年史传统。

最后的时光

致保罗·海瑟(Paul Heyse)
巴塞尔,1890 年 1 月 13 日

  我们的"意大利诗人"——首先是我最早读过的那些老诗人,其次是莱奥帕尔迪,然后是朱斯蒂,连同副刊一起作为礼物接踵而至。① 最后,整套《抒情诗人和流行歌曲》带着友好的奉献精神飘了进来,1860 年那段往昔又重复了一遍! 我不配得到这些东西! 我快七十二岁了,由于身体衰弱,我已逐渐放弃许多话题和兴趣。每当被沙沙作响的大学校历吵醒时,我都不得不问自己下学期能否站得起来。幸运的是,我的视力一直保存到现在。我经常阅读前三卷的内容,并为第四卷感到欣喜,因为它给了我很多新的希望。

  一年又四个月前,我再次远足意大利北部。我们住在巴塞尔的人与那片南方地区保持着频繁的联系。但就未来而言,我不敢说那里会有什么好结果。自帕里尼和阿尔菲尼以来的被授予桂冠

---

  ① [译注]贾科莫·莱奥帕尔迪(Giacomo Leopardi,1798—1837),意大利诗人和哲学家,其杰出的哲学著作和精湛的抒情诗使他跻身于 19 世纪伟大作家之列。朱塞佩·朱斯蒂(Giuseppe Giusti,1809—1850),北意大利诗人和讽刺作家,其作品在意大利复兴运动早期对奥地利统治的讽刺影响很大。

的英雄们,①都不希望看到一个像现在这样、以各种方式被剥削和萎靡不振的意大利。而真正的加里波第②追随者则在为另一个完全不同的意大利而战。诗人们认为,旧制度和旧时代人都是人民幸福的拦路虎,这种看法有些异乎寻常的可悲。[222]现在我们已知道是谁想登上顶峰,谁又真正做到了。环顾四周,人们不再怀疑涅沃③应该被遗忘的事实。亲爱的朋友,你正在尽最大努力,以最迷人的方式使新意大利对德国产生精神上的影响。愿上帝恩赐你。

别忘了你那相当迟钝的老朋友,他愿意付出那么多来再次见到你。

致弗里德里希·冯·普雷恩(Friedrich von Preen)
巴塞尔,1890 年 3 月 25 日

诚然,我们生活在一个多么美好的时代!高超的个人、兴趣及其事业随时可能脱颖而出,颠覆我们现在蝼蚁般的生存状态。我

---

① [译注]朱塞佩·帕里尼(Giuseppe Parini,1729—1799),意大利诗人和讽刺剧作家。贝奈戴托·阿尔菲尼(Benedetto Alfieri,1700—1767),意大利建筑师,晚期巴洛克风格的代表人物之一。

② [译注]朱塞佩·加里波第(Giuseppe Garibaldi,1807—1882),意大利民族独立和政治统一运动的杰出领袖,著名军事家。被誉为"意大利祖国之父"和"现代游击战之父"。

③ [译注]伊波利托·涅沃(Ippolito Nievo,1831—1861),意大利作家、爱国者和军人。早年追随民族主义思想家马志尼(Giuseppe Mazzini),后参加了加里波第的"千人远征",留在西西里执行任务时牺牲。基于其译稿出版的小说《一个意大利人的忏悔录》(Confessioni di un italiano)开创了现代自传体文学风格。

们亲爱的19世纪已让人习惯于这样一种观念:任何新事物,无论其本身有多可疑,都是有道理的,也没什么能够阻碍它的进展。令人难以置信的是,即使是完全正派的人,面对时代精神时也如此头脑空乏、毫无招架之力。到目前为止存在的各路党派,在我看来就像是在舞台脚灯前打手势的一群演员,他们刚开始被上面的灯光照射着(但看不清每个人),突然下面一束强烈的红色射灯把他们全照亮了,于是观众捕捉到了他们千奇百怪的态度。

……每个人都以自己的方式阅读报纸。例如,科佩尼克(Kopenick)①的骚乱给我的一个印象就是暴乱者严格遵守军事命令,这意味着责任感与随之而来的纪律意识可能开始转移到另一边。迄今为止始终潜伏着的、惯常的捣乱主义(rowdyism)将会变得越来越突出,越来越难以通过现今的方法来遏制。上周六,我们在这里看到了一个小例子,那些应服兵役的德国人在下城区挑起了威胁性骚乱,而以往从未发生过规模如此大的公共事件。

在这种时刻,他们会把总理"粉碎"成碎片。② [223]这倒不因为他包里有什么对付严重危险的药方,但明智的做法是:尽可能维护一切看起来像权威的东西,甚至回收它。那篇文章也许哪天会成为稀世珍宝;麻烦不断的帝国议会可以被解散,他们很可能在没有国会的情况下继续执政,哪怕只是一段时间。然后,毫无疑问,由于某些事件或其他原因,各内阁成员将被政党强加给政府,随之而来的是无限制的机会主义、野心家及一切。政府结构将不断发生变化,包括其组成人员和派系。与此同时,欧洲其他不得不躲避

---

① [译注]柏林面积最大的市郊森林带,也是人口最少的行政区。
② 参见俾斯麦退休后德皇威廉二世的表现。

德国或被德国挤入阴沟的国家或地区,将多少获得无所畏惧和厚颜无耻的独立。例如,人们可能有理由好奇,意大利在金融崩溃、缺乏纪律和权威失灵的情况下会有什么表现。

这一切都很奇怪。尽管如此,昨天我们还是有最后(或几乎是最后)的好运迹象:我们"人民"中的绝大多数否决了最高委员会几乎精疲力竭才通过的《医疗保险法》——它是由最不守规矩的煽动者提出的,同时旨在以最极端的形式促进国家对个人私生活的专制(它仅通过一位部长就得以下达)。在这伙煽动者中,除一两个外几乎都不是在巴塞尔本地出生的。不过,我们这些老巴塞尔人早已习惯了咽下许多这类事物。

致弗里德里希·冯·普雷恩(Friedrich von Preen)
巴塞尔,1890年9月25日

的确,权威是个谜。它如何产生的,很难弄清,但它如何败走的,人们再清楚不过了。(瑞士)联邦在1847年"分离主义联盟战争"(Sonderbundkrieg)后成立,只要路易·波拿巴还在法国统治,人们的行为就相当合法,客观上还算可以接受。然而从那时起,德国的"文化斗争"已对我们产生了彻底的瓦解作用,目前我们正被一个普遍的世界浪潮推动着前进。[224]就个人来看,这些浪潮分别被称为工人世界的崛起、世界大战的威胁、葡萄牙和西班牙迫在眉睫的革命、北美的麦金利法案等等,而且每过一个月,脉搏就加速一分。与当今世界相比,1830年代的激进派过得多么轻松!他们的"肤浅加上对既定秩序的无情漠视"(我完全赞同你那令人钦佩的定义),与普遍局势的持续存在完全吻合。现在情况则不同了,正如你所说,我们现在在这个普遍动荡的时代在未来似乎会变得相对平静和不受干扰。当然,"纯粹的法律问题"在全体人民开始行动后就不存在了。但这一次,从世界脸上的表情判断,将不会有任何形式的法律或程序。

9月26日

我完全赞成您对俾斯麦纪念碑的支持,尽管我一直觉得这个人很讨厌,尽管他的行为给我们瑞士造成了很大伤害。因为他的文化斗争(我必须重复一遍),连同法国激进派的所作所为,已产生了鼓励各种形式的虚无主义和解构主义的效果。但就德国而言,俾斯麦实际上是那个神秘的支柱和旗帜,你将学会从多个角度欣赏这种不可估量的巨大价值。现在他倒下了,那些只尊重和奉承他权力中偶然因素的人现在可以放心远离他了。另一方面,你所看重的是权力本身的创造和维持,如果没有这些,即便是最优秀国家中的各个体权力也可能会相互抵消,导致对方瘫痪。

但就我而言,必须恳请你宽容地看待我从那时起接受采访时所表现出的幸灾乐祸。从来没人像俾斯麦那样对自己的名声"大发雷霆",他已抹除了历史学家对他的最后一丝敬意。然后是那个"伪大人"布朗热,以及那些非常令人愉快的、被曝光的幕后阴谋!

我必须说的是,事实上法国也经受住了这场危机。作为一个共和国,它可能逐渐生成一种全新的皮肤,正如法国人所说的"改头换面"(*faire peau neuve*)。即使由最糟糕的野心家组成的政府也能被容忍,而且可能持续很长一段时间,直到资本和信贷完全被其吞噬为止。[225]但如果这些"雅各宾派"能与教会达成某些协议,他们在世俗中的地位就会得到保障。(未来的)一切都取决于这些因素以及世界大战爆发的可能性。此外,法国已经历了蜕变,而其

图 7　布克哈特在去上课的路上（日期不详）

图8 汉斯·林多夫为布克哈特拍摄的照片(大约1890年)

他国家也将不得不经历此过程。但个体必须是平庸的,否则就有祸了!人们对费里(Ferry)难以置信的仇恨仅仅是因为他在某种程度上高于平均水平(尽管不是很多)。

致海因里希·冯·盖穆勒(Heinrich von Geymüller)
巴塞尔,1891年5月8日

非常感谢你本月初的来信和随后的通知!虽然你一直好心邀请我去巴黎访问,但我估计已没有机会了。以我目前的身体情况,我必须照顾好自己,如果能在7月底爬到奥伯巴登(Oberbaden)去就谢天谢地了。这里的每个人都以为我还很健康,因为我仍然四处走动,每周上五次课。但这台机器只能勉强保持继续运转,而且已显示出各种缺陷。亲爱的朋友,死亡对我来说并没有你所充满的期望,我面对它时并不害怕或恐惧,也没有对不应得之事抱有期望。

在我们都特别关心的领域里,现在的情况与你年轻时相比大不相同,与我年轻时相比则更是如此。人们理所当然地认为,艺术的目的是理想美,而和谐仍是创作的条件之一。但从那时起,大城市的生活对人们产生了不可估量的影响,以前存在于小文化中心的精神已经消失了。在大城市里,艺术家、音乐家和诗人变得紧张起来,疯狂而激烈的竞争影响着一切,报刊的文学副栏(Feuilletons)在其中扮演了重要角色。尽管目前的实际赞助的数量和程度都非常高,但在我看来,除了偶尔的、通常是狂热的一小撮支持者外,没人真正喜欢个人作品了。

是的,我从远处看到了这一切。在经历了一些事后,我几乎完全退出了当代艺术,以便更多地关注和欣赏伟大的过去。同样,在这个领域,相同的紧张情绪也试图以激烈争论的形式出现,尤其是关于艺术史的归属问题。[226]但我会避免这些争论,并总是说对这个问题一无所知。今天,我仍然同意我的老朋友、久别的乔基诺·柯蒂(Gioachino Curti)曾经的说法:"为了使作品好,就不要泄露作者的名字。"

自然主义的传播是本世纪末的典型特征。但是20世纪的艺术将会有什么样的赞助人和保护者,兴许他们可能会在一场大洪水中沉没?对于这个刚刚开始的、令人怀疑的繁荣,我有时会产生一些非常奇怪的想法。四五十年前,我在意大利几乎产生了一种过着数百年前的古老生活的幻觉,而"当今"却正以一种可怕的方式强加于我——上层被野心家所占据,其身下的民族正逐渐幻灭,令人震惊。

从法国的角度看,在仇恨的凹面镜中反映出来的意大利可能表现得非常糟糕。除了根据老照片进行猜测的人外,几乎没有法国人会研究老意大利了。

致弗里德里希·冯·普雷恩(Friedrich von Preen)
巴塞尔,1891年9月10日

在所罗门语录的提示下,我再次浏览了这位悲观主义者的文章,从头到尾仔细读了一遍。我还记得,大约五十三年前,我还是一个神学系学生,那时我就开始用希伯来语读他的文章了。但他对我来说太难了,直至今天他在某些地方对学者来说仍很困难。我恳请你们用一个正确的译本,比如用德·维特的译本来代替路德满是错误的译本。这是最令人惊奇的书之一,其本质上完全不信神。不过,要是能让我们社会革命者的头脑里有一点牧师的思维方式就好了！事实上，乐观主义以及小脑袋和大嘴巴的结合，使他们变得十分危险。不会再有任何"万物皆虚妄"的问题了！因为他们把什么都看成花花绿绿的。

即使是你们城市教堂的钟声，还会响多久？但你知道吗，我亲爱的先生，在周六的钟声响起之时，你给席勒的《钟声之歌》①加了篇非常漂亮的补遗文章。的确，钟声不仅陪伴着地球上每个人的一生，[227]还把几个世纪的生活联系在一起。席勒只是轻描淡写地提到这个观点：

> 此后仍需一段时间，等等。

这种想法会带来真正崇高的待遇，因为钟声是唯一能在岁月变迁中幸存下来的东西。直至今日，每当有重大或庄严的事情发生，人们总是要求用钟声来表达它。遗憾的是，没人再敢写一首像席勒那样的诗了。

致弗里德里希·冯·普雷恩（Friedrich von Preen）
巴塞尔，1891年12月28日

不幸的是，我不能再过多活动，也不敢去旅行了。仅这一点就足以让我意识到青葱岁月已离我多远。我有一大堆从意大利寄回给我的照片，我至今仍深爱着它们，但它们与我曾经尽情欣赏的风

---

① [译注]《钟声之歌》（"Das Lied von der Glocke"）是席勒（Johann Christoph Friedrich Schillers，1759—1805）写于1799年的一首抒情说教诗，得到了社会上的极大赞誉。诗中，席勒表达了中产阶级的道德生活观念，同时批判了法国大革命的局限性。

景已大不一样。我仍然每周上五节课,在我被称为"带公文包的老先生"那么久后,现在我的照片集已由一位仆人来来回回帮我拿。在不断成长的世界中,有你所爱的人靠近你是件好事,就像你在蓬勃发展的后代中,我在不断壮大的家族中那样。当然,人们有时会设想等待着年轻人的奇妙时代,但他们自己会知道如何成长并适应新环境。我有一个学识渊博的外甥,他的长子即将考入大学,将来准是个很能干的人——他们将继承我未发表的手稿,这些手稿在任何意义上都不是为出版而写的。因此我们家这一分支将有义务见证他们的叔叔或姑爷继续努力工作(视情况而定),即使他不再为公众工作,而只是为自己的兴趣整理一些学术问题。任何一个正式从事艺术史的人都无法避免争吵和纠纷,古代史也是如此。但我有一种天生的倾向,就是把我多年来收集到的一切整理好。

你的职务使你能够帮助穷人和可怜人,这是一项公认的善意的工作,值得祝贺。[228]我可以想象它所需要的所有信息和决策,以便人们至少可以清楚地了解其处境。在这些事上,没有几个国家的公务员能比你们做得更多!

致弗里德里希·冯·普雷恩(Friedrich von Preen)
巴塞尔,1892年7月2日

我拿起笔,怀着从你那里获得生机的自私愿望。但除此之外,今天有个美好的吉兆:今天一早我的医生给我做了全身检查,这是从假期开始的惯例。考虑到我已七十五岁,医生给了我一个很好的分数。接下来,我必须及时通知你,我将在9月初换住所,搬到埃森格拉本(Aeschengraben),我会告诉你更多关于此地的信息。也许你会想,在同一个房间里住了二十六年后,你的老朋友应该在这个洞里度过他的余生。只是我的亲戚们说服了我,现在我该找一个属于自己的房子,他们正设法给我找一个真正的佩尔佩图阿(Perpetua),①于是我做了决定。在我内心深处,我真的很高兴终于按照我自己的喜好安排了一些事情,而不是屈从于神圣的例行公事。我真不知道,一想到要搬走我的生活用品以及书和照片,我是否会感到更恐怖!

致弗里德里希·冯·普雷恩(Friedrich von Preen)
巴塞尔,埃森格拉本 6 号,1892 年 12 月 26 日

我对 1893 年致以最美好的祝愿,它将见证你步入七十岁,你只需准备好在指定日子扮演寿星的角色。尽管我曾向家人禁止任何此类事情,但 1888 年我也不得不在极不情愿的状态下做了同样的事。如今,人们像被恶魔附身,这个恶魔驱使他们去"庆祝"某件事,而不管事情或人本身如何。[229]另一方面,如果我告诉你:在那之后的五年里,尽管我的工作能力明显下降,但生活过得还是挺好——这也许会让你感到安慰。现在,我正为未来而照顾自己,也许灯油还能再燃烧一段时间,但最好的办法是不要去想它。我的新住所以及仆人为我提供的伙食和照顾,给了我新的勇气。前天及昨天,我看到我家的年轻成员都在简历上,圣诞树周围有许多充满希望和期待的面孔,还有一两个特别漂亮的孩子的脑袋,脸上带着绝对诚挚、好奇的表情……

关于当今时代的精神生产,我亲爱的朋友,你怀念过去的伟大

---

① 《斯波西一世》(*I Promessi Sposi*)中阿本迪奥(Abbondio)先生的忠实仆人。

人物,但20世纪可能会表明,一旦匮乏和简单化的时代到来,生产将不会再完全按照大城市及其媒体的愿望来进行。真正的原创和伟大的力量可以存在,能够避免并超越普遍的"弄虚作假"(falsification)！这就是我不具权威性的安慰。

在20世纪,那些针对所谓自由派牧师和教授的惊人的讽刺漫画将不复存在,这些人目前仍被允许把自己和最紧迫的生存问题一起推到舞台的最前沿。在一个晴朗的日子里,上面提到的两种人会突然惊讶地面面相觑,因为再也没人提名并支付酬金给他们了。当然,他们从来都不是靠自己的实力生存的,而只是被安置在布道坛上,坐在信徒座位的前方罢了。从未有过如此错误的位置,时间到了它自然会崩溃。总体上看,这也许对罗马天主教徒很有影响,因为他们经常被安排在那种位置上。二十年前,我曾对一位参加教会活动的好朋友说过同样的话。他回答说:"我完全知道。"几十年来,我们巴塞尔人一直都知道这所谓的"改革",其党派或多或少与激进主义不谋而合,只不过天主教信徒的抵抗比保守党人的抵抗更为积极和开放,尽管大多数时候他们是同一批人。大约三十年前,弗洛伦特教会在这里废除了"使徒信条"(The Apostles' Creed),因为霍勒(Horler)牧师的伟大灵魂感觉受到了它束缚(他是黑格尔主义者,什么都不信)。[230]但不用担心,当人们面临真正的需求时,这一切都会化为灰烬……

致海因里希·冯·盖穆勒(Heinrich von Geymüller)
巴塞尔,1893年4月13日,星期四

我确实在上周递交了辞呈,但这样做是有充分理由的。很不幸,大约三周前我患上了左侧坐骨神经痛,而且哮喘病发作得比以前更厉害,这使我的健康状况恶化。虽然我还能连贯地讲话,但稍有动作(除非幅度非常缓慢)就会让我气喘吁吁、汗流浃背。在这种情况下我无法保证把一堂课讲完。再加上,我肩负讲师职责已有四分之三个世纪之久。

你永远不会相信,当一位老人摆脱了对未来的所有义务和责任时,会变得多么高傲。鉴于此,我又立即承担了一点工作,让自己忙碌起来。一个人在这个年纪很容易遗漏一些小事,但实际上也没什么重要或深远的大事了!一想到这个我又汗流浃背。

到目前为止,医生一直在给我服用含有毒毛羊角拗(Strophanthus)的滴剂,以防止心肺进一步恶化。我每天都会为坐骨神经痛进行按摩,还比较有效。但问题是,这台机器整体都老旧了。我有三个家人都死于心脏病,而我也必然死于某种原因。如果在生命最后阶段,我的眼睛和耳朵还能保持清晰,那就没什么可抱怨的了。

致乔治·克莱布斯(Georg Klebs)
巴塞尔,1893 年 5 月 2 日

由于未来几天我们可能无法在阅读俱乐部见面,于是我私下写信给你。

在我辞职或生日之际,如果有人向我提议任何工作(无论大学还是职业学校),[231]我希望你念在旧情分上并发挥学界领导的作用,以我的名义坚决将其拒之门外。我在此授予你全权处理我的事务的权力。我希望能在退休时保持清静,这是无条件的。

我相信你会在这件事上帮助我,我的朋友。

致阿诺德·冯·萨利斯(Arnold von Salis)
巴塞尔,1893年圣灵降临节

在过去的几天里,我从不同世代的学生和听众那里,得到了许多意想不到的受敬爱的证据。但你的台词感动了我,我特别欣慰。我必须承认,你对我工作的描述,与其说是它的现状,不如说是它应有的样子和我所希望的样子。你是如此清楚地记得我们曾以如此友好的方式建立起的私人关系,我也会铭记我们在一起度过的那些非常愉快的夜晚。现在一切都结束了;总而言之,我觉得我应该在课外时间成为更多学生的榜样,但如你所想,这总是很难做到。如今生活已逝,各种烦扰突然让我知道,我已步入暮年。

我衷心感谢你的好意和这段友谊。

致弗里德里希·冯·普雷恩(Friedrich von Preen)
巴塞尔,1893年6月2日

我继续整理笔记,并非为了寻求什么结果,而是因为我无法忍受漫无目的的阅读。也就是说,不能完全无所事事。我的房间位置优美、布置舒适,这给了我极大的安慰。为此我时常感激我妹妹,要没有她,去年我就不可能作出搬家决定,也不可能应对大批东西的离去。在我所俯视的黑暗森林里,最厚脸皮的黑鸟正唱着最纯净的歌。

现在我又想起你走在卡尔-弗里德里希大街的人行道或者某个长廊上,每天都在积聚新的力量。[232]更重要的是,这不是为了你的办公桌,而是像我们哮喘患者那样为了得到愉快舒适的休息。一个非常好的迹象是你能每天睡八小时,不过我也没什么好抱怨的，因为我还能睡六到七个小时。孩童和老人确实应该睡觉，而且应该允许他们在喜欢的时候睡觉。你曾说过要在我得到解放的时刻喝一杯，今晚我在敞开的钢琴旁品酒时，我连你的那杯也一起大口喝下。

我的继任者沃尔夫林[①]出身本校。幸运的是，他立即从慕尼黑被带到这里并上任艺术史教授，因此艺术史课程并不会中断。如果几个星期甚至几个月都在讨论和通信中度过，整个世界会被搅在一起，魔鬼也会染指其中。

致一名神学系学生
巴塞尔，1895 年 5 月 26 日

我还没回复你 1 月 20 日那封信，我是通过我侄子确定你还在柏林后才回复的。

我已七十八岁，不仅年老体衰，而且非常疲惫。我很客观地参加了我那优秀的医生（也是我的侄子）在频繁检查和三种药物的帮助下与我的疾病作斗争的运动。然而我还拥有眼睛和耳朵，平时睡眠还不错，因此没什么好抱怨的。

请忠于艺术的"所有分支"（音乐、诗歌和绘画），并坚持相信：这些辉煌的事物赋予了一个人崇高的生命，这并非毫无意义。当然也有一些令人钦佩的学生，他们通过复制品也能学得很好，但最

---

① [译注]海因里希·沃尔夫林（Heinrich Wolfflin，1864—1945），瑞士著名美学家、艺术史学家，现代西方艺术史学科创始人之一。1893 年接替导师布克哈特在巴塞尔大学的教职，后任柏林大学艺术史系主任，并兼任慕尼黑、苏黎世等大学教授。

好还是获取原作。现在年轻人的处境比我们那时候好很多,那时候没有廉价的唱片和书籍,没有摄影技术,也没有铁路网使旅行变得容易。但是,青春时代的一大幸事,就是对所见所闻的一切,以及那些只享受过一次的事物,都有着惊人的记忆力。

[233]当今的艺术在很久以前就完全从我视野中消失了,我根本不知道这些流行语是什么意思。人到暮年只需平静度日,最好不再听到艺术和文学中的争吵。当然,这只适合年纪很大的人,因为一个人在年轻的时候必须知晓这些事,并能够采取一种立场,因为他的同代人和朋友也都这样做。

但即使在我的时代(1839年弗雷德里克·威廉三世统治下),柏林也是个非常重要的地方,是学习历史和艺术史的最佳场所。整个老博物馆都是在这种意义和精神上被安排的——它是唯一一个让我对格拉克①的歌剧(在一个私人唱诗班里)和古老的教堂音乐产生不可磨灭印象的地方,至少在某种程度上达到了开始理解的程度。从那时起,又有数不清的资金和资源被投入和使用,这在世界上是绝无仅有的。

柏林有世界上其他地方找不到的珍宝:有来自佩加蒙祭坛的雕塑,也有来自根特的凡·艾克祭坛的照片。此外,新博物馆收藏了几乎世界上所有重要艺术品的模型。现在,作为一位乡村牧师,你可能有一天会完全忘记这些事物给你留下的深刻回忆和印象,我认为这不会对你的精神职务造成任何损害。但如果你再回来且

---

① [译注]克里斯托夫·威利巴尔德·格拉克(Christoph Willibald Gluck, 1714—1787),德国古典主义作曲家、剧作家,被视为浪漫主义歌剧的开创者之一,在19世纪初的文学青年群体中享有很大声誉。

我还活着的话,我将当面感谢你给我留下的那张票——那是我能在巴塞尔参加的最后一场音乐会。然后,我还想和你谈谈艺术和其他各种事情。

致海因里希·沃尔夫林(Heinrich Wolfflin)
巴塞尔,1895 年 9 月 18 日

……我完全相信《意大利古典艺术》(Classical Art in Italy)①不是个容易的主题。然而,先生,这正是我们期望像你这样的人能够回答的问题。现在天气凉爽了,你正处于适合的状态。

但与此同时,我们究竟是谁,以至于应该要求"16 世纪文艺复兴"(Cinquecento)的意大利保持一种不变的理想主义,并要求它在世俗中延续下去?[234]毫无疑问,我们现在对色彩的崇拜使我们先入为主地变成了相当有局限性的傻瓜……

此外,不管你喜欢与否,你的书或小册子都将具有历史特征。你将不得不注意到一些非常笼统的"过渡",因此我强烈建议你加入一点真正的宿命论。在整个文艺复兴时期,最重要的是美的生命。它本身必然是脆弱的,因为它本质上只是一束比平常更明亮的阳光,在地球上与简单化的或更高级的思想经济结合在一起,从而避免了"15 世纪文艺复兴"(Quattrocento)的现实个人主义。在这种情况下,你称为"形式"和"图解"的元素,不可避免地会出现在二流大师们中间,甚至在一流大师们的审美疲劳时刻也会出现。然后在第二阶段,"姿势表达"法正式开始了,本应是古典的东西往往变成了吹嘘自夸(rodomontade)……

---

① 英译本于 1953 年由伦敦费顿出版社出版。

但你要记住,在"16 世纪文艺复兴",整个意大利民族都站在艺术家旁边支持并鼓励他们吹嘘和自夸。

不过,我对你没完没了的纠缠到此为止了。请保持耐心和友善来接受它,作为我对你感兴趣的证据。

致路德维希·冯·帕斯托尔(Ludwig von Pastor)
巴塞尔,1896 年 1 月 13 日

非常感谢你慷慨邀请我纠正《历史-政治论文集》中的一些文字。① 但我想,最好还是让它从我身边溜过吧。

首先,年老体衰的人愿意远离白天的喧嚣,与整个世界保持和平,并为其他事情做好准备。

尼采的名字在当下不仅本身就是一种权力,更是一种宣传噱头,它要求的只是我们在对其讨论和解释时表示赞成或反对态度。但是,任何像我一样在黑格尔还处于聚光灯下时就开始学习的人,都可以冷静地看待各种名誉的起起落落,甚至学会忍受最伟大人物的缺点。

[235]此外,由于我完全缺乏哲学的背景脉络,从他在这里任职之初起,我就意识到我和他的关系在他的层面上对他没有任何帮助。因此,尽管我俩进行了严肃而友好的讨论,但并不十分频繁。

我从未和他谈及"强权者"(Gewaltmenschen)这类话题,甚至

---

① 参见《尼采的心理发展及其哲学》("Friedrich Nietzsches Geistesentwicklung und Geistesphilosophie"),《历史-政治论文集》(*Historisch-Politischen Blättern*)第 116 卷,慕尼黑:1895 年,第 823 页及以下。

不知道在我仍然经常见到他的时候,他是否就有这种想法了。[1] 从他生病之后,我就很少见到他。

就我而言,我从未崇拜过历史上的"强权者"和"不法之徒"。相反,我把他们看作 Flagella Dei[上帝之鞭],宁愿把他们精密的心理结构留给别人去理解。而在这一点上,一个人可能会犯下最惊人的错误。我更多地追求的是能够创造幸福的东西,那些充满活力、令人振奋的东西,而我认为这在其他地方也可以找到。同时,我正在阅读你那难以置信的丰富大书的各个部分,并越来越感激你所散发出的光谱……

致海因里希·冯·盖穆勒(Heinrich von Geymüller)
巴塞尔,1897 年 4 月 6 日

不幸的是,由于目前我的健康状况明显恶化,我只能带着一些肉体的痛苦来回复你那由两部分组成的急件。我在睡眠和其他方面还不错,但呼吸已经很短促。因此,我完全无法理解你对这两种风格的伟大探索。过去的时光早已成为过去,虽然很多事情仍让我很感兴趣,但我已经不能再把自己的想法连贯地表达出来。因此,我只能遗憾地归还你的手稿;我身体实在太虚弱,无法彻底讨论问题,甚至都不能拿出我拥有的照片。[2]

我很高兴听到亲王殿下对这张照片有如此友好的回忆。我在

---

[1] 参见前文布克哈特收到《善恶的彼岸》后给尼采的回信。
[2] 布克哈特把他的照片集传给了沃尔夫林。

这件事上的贡献微乎其微。此外，这不是关于加洛法罗①的问题，而是关于非常早期的圭多·雷尼的问题，当时他在阿尔布雷希特·丢勒的影响下工作。在这种情形下，很难对其进行猜测。[236]这张照片为公爵夫人所有，当时我从她那里收到了一张很棒的照片。

现在，再见了！继续好好对待你的老"向导"（Cicerone）吧！我们的生活曾如此频繁而友好地交织在一起。在我死后，请照顾我一点（不必太多）——据说这将是一部功勋卓著的作品！

---

① ［译注］加洛法罗（Garofaro），原名本韦努托·提西（Benvenuto Tisi，1481—1559），16世纪文艺复兴时期生活在费拉拉（Ferrara）的画家，以宗教题材和神话场景的祭坛画、壁画装饰而见长，代表作是在费拉拉洛多维科·莫罗（Lodovico il Moro）宫殿的壁画装饰。

选编说明

[vii]在挑选和翻译这些书信之初,我有幸能够依赖马克斯·布克哈特(Max Burckhardt)博士在本诺·施瓦贝(Benno Schwabe)出版社帮助下出版的《布克哈特书信全集》第一卷,这使我读起来很愉快,用起来也很放心。在接下来几年里,除在目前情况下无法获得的情况外(有许多信件发表在期刊上),我一直在使用这些书信的原始版本。在此过程中,我再次幸运地看到了卡普汉(Fritz Kaphahn)博士出版于克朗出版社(Kroner Verlag)的优秀选集。卡普汉博士的书中所包含的信件远比我所能收录的要多,但我基本没有发现自己有偏离他的选择的可能。当然,除非在这期间有新材料出现,或者某些信件特别令英语读者感兴趣。卡普汉博士的版本一定向很多读者介绍了布克哈特,至少对我来说,能够承担如此愉快的任务是一种乐趣。

在准备"导言"时,给我主要支持和指导的是卡埃基(Werner Kaegi)教授的《布克哈特传》(Jacob Burckhardt: eine Biographie)前两卷(由巴塞尔的本诺·施瓦贝出版社出版)。我不断地使用这些宝贵引文和明智解释,尤其是关于布克哈特生活背景的全貌,其完整和精细程度是其他任何地方都找不到的。这导致我不得不放弃向读者提供参考的想法,只能满足于强调我的工作程度。当然,导言中的重点是我强调的,但考虑到我的不完整性,我想向读者表示它们与卡埃基教授的权威著作基本一致。

[viii]挑选这些书信是为了展示布克哈特如其友人们所认识的那个形象———一个有着所有兴趣、缺点和热情的"业余爱好者"。这些书信无法公正地展示布克哈特的专业面，而只是为了揭示其个性，使其作为一位历史学家和艺术史家的工作更具价值和魅力。在这么短的篇幅内，很难做到比这更多的东西。况且，在他信件的注释或解释中经常提及的作品被翻译问世之前，采取更学术的方法也不会有多大用处。

关于书信的注释已控制到最低限度。关于通信人的简介也附在书末。另外，书中插图要归功于卡埃基教授的友好协助，他让我得以使用布克哈特于1848年在罗马绘制的一些未发表的草图，并为我购买了所有照片。最后，为了简短地表达感激之情，我想回忆一下在巴塞尔明斯特广场受到的多次款待。

我只想说，尽管我的导言远超出了规定的字数，但它在任何一个方面都不完整。布克哈特活动的许多方面（如艺术史）都被简单地省略了。我的愿望是提供关于他的生活的足够信息，并对他的观点进行足够清晰的概述，使读者能够将这些书信真正视为书信——不仅是一份有趣的原始材料，还是普遍熟悉的时期里已为人所知的人物的信件。除非十分必要，我很少谈论布克哈特的个性。因为我相信，如果这些书信能在没太多障碍和阻挠的情况下被阅读和欣赏，那它们本身就能令人信服地说明一切。

最后，我要感谢《对历史的反思》的出版社[伦敦的艾伦和安文（Allen & Unwin）与纽约的众神殿图书公司（Pantheon Books）]允许我在一定程度上引用布克哈特最重要作品的译本。

布克哈特主要通信人简介[①]

[237]约翰内斯·里根巴赫(Johannes Christoph Riggenbach, 1818—1890),早年在巴塞尔大学学医,后赴柏林大学学习神学。在柏林期间,里根巴赫与比德尔曼曾长期同住一室,共同受到马尔海内克(Marheinecke)和黑格尔影响。二人于1842年被任命为牧师,并互娶了对方的妹妹为妻。在比德尔曼提出"进步神学"和"未来教会"构想后,里根巴赫逐渐回归保守态度,成为巴塞尔大学教义神学讲师,撰写了多篇关于神学问题的文章。

阿洛伊斯·比德尔曼(Alois Emanuel Biedermann, 1819—1885),出生于瑞士温特图尔(Winterthur),早年被送到巴塞尔上学,但他一直认为巴塞尔的神学氛围不如他父亲工作的苏黎世开明。比德尔曼性格独立,影响了身边很多人,他从柏林求学回来后先是担任了巴塞尔一个教区的牧师,后很快又搬到苏黎世,在那里成为"改革派神学"(Reformtheologie)的领袖,并以神学教授的身份而闻名。他在教义神学方面的著作深受黑格尔和大卫·施特劳斯的影响。

弗里德里希·冯·楚迪(Friedrich von Tschudi, 1820—1886),出生于瑞士格拉鲁斯(Glarus)的一个移民家庭,先后在巴塞尔大

[①] 按信中出现的先后顺序排列。

学、波恩大学和柏林大学学习神学。与里根巴赫一样,楚迪受比德尔曼和黑格尔的影响很深。博士毕业后他在托根堡(Toggenburg)的圣加伦教堂工作了一段时间,后很快脱离教会转而从政。1847年瑞士"分离主义联盟战争"期间,楚迪发表了许多文章和小册子,引起了人们广泛关注,后继续在政治中发挥一定作用。其所著的《阿尔卑斯山的动物生活》(Animal Life in the Alps)已出版了好几个版本,现在仍有大量读者。

海因里希·施莱伯(Heinrich Schreiber, 1793—1872),见英译者导言,原文第 8 页。

卡斯帕·兹威基(Caspar Zwicki, 1820—1906),早年在苏黎世大学和柏林大学学习神学,在柏林通过冯·楚迪认识了布克哈特,后成为一名神职人员。

[238]西奥多·迈耶(Theodor Merian Meyer, 1818—1867),来自一个传统的巴塞尔家庭,从柏林学医回来后,在巴塞尔执业了一辈子,为组织和改善医疗系统做了很多工作。

爱德华·绍恩堡(Eduard Schauenburg, 1821—1901),布克哈特在德国留学生活中的重要人物,出生于威斯特法伦州的赫福德(Herford),其家庭是来自奥尔登堡(Oldenburg)一个家族的分支,早年在波恩大学和柏林大学攻读语文学。布克哈特通过信中提到的另一位威斯特法伦人希格菲尔德·内格尔(Siegfried Nagel)结识了他。1866 年后,爱德华·绍恩堡成为一名高中校长直至退休,并一直兼任克雷菲尔德(Krefeld)文理初中的学科主任。

哥特弗雷德·金克尔(Gottfried Kinkel, 1815—1882),见英译者导言,原文第 11 页。

威利巴尔德·贝施拉格(Willibald Beyschlag, 1823—1900),早

年在施莱尔马赫和尼安德(Neander)的作品影响下开始神学研究，并成为一名牧师。他在特里尔(Trier)领导的一场反罗马天主教的运动使其陷入争端，后定居哈勒(Halle)，从1860年起担任哈勒大学神学教授直至退休。

卡尔·费森尤斯(Karl Fresenius, 1819—1876)，金克尔在波恩认识的一位朋友。早年学习自然科学和哲学，毕业后先是在温海姆(Weinheim)任教，后赴埃森纳赫(Eisenach)任教。

阿尔布雷希特·沃尔特斯(Albrecht Wolters, 1822—1876)，贝施拉格的一位朋友，在其影响下成为哈勒大学的神学系讲师。

赫尔曼·绍恩堡(Hermann Schauenburg, 1819—1876)，爱德华·绍恩堡的兄长，早年在波恩大学和柏林大学攻读医学，但十分热衷政治。他的自由主义观点使他与普鲁士当局发生了激烈冲突，直到1848年后才安定下来从事自己的职业，成为一名医生。赫尔曼·绍恩堡是布克哈特在德国期间最具政治头脑的朋友。他的一些医学著作受到了人们好评，并很长一段时间内都在印刷。

保罗·海瑟(Paul Heyse, 1830—1914)，出生于柏林，著名诗人、剧作家和小说家。他是伯恩哈德·库格勒的妹夫，1849年布克哈特在弗朗茨·库格勒家中与之相识。从1854年起，海瑟一直住在慕尼黑，是巴伐利亚国王马克西米利安身边的御用作家之一。他把自己翻译的意大利诗文都送给了布克哈特，于1910年获得诺贝尔文学奖。

奥托·闵德勒(Otto Mündler, 1811—1870)，定居在巴黎的一位艺术史学家，曾协助冯·扎恩修订布克哈特的《向导》第二版。

弗里德里希·冯·普雷恩(Friedrich von Preen, 1823—1894)，出生于曼海姆(Mannheim)，父亲是巴登大公国的一名军官。

［239］早年在海德堡大学学习法律，在那里成为歌德的孙子沃尔夫·歌德（Wolf Goethe）的终身密友。毕业后进入公务员系统，在巴塞尔附近的罗拉赫（Lörrach）任职时，通过凯瑟博士认识了布克哈特。冯·普雷恩后来调赴布鲁萨赫尔（Bruchsal），最后又搬到斯图加特，并在那里去世。见英译者导言，原文第22页。

马克斯·阿里奥斯（Max Alioth，1842—1892），来自巴塞尔的一个贵族家庭，早年在巴黎和巴塞尔学习建筑设计并实习过一段时间。尽管其天资聪颖，但没获得成功，于是又学了一段时间画画。在巴黎沉淀了几年后，他重操旧业，回到法兰克福入职了一家建筑师事务所。在去世前，阿里奥斯回到了巴塞尔，但健康状况已无可挽回。直到最后，布克哈特对他的事业都表现出极大的兴趣和同情。

海因里希·冯·盖穆勒（Heinrich von Geymüller，1839—1909），阿里奥斯的堂兄，拥有奥地利国籍，因其在圣彼得大教堂的作品而成为一名建筑史学家。虽然布克哈特与其友谊始于冯·普雷恩与阿里奥斯的通信，但与后二人相比，布克哈特写给盖穆勒的信更让艺术史学界感兴趣。这就很好地解释了，为何仅用三封信就足以代表二人一生的友谊。

布克哈特书信的主要版本

马克斯·布克哈特编,《布克哈特书信集第 1 卷:1818—1843 年》(Jacob Burckhardt: Briefe, vol. 1, 1818-1845. Edited by Dr. Max Burckhardt. Benno Schwabe, Basle, 1949. 该版本全部出版后,共十卷。)

约瑟夫·加特纳编,《布克哈特与沃尔夫林的往来信件及会谈文档:1882—1897 年》(Burckhardt-Weolfflin Briefwechsel, und andere Dokumente threr Begegnung, 1882 - 1897. Edited by Joseph Gantner. Benno Schwabe, Basle, 1948.)

R·迈耶-克莱默编,《布克哈特致金克尔夫妇的信》(Briefe Jacob Burckhardts an Gottfried und Johanna Kinkel. Edited by R. Meyer-Kraemer. Benno Schwabe, Basle, 1921.)

卡尔·诺伊曼编,《布克哈特与海因里希·冯·盖穆勒的通信》(Jacob Burckhardt, Briefwechsel mit Heinrich von Geymiiller. Edited by Carl Neumann. Georg Miller, Munich, 1914.)

汉斯·特罗格编,《布克哈特致一位建筑师的信件:1870—1889 年》(Jacob Burckhardt, Briefe an einen Architekten, 1870 - 1889. Edited by Hans Trog. Georg Miiller, Munich, 1912.)

埃米尔·施特劳斯编,《布克哈特给朋友弗里德里希·冯·普林的信件:1864—1893 年》(Jacob Burckhardt, Briefe an seinen Fre-

und Friedrich von Preen, 1864—1893. Edited by Emil Strauss. Deutsche Verlags-Anstalt, 1922.)

朱利叶斯·施瓦贝编,《布克哈特给绍恩堡兄弟的信件和诗歌》(*Jacob Burckhardt: Briefe und Gedichte an die Brüder Schauenburg*. Edited by Dr. Julius Schwabe. Benno Schwabe, Basle, 1923.)

图书在版编目（CIP）数据

布克哈特书信选 /（瑞士）雅各布·布克哈特（Jacob Burckhardt）著；艾俊树译. -- 北京：华夏出版社有限公司，2025. -- （西方传统：经典与解释）. -- ISBN 978-7-5222-0799-5

Ⅰ. K835.225.81

中国国家版本馆 CIP 数据核字第 2024SR4444 号

布克哈特书信选

作　　者	［瑞士］雅各布·布克哈特
译　　者	艾俊树
责任编辑	马涛红
美术编辑	熊　延
责任印制	刘　洋
出版发行	华夏出版社有限公司
经　　销	新华书店
印　　装	三河市万龙印装有限公司
版　　次	2025 年 3 月北京第 1 版 2025 年 3 月北京第 1 次印刷
开　　本	880×1230　1/32
印　　张	11
字　　数	165 千字
定　　价	86.00 元

华夏出版社有限公司　地址：北京市东直门外香河园北里 4 号　邮编：100028
网址：www.hxph.com.cn　电话：(010)64663331(转)

若发现本版图书有印装质量问题，请与我社营销中心联系调换。

西方传统：经典与解释
Classici et Commentarii
HERMES
刘小枫◎主编

古今丛编

迷宫的线团　[英]弗朗西斯·培根 著
伊菲革涅亚　吴雅凌 编译
欧洲中世纪诗学选译　宋旭红 编译
克尔凯郭尔　[美]江思图 著
货币哲学　[德]西美尔 著
孟德斯鸠的自由主义哲学　[美]潘戈 著
莫尔及其乌托邦　[德]考茨基 著
试论古今革命　[法]夏多布里昂 著
但丁：皈依的诗学　[美]弗里切罗 著
在西方的目光下　[英]康拉德 著
大学与博雅教育　董成龙 编
探究哲学与信仰　[美]郝岚 著
民主的本性　[法]马南 著
梅尔维尔的政治哲学　李小均 编/译
席勒美学的哲学背景　[美]维塞尔 著
果戈里与鬼　[俄]梅列日科夫斯基 著
自传性反思　[美]沃格林 著
黑格尔与普世秩序　[美]希克斯 等著
新的方式与制度　[美]曼斯菲尔德 著
科耶夫的新拉丁帝国　[法]科耶夫 等著
《利维坦》附录　[英]霍布斯 著
或此或彼（上、下）　[丹麦]基尔克果 著
海德格尔式的现代神学　刘小枫 选编
双重束缚　[法]基拉尔 著
古今之争中的核心问题　[德]迈尔 著
论永恒的智慧　[德]苏索 著
宗教经验种种　[美]詹姆斯 著
尼采反卢梭　[美]凯斯·安塞尔-皮尔逊 著
舍勒思想评述　[美]弗林斯 著

诗与哲学之争　[美]罗森 著
神圣与世俗　[罗]伊利亚德 著
但丁的圣约书　[美]霍金斯 著

古典学丛编

伊壁鸠鲁主义的政治哲学
　[意]詹姆斯·尼古拉斯 著
迷狂与真实之间　[英]哈利威尔 著
品达《皮托凯歌》通释　[英]伯顿 著
俄耳甫斯祷歌　吴雅凌 译注
荷马笔下的诸神与人类德行　[美]阿伦斯多夫 著
赫西俄德的宇宙　[美]珍妮·施特劳斯·克莱 著
论王政　[古罗马]金嘴狄翁 著
论希罗多德　[苏]卢里叶 著
探究希腊人的灵魂　[美]戴维斯 著
尤利安文选　马勇 编/译
论月面　[古罗马]普鲁塔克 著
雅典谐剧与逻各斯　[美]奥里根 著
菜园哲人伊壁鸠鲁　罗晓颖 选编
劳作与时日（笺注本）　[古希腊]赫西俄德 著
神谱（笺注本）　[古希腊]赫西俄德 著
赫西俄德：神话之艺　[法]居代·德拉孔波 编
希腊古风时期的真理大师　[法]德蒂安 著
古罗马的教育　[英]葛怀恩 著
古典学与现代性　刘小枫 编
表演文化与雅典民主政制
　[英]戈尔德希尔、奥斯本 编
西方古典文献学发凡　刘小枫 编
古典语文学常谈　[德]克拉夫特 著
古希腊文学常谈　[英]多佛 等著
撒路斯特与政治史学　刘小枫 编
希罗多德的王霸之辨　吴小锋 编/译
第二代智术师　[英]安德森 著
英雄诗系笺释　[古希腊]荷马 著
统治的热望　[美]福特 著
论埃及神学与哲学　[古希腊]普鲁塔克 著
凯撒的剑与笔　李世祥 编/译

修昔底德笔下的人性 [美]欧文 著
修昔底德笔下的演说 [美]斯塔特 著
古希腊政治理论 [美]格雷纳 著
赫拉克勒斯之盾笺释 罗逍然 译笺
《埃涅阿斯纪》章义 王承教 选编
维吉尔的帝国 [美]阿德勒 著
塔西佗的政治史学 曾维术 编
幽暗的诱惑 [美]汉密尔顿 著

古希腊诗歌丛编
古希腊早期诉歌诗人 [英]鲍勒 著
诗歌与城邦 [美]费拉格、纳吉 主编
阿尔戈英雄纪（上、下）
[古希腊]阿波罗尼俄斯 著
俄耳甫斯教辑语 吴雅凌 编译

古希腊肃剧注疏
欧里庇得斯及其对雅典人的教诲
[美]格里高利 著
欧里庇得斯与智术师 [加]科纳彻 著
欧里庇得斯的现代性 [法]德·罗米伊 著
自由与僭越 罗峰 编译
希腊肃剧与政治哲学 [美]阿伦斯多夫 著

古希腊礼法研究
宙斯的正义 [英]劳埃德-琼斯 著
希腊人的正义观 [英]哈夫洛克 著

廊下派集
剑桥廊下派指南 [加]英伍德 编
廊下派的苏格拉底 程志敏 徐健 选编
廊下派的神和宇宙 [墨]里卡多·萨勒斯 编
廊下派的城邦观 [英]斯科菲尔德 著

希伯莱圣经历代注疏
希腊化世界中的犹太人 [英]威廉逊 著
第一亚当和第二亚当 [德]朋霍费尔 著

新约历代经解
属灵的寓意 [古罗马]俄里根 著

基督教与古典传统
保罗与马克安 [德]文森 著
加尔文与现代政治的基础 [美]汉考克 著
无执之道 [德]文森 著
恐惧与战栗 [丹麦]基尔克果 著
托尔斯泰与陀思妥耶夫斯基
[俄]梅列日科夫斯基 著
论宗教大法官的传说 [俄]罗赞诺夫 著
海德格尔与有限性思想（重订版）
刘小枫 选编
上帝国的信息 [德]拉加茨 著
基督教理论与现代 [德]特洛尔奇 著
亚历山大的克雷芒 [意]塞尔瓦托·利拉 著
中世纪的心灵之旅 [意]圣·波纳文图拉 著

德意志古典传统丛编
论德意志文学及其他 [德]弗里德里希二世 著
卢琴德 [德]弗里德里希·施勒格尔 著
黑格尔论自我意识 [美]皮平 著
克劳塞维茨论现代战争 [澳]休·史密斯 著
《浮士德》发微 谷裕 选编
尼伯龙人 [德]黑贝尔 著
论荷尔德林 [德]沃尔夫冈·宾德尔 著
彭忒西勒亚 [德]克莱斯特 著
穆佐书简 [奥]里尔克 著
纪念苏格拉底——哈曼文选 刘新利 选编
夜颂中的革命和宗教 [德]诺瓦利斯 著
大革命与诗化小说 [德]诺瓦利斯 著
黑格尔的观念论 [美]皮平 著
浪漫派风格——施勒格尔批评文集 [德]施勒格尔 著

巴洛克戏剧丛编
克里奥帕特拉 [德]罗恩施坦 著
君士坦丁大帝 [德]阿旺西尼 著
被弑的国王 [德]格吕菲乌斯 著

美国宪政与古典传统
美国1787年宪法讲疏 [美]阿纳斯塔普罗 著

启蒙研究丛编
动物哲学　[法]拉马克 著
赫尔德的社会政治思想　[加]巴纳德 著
论古今学问　[英]坦普尔 著
历史主义与民族精神　冯庆 编
浪漫的律令　[美]拜泽尔 著
现实与理性　[法]科维纲 著
论古人的智慧　[英]培根 著
托兰德与激进启蒙　刘小枫 编
图书馆里的古今之战　[英]斯威夫特 著

政治史学丛编
布克哈特书信选　[瑞士]雅各布·布克哈特 著
启蒙叙事　[英]欧布里恩 著
历史分期与主权　[美]凯瑟琳·戴维斯 著
驳马基雅维利　[普鲁士]弗里德里希二世 著
现代欧洲的基础　[英]赖希 著
克服历史主义　[德]特洛尔奇 等著
胡克与英国保守主义　姚啸宇 编
古希腊传记的嬗变　[意]莫米利亚诺 著
伊丽莎白时代的世界图景　[英]蒂利亚德 著
西方古代的天下观　刘小枫 编
从普遍历史到历史主义　刘小枫 编
自然科学史与玫瑰　[法]雷比瑟 著

地缘政治学丛编
地缘政治学的黄昏　[美]汉斯·魏格特 著
大地法的地理学　[英]斯蒂芬·莱格 编
地缘政治学的起源与拉采尔　[希腊]斯托杨诺斯 著
施米特的国际政治思想　[英]欧迪瑟乌斯/佩蒂托 编
克劳塞维茨之谜　[英]赫伯格-罗特 著
太平洋地缘政治学　[德]卡尔·豪斯霍弗 著

荷马注疏集
不为人知的奥德修斯　[美]诺特维克 著
模仿荷马　[美]丹尼斯·麦克唐纳 著

阿里斯托芬集
《阿卡奈人》笺释　[古希腊]阿里斯托芬 著

色诺芬注疏集
居鲁士的教育　[古希腊]色诺芬 著
色诺芬的《会饮》　[古希腊]色诺芬 著

柏拉图注疏集
《苏格拉底的申辩》集注·程志敏 辑译
挑战戈尔戈　李致远 选编
论柏拉图《高尔吉亚》的统一性　[美]斯托弗 著
立法与德性——柏拉图《法义》发微　林志猛 编
柏拉图的灵魂学　[加]罗宾逊 著
柏拉图书简　彭磊 译注
克力同章句　程志敏 郑兴凤 撰
哲学的奥德赛——《王制》引论　[美]郝兰 著
爱欲与启蒙的迷醉　[美]贝尔格 著
为哲学的写作技艺一辩　[美]伯格 著
柏拉图式的迷宫——《斐多》义疏　[美]伯格 著
苏格拉底与希琵阿斯　王江涛 编译
理想国　[古希腊]柏拉图 著
谁来教育老师　刘小枫 编
立法者的神学　林志猛 编
柏拉图对话中的神　[法]薇依 著
厄庇诺米斯　[古希腊]柏拉图 著
智慧与幸福　程志敏 选编
论柏拉图对话　[德]施莱尔马赫 著
柏拉图《美诺》疏证　[美]克莱因 著
政治哲学的悖论　[美]郝岚 著
神话诗人柏拉图　张文涛 选编
阿尔喀比亚德　[古希腊]柏拉图 著
叙拉古的雅典异乡人　彭磊 选编
阿威罗伊《王制》　[阿拉伯]阿威罗伊 著
《王制》要义　刘小枫 选编
柏拉图的《会饮》　[古希腊]柏拉图 等著
苏格拉底的申辩（修订版）　[古希腊]柏拉图 著
苏格拉底与政治共同体　[美]尼柯尔斯 著

政制与美德——柏拉图《法义》疏解　[美]潘戈 著
《法义》导读　[法]卡斯代尔·布舒奇 著
论真理的本质　[德]海德格尔 著
哲人的无知　[德]费勃 著
米诺斯　[古希腊]柏拉图 著
情敌　[古希腊]柏拉图 著

亚里士多德注疏集
亚里士多德论政体　崔嵬、程志敏 编
《诗术》译笺与通绎　陈明珠 撰
亚里士多德《政治学》中的教诲　[美]潘戈 著
品格的技艺　[美]加佛 著
亚里士多德哲学的基本概念　[德]海德格尔 著
《政治学》疏证　[意]托马斯·阿奎那 著
尼各马可伦理学义疏　[美]罗娜·伯格 著
哲学之诗　[美]戴维斯 著
对亚里士多德的现象学解释　[德]海德格尔 著
城邦与自然——亚里士多德与现代性　刘小枫 编
论诗术中篇义疏　[阿拉伯]阿威罗伊 著
哲学的政治　[美]戴维斯 著

普鲁塔克集
普鲁塔克的《对比列传》　[英]达夫 著
普鲁塔克的实践伦理学　[比利时]胡芙 著

阿尔法拉比集
政治制度与政治箴言　阿尔法拉比 著

马基雅维利集
解读马基雅维利　[美]麦考米克 著
君主及其战争技艺　娄林 选编

莎士比亚绎读
哲人与王者　[加]克雷格 著
莎士比亚的罗马　[美]坎托 著
莎士比亚的政治智慧　[美]伯恩斯 著
脱节的时代　[匈]阿格妮斯·赫勒 著
莎士比亚的历史剧　[英]蒂利亚德 著
莎士比亚戏剧与政治哲学　彭磊 选编

莎士比亚的政治盛典　[美]阿鲁里斯/苏利文 编
丹麦王子与马基雅维利　罗峰 选编

洛克集
洛克现代性政治学之根　[加]金·I. 帕克 著
上帝、洛克与平等　[美]沃尔德伦 著

卢梭集
致博蒙书　[法]卢梭 著
政治制度论　[法]卢梭 著
哲学的自传　[美]戴维斯 著
文学与道德杂篇　[法]卢梭 著
设计论证　[美]吉尔丁 著
卢梭的自然状态　[美]普拉特纳 等著
卢梭的榜样人生　[美]凯利 著

莱辛注疏集
汉堡剧评　[德]莱辛 著
关于悲剧的通信　[德]莱辛 著
智者纳坦（研究版）　[德]莱辛 等著
启蒙运动的内在问题　[美]维塞尔 著
莱辛剧作七种　[德]莱辛 著
历史与启示——莱辛神学文选　[德]莱辛 著
论人类的教育　[德]莱辛 著

尼采注疏集
尼采引论　[德]施特格迈尔 著
尼采与基督教　刘小枫 编
尼采眼中的苏格拉底　[美]丹豪瑟 著
动物与超人之间的绳索　[德]A.彼珀 著

施特劳斯集
论法拉比与迈蒙尼德
苏格拉底与阿里斯托芬
论僭政（重订本）　[美]施特劳斯[法]科耶夫 著
苏格拉底问题与现代性（第三版）
犹太哲人与启蒙（增订本）
霍布斯的宗教批判
斯宾诺莎的宗教批判

门德尔松与莱辛
哲学与律法——论迈蒙尼德及其先驱
迫害与写作艺术
柏拉图式政治哲学研究
论柏拉图的《会饮》
柏拉图《法义》的论辩与情节
什么是政治哲学
古典政治理性主义的重生（重订本）
回归古典政治哲学——施特劳斯通信集
　　　＊＊＊
哲学、历史与僭政　[美]伯恩斯、弗罗斯特 编
追忆施特劳斯　张培均 编
施特劳斯学述　[德]考夫曼 著
论源初遗忘　[美]维克利 著
阅读施特劳斯　[美]斯密什 著
施特劳斯与流亡政治学　[美]谢帕德 著
驯服欲望　[法]科耶夫 等著

劳斯讲学录
柯讲疏
底与居鲁士
的修辞术
《高尔吉亚》讲疏（1957）
政治哲学

战略　[德]埃里希·瓦德 著
斯托 著
判　[美]约翰·麦考米克 著
编

人应该如何生活——柏拉图《王制》释义
爱的设计——卢梭与浪漫派
爱的戏剧——莎士比亚与自然
爱的阶梯——柏拉图的《会饮》

沃格林集
自传体反思录

朗佩特集
哲学与哲学之诗
尼采与现时代
尼采的使命
哲学如何成为苏格拉底式的
施特劳斯的持久重要性

迈尔集
施米特的教训
何为尼采的扎拉图斯特拉
政治哲学与启示宗教的挑战
隐匿的对话
论哲学生活的幸福

大学素质教育读本
古典诗文绎读 西学卷·古代编（上、下）
古典诗文绎读 西学卷·现代编（上、下）

施:
  维 苏格拉
  追求高 ——柏拉图
  ——斯宾诺莎伯

施米特集
  施米特与国际
  宪法专政 [美]罗
  施米特对自由主义作

伯纳德特集
  古典诗学之路(第二版) [美]伯纳德特 著
  弓与琴(第三版) [美]伯纳德特 著
  神圣的罪业

布鲁姆集
  伊索克拉底的政治哲学
  巨人与侏儒(1960-1990)